絶対役立つ
社会心理学

日常の中の「あるある」と「なるほど」を探す

藤田哲也 監修 村井潤一郎 編著

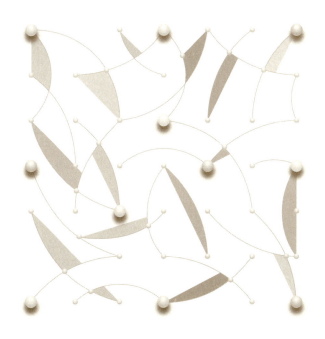

ミネルヴァ書房

編者まえがき

　本書『絶対役立つ社会心理学』は，『絶対役立つ教育心理学』『絶対役立つ教養の心理学』『絶対役立つ教養の心理学　展開編』『絶対役立つ臨床心理学』『絶対役立つ教育相談』に続き刊行されるものです。『絶対役立つ社会心理学』という書名は，編者にとって非常に悩ましいものです。「役立つ」とはどういうことなのか，そしてそれを（事もあろうに）「絶対」と強調してしまっているが，そこまで確約できるものなのか，ということです。私は，正直言って「役立つことを絶対保証する」ことの欺瞞を感じてしまいます。私は，たいていにおいて，「役立つとも立たないともわからないけれど明らかになると面白い現象」を研究することを好みます。つまり，「役立つ」ということに，それほど重きを置いていないわけです。言ってみれば，研究する側も，それを受け取る側も「楽しければいいじゃないか」という感じなのです。一方，たいして役立ちそうもない知見に，半ば無理矢理「役立ち感」を醸し出すような主張をしている論文，著書には，気持ちの悪さを感じてしまいます。また，研究者ならば，心にまつわる諸現象には多様な要因がかかわってくることを認識しているわけで，「絶対」ということはまずないと考えるでしょう。大先輩のある心理学者の先生が，「人間にとって絶対と言えるのは死だけだ」とおっしゃっていたことを思い出しますが，それほど「絶対」というのはないことなのです。にもかかわらず「絶対役立つ」と冠してしまうことの抵抗感が少なからずあります。

　学問は，基本的には人の役に立つために存在すると思います。たとえば，医学であれば，何らかの治療法が確立されれば，それは「絶対役立つ」と言えるでしょう。では天文学はどうでしょうか。遙か彼方の天体を発見したとして，それは人間の生活に直接的に役立つということにはならなそうです。地球誕生の秘密を知る手がかりを得ることになるのかもしれませんが，地球誕生の秘密が明らかになったとして，日常生活に直接役立つことになるのかと言われると

心許ないです。しかし，この彼方の天体の発見によって，私たちはロマンをかき立てられます。これは，「役立つ」と言えるでしょう。想像を超える遠方に思いを馳せることで，日々の些細な煩わしさを，取るに足らないことと捉えられるようになるかもしれません。以上より，「役立つ」ということには，いろいろなレベルがあると考えられます。

　さて，『絶対役立つ社会心理学』です。社会心理学の知見は，基本的には「役立つ」と思います。日々の人間関係について，社会心理学的観点から説明理論を与えてくれる研究であれば，人間関係に思い悩んだときに，これこれの理由でこういう状況になっているのだろうと，冷静になることができるかもしれません。また，精神的に落ち込んでしまったときに，落ち込むプロセスについての臨床社会心理学研究を知ることで，少し気分が楽になるかもしれません。以上二つの例は，その研究知見に接することで，「あるある」とか「なるほど」という感覚を抱くことになると思います。一方，日常ではまず起こらない特異な状況を取り上げた社会心理学研究であれば，特異な状況で導出された知見ゆえに人間の本性を知ることになり，自らの人間観を深化させることになるかもしれません。この場合は「あるある」とは思えないでしょうが，「なるほど」という感覚が生起するかもしれません。人は誰しも，それまでの人生で獲得してきた，心についての観点を携えています。社会心理学研究には，そうした己の観点に沿うものもあれば，揺さぶりをかけるものもあるでしょう。刻一刻と変化する人間社会の中で柔軟に生きていくためには，自らの観点を大切にする一方，複数の観点に接することを通して，観点の多様性について理解することも必要なことです。社会心理学（心理学全体といってもよいのですが）の存在意義は，心についての観点を提供することであり，それが「役立つ」ということなのでしょう。

　以上，振り返ってみれば，文末に「……かもしれません」を何度か使っています。やはり「絶対」とは書けない自分がいるようです。しかし，どんな心理学研究も（当然ですが）心にかかわっているわけで，その意味では「役立たない心理学研究はない」ともいえます。「役立つ」ということの意味を，「あるある」

や「なるほど」と読み替えれば，本書は十分に「絶対役立つ」と称することが
できるのだと思います。

　　2018年6月

　　　　　　　　　　　　　　　　　　　　　編者　村井潤一郎

目　　次

第1章　自己・態度
——自分自身や物事を理解する心

> 　私たちは，たくさんの他者とかかわって生活する中で，自分自身と向き合っていく必要があります。自分が，自分自身や物事をどのようにとらえ，行動するのかといった，自分自身や物事を理解する過程については，心に関するテーマとして古くから関心が向けられてきました。本章では，自分自身を理解する過程に関するテーマとして自己，物事を理解する過程に関するテーマとして態度を扱います。

1　自己認知と自己評価

　中村（1990）は，自己を理解する過程（**自己過程**）に注目し，自己の姿への注目，自己の姿の把握，自己の姿の評価，自己の姿の表出の，四つの過程を提唱しました。その後，中村（2006）は，注目，把握の過程をまとめ，自己認知としました。中村（1990，2006）の提唱した自己過程のうち，本節では，自己認知と自己評価について，次節では，自己表出について説明します。

　まず，自己過程を理解するため，表 1-1 の作業をしてみましょう。

1-1　自己認知
自己注目

　私たちの意識は，普段は自分自身ではなく，外界に向けられています。しかし，鏡に映った自分の姿を見たり，他者から自分の姿を見られたりするといったきっかけがあると，自分自身を意識するようになります。自分自身を意識す

表 1-1　自己過程を理解するための作業

手順1：紙を用意し，以下の事柄について，思いついたことをすべて書き出してみましょう。
- 自分の外見的特徴（服装など）
- 他人からもたれていると思う自分のイメージ
- 自分の得意（苦手）なこと，好き（嫌い）なこと

手順2：今の自分が「80点」としたら，2か月前の自分は何点になるか，点数をつけてみましょう。

手順3：手順1で書いたことを踏まえ，「初対面の異性に，自分と仲良くなってもらう」ための自己紹介文を書いてみましょう。

ることは，**自己注目**と呼ばれます。表1-1の作業では，「手順1」で自分のことを書き出すために，自分自身について考えたと思います。自分自身について考えることも，自己注目するきっかけの一つです。

　自己注目している状態は，**自覚状態**と呼ばれます。**自覚状態理論**（Duval & Wicklund, 1972）では，自覚状態になると，その状況での適切さの基準を意識し，現状を基準と比較すると仮定されています。そして，現状が基準に達していない場合，現状を基準と一致させるように行動を調整しようとするか，行動の調整を放棄して自己から注意をそらそうとすると想定されています。自覚状態になった人はそうではない人に比べ，他者に親切に行動したり，違反行為をしなくなったりすることが報告されています（押見，1992）。

　また，自己注目しやすいか否かには個人差もあります。自己注目のしやすさは，**自己意識**と呼ばれます。自己意識の個人差を測定するため，自己の容姿や振る舞いなど，他者から見える自己の側面への注意の向けやすさ（**公的自己意識**）と，自己の思考や感情など，他者から見えない自己の側面への注意の向けやすさ（**私的自己意識**）に着目した尺度が作成されています（e.g., Fenigstein, Scheier, & Buss, 1975；菅原，1984）。私的自己意識が高いと自分自身の感情や態度に忠実に行動しやすく，公的自己意識が高いと周囲の他者の基準に従いやすいことが報告されています（押見，1992）。

　自己概念

　自己の姿に注目すると，自分自身について考えるようになります。ジェーム

ズ（James, 1890）は，自分自身について考えるときの，「考えている自分」を主体（I），考える対象となる内容を客体（me）と呼びました。客体のうち，自分自身に関する具体的な知識は**自己知識**，自己知識にもとづいて自分自身を大まかにとらえた知識や信念は**自己概念**と呼ばれます。ジェームズ（James, 1890）は，自己概念を，身体や財産に関する物質的自己，他者からの印象に関する社会的自己，能力や性格に関する精神的自己の三つに分けました。表1-1の作業では，「手順1」で，上から，物質的自己，社会的自己，精神的自己の順に自己概念を書き出してもらいました。なお，意識される自己概念は状況によって変化します。ある特定の状況で意識される自己概念は，**作動自己概念**と呼ばれます。表1-1の「手順1」に取り組む状況によって，思い浮かぶ自己概念が変わる可能性があると考えられます。

　自己知識は，関連するもの同士が結びつき，ネットワークを形成して記憶されていると想定されています。構造化された自己知識は，**自己スキーマ**と呼ばれます（第2章参照）。自己スキーマは，自己にとって重要な次元ほど，多くの情報同士が結びついています。たとえば，スポーツが得意なことが重要だと考えている人は，スポーツに関する自己知識がたくさんあり，多くのネットワークを形成していると考えられます。

　自己スキーマによって，自己に関する情報処理が円滑になります。たとえば，独立的であることを重要だと考える（独立性に関する自己スキーマが複雑な）人はそうではない人に比べ，自分自身が独立的であるか否かの判断が早いことが示されています（Markus, 1977）。また，自分自身と関連させて（自己スキーマと関連づけて）処理した情報はそうではない情報よりも記憶されやすく，**自己関連づけ効果**と呼ばれます（Rogers, Kuiper, & Kirker, 1977）。

1-2　自己評価

自尊心

　自己認知を経ると，把握した自己の姿を評価するようになります。表1-1の作業では，「手順1」の自己概念を書き出す作業をしながら，自分は他者から

どのように評価されるかを推測した人も多かったと思います。

　自分自身に対する評価（自己評価）の積み重ねで形成された，自己全体に対する肯定的評価は，自尊心（自尊感情）と呼ばれます。ローゼンバーグ（Rosenberg, 1965）は，自尊心を，「今の自分を受け入れられる」という「good enough」という感覚だと説明しています。

　自尊心はつねに一定ではなく，友人に褒められたら高まり，大切な試験に失敗したら低まるといったように，時間や状況によって変化します。時間や状況によって変化する自尊心は状態自尊心（状態自尊感情），時間や状況を通じて変動しにくい自尊心は特性自尊心（特性自尊感情）と呼ばれます。自尊心の個人差を測定する尺度は，状態自尊心（e.g., 阿部・今野，2007；Heatherton & Polivy, 1991），特性自尊心（e.g., Rosenberg, 1965；山本・松井・山成，1982）それぞれに作成されています。

　自尊心には，自己にとって重要な側面の影響が大きいと考えられます。たとえば，他者から評価されることが重要だと思う人は，そう思っていない人に比べ，他者からよい評価を受けるか否かで，自尊心が高まったり低まったりしやすいでしょう。自己の特定の側面が自尊心に影響を及ぼす程度は，自己価値の随伴性と呼ばれます（Crocker & Wolfe, 2001）。大学生にとって随伴性が高い側面として，他者との競争，外見的魅力，他者からの評価，学業能力などが挙げられます（Crocker, Luhtanen, Cooper, & Bouvrette, 2003；内田，2008）。

　自尊心の役割については，いくつかの観点から説明されています。たとえば，ソシオメーター理論（Leary & Baumeister, 2000）では，他者から受容されることは個人が生存しやすくなるために重要であるという前提の下，自尊心は他者から受容されているか否かを自分自身に知らせる役割を果たすと位置づけられています（第4章参照）。自尊心が低下しているときは，他者から拒絶されている状態，もしくは拒絶される可能性が高い状態にあることになるため，自尊心を回復させるように試みられると想定されています。

自己評価の維持，高揚

　自己評価や自尊心の高さには個人差がみられる一方，自己評価に影響を与え

る一般的な動機があります。代表的な動機に，自己評価を高く維持したり，高めようとしたりする，**自己高揚動機**があります。自分自身を価値のある人間だと感じられると，精神的健康を維持できるようになります。

　自己高揚動機の影響で，一般的に，現在の自己を肯定的に認知する傾向がみられます。まず，自己の特性や能力を平均的他者よりも優れていると考える傾向があり，**平均以上効果**と呼ばれます（e.g., Alicke, Klotz, Breitenbecher, Yurak, & Vredenburg, 1995）。たとえば，自動車の運転技能の自己評価に関するほとんどの調査では，半数以上の人が，自分の運転技能を「平均より上」と回答することが報告されています（松浦，1999）。また，現在の自己を肯定的にとらえるため，過去の自己を現在の自己よりも否定的に評価する傾向があります。ウィルソンとロス（Wilson & Ross, 2001）の研究では，大学生に自己評価させたのち，2か月後にもう一度自己評価させ，さらに2か月前の自分自身を振り返って評価させました。その結果，2か月前の自分自身を振り返った評価は，現在の自己評価や，2か月前に回答した自己評価よりも低くなりました。この結果にもとづくと，表1-1の作業では，「手順2」で2か月前の自分自身の点数を，「80点」未満とした人の方が，「80点」以上とした人よりも多いと想定されます。以上に示したような，現在の自己を肯定的に認知する傾向は，**ポジティブ幻想**と呼ばれ，自己の精神的健康を維持し，適応的に生活するために必要だと想定されています（Taylor & Brown, 1988）。

　自己高揚動機の影響は，他者の行動の結果の理解において，自己評価を高く維持したり，高めようとしたりすることにもみられます。テッサーの提唱した**自己評価維持モデル**（Tesser, 1988）では，相手との心理的距離（その他者との関係の近さ），自己関与度（自分自身にとってのその事柄の重要性），他者の遂行レベル（成功か失敗か）の組み合わせで，自己評価やその後の反応への影響が異なると仮定されています（図1-1）。たとえば，あなたの仲のよい友人（心理的距離が近い他者）が，部活動の大会で大活躍して周りの人から賞賛されているとします。その部活動へのあなたの自己関与度が高い（たとえば，あなたも友人と同じ部活動に所属していて，その部活動に一生懸命取り組んできた）場合，友人との

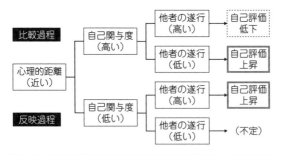

図1-1　自己評価維持モデルにおける比較過程と反映過程
（出所）Tesser（1988）より作成

比較が生じます（比較過程）。友人の遂行レベルの方があなたよりも高いほど，あなたの自己評価は低下します。そのため，自己評価を低下させないように対処すると仮定されています。この状況では，その他者との心理的距離を遠ざける（たとえば，その友人と仲よくしないようにする），自己関与度を下げる（たとえば，部活動で一生懸命頑張るのを止める），自分の遂行を他者よりも高めようとする（たとえば，部活動で友人に負けないように努力する）という対処が考えられます。一方，その部活動へのあなたの自己関与度が低い（たとえば，あなたは友人とは同じ部活動には所属していない）場合，友人との比較が生じません（反映過程）。優れた他者とのかかわりや何らかの共通点が自分自身にあると，自分自身も優れているように感じられるため，友人の遂行レベルが高いほど，あなたの自己評価は上昇します。このように，優れた他者（集団）と自分にはかかわりがあることを意識して自己評価を高めようとすることは，栄光浴と呼ばれます。「友人の友人が芸能人だ」「出身高校の野球部が甲子園に出場した」などと周りの人に話すのは，栄光浴によるものだと考えられます。自己評価維持モデルの反映過程で示されるように，他者との関係性を通じて自己高揚することは，間接的自己高揚と呼ばれます。

自己評価に影響を与えるその他の動機

　自己高揚動機以外にも，自己評価に影響を与える動機があります。まず，自己の能力や特性について正確に知りたいという，自己査定動機があります。自分自身を正確に評価すると，将来起こることの予測の正確性が高まり，危険を避けやすくなります。また，一貫した自己概念を保ちたいという，自己確証動機があります。自己概念の正しさを確認するように行動すると，一貫した自己概念を形成することが可能になり，周囲の出来事を予測しやすくなります。さ

らに，より優れた存在になりたいという，**自己改善動機**もあります。自己改善
動機によって，目標を達成しようと努力できるようになります。以上の動機に
関することを，表1-1の「手順1」の作業をしながら意識した人もいたのでは
ないでしょうか。

　上記1で説明された内容について，どの程度「あるある」「なるほど」と思った
か，評価してみよう。

　とてもそう思った（5）～まったくそう思わなかった（1）

　　1．あるある　　　5　　　4　　　3　　　2　　　1
　　2．なるほど　　　5　　　4　　　3　　　2　　　1

　以上の評価を踏まえ，上記1で説明された自己評価維持モデルについて，比較
過程と反映過程の身近な具体例を挙げてみよう。

2　自己表出

　本節では，自己過程のうちの自己表出について，自己表出の仕方（自己表現），
自己表出の背後にある機能（実行機能）に分けて説明します。

2-1　自己表現

自己呈示

　自己認知，自己評価を経て，自分自身を他者に表現することになります。こ
のとき，自分自身が他者にどのように思われたいかという，他者に与える自分
自身の印象に関心が向けられるようになります。自己について特定の印象を他
者に与えるための行動は，**自己呈示**と呼ばれます。

　自己呈示は，自己呈示の目的の点で2種類に分けられます。一つは，特定の
印象を他者に与えようとする，**主張的自己呈示**です。主張的自己呈示は，他者
の好意を獲得しようとする「取り入り」，自己の能力を高く見せようとする
「自己宣伝」，道徳的な人間であることを示そうとする「示範」，危険な人物で

あることを示そうとする「威嚇」，弱い存在であることを示そうとする「哀願」に分類されます（Jones & Pittman, 1982）。表 1-1 の作業では，「手順 3 」で，「初対面の異性に，自分と仲よくなってもらう」ための自己紹介として，自分をよく見せようとして，「手順 1 」で書き出した内容の表現を変えて自己紹介文を書いた人が多かったのではないでしょうか。これは，相手に対し，「取り入り」や「自己宣伝」をしようとしたためだといえます。

　もう一つの自己呈示は，自己の印象が悪くなりそうな状況で，印象が悪くなることを防ごうとする，**防衛的自己呈示**です。たとえば，失敗したときには，状況に応じて，謝罪（自分の非を認めて謝る），弁解（失敗の言い訳をする），正当化（自分は間違ったことをしていないと主張する），否認（自分は関与していないと主張する）がなされます（大渕, 2015）。また，失敗すると予想されるときに，失敗したとしても能力が低いためではないことを示そうとすることは，**セルフ・ハンディキャッピング**と呼ばれます。具体的な方略として，不利な状況にあることを人に訴える主張的セルフ・ハンディキャッピング（たとえば，大切な試験の前に「ちっとも勉強していない」と周りの人に言う），不利な状況を自ら作り出す獲得的セルフ・ハンディキャッピング（たとえば，大切な試験の直前にわざとアルバイトを入れて勉強できない状況にしてしまう）が挙げられます。セルフ・ハンディキャッピングは，他者から能力が低いと思われないようにするためだけでなく，自分自身に対して失敗の言い訳を作って自己評価を維持するためにも用いられることが示されています（安藤, 1994）。

**　自己開示**

　日常生活では，ときには自己の内面を正直に他者に伝えようとすることもあります。他者に対して，言葉を介して自分自身に関する情報を伝達する行為は，**自己開示**と呼ばれます。

　自己開示の仕方は，相手との関係性により異なります。**社会的浸透理論**（Altman & Taylor, 1973）では，相手との関係性により，自己開示の広さ（話題にされる内容），自己開示の深さ（自己の否定的側面を含める程度）が異なると仮定されています（図 1-2）。親密な相手には広く，深い内容が自己開示されると想

定されています（第4章参照）。表
1-1の作業では,「手順3」で「初
対面の異性」に対する自己紹介文
を書くとき,仲のよい友人だけに
話すような,個人的な悩みなどの
話題を詳しく書こうとはしなかっ
たでしょう。

自己開示の特徴として,相手と
同程度の広さと深さの自己開示を
相手に返すという,**返報性**がみら

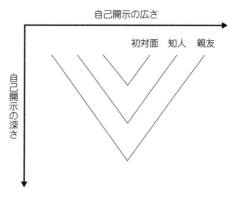

図1-2 社会的浸透理論
(出所) Altman & Taylor (1973) より作成

れることが挙げられます。関係を深めるためには,お互いに,徐々に広く,深い
内容を自己開示していくことが望ましいとされています (Altman & Taylor, 1973)。

自己開示は,開示した本人に様々な効果をもたらします。たとえば,悩みを
自己開示すると,精神的な痛みを和らげることができます（カタルシス効果）。
心理的な外傷体験（トラウマ）に関する研究では,外傷体験を自己開示するこ
とで精神的健康が促されることが報告されています (Pennebaker, 1997 余語監
訳 2000)。また,自己開示によって,自分自身や状況への理解を深めること（**自
己明確化**）,相手の反応から自己の適切さを確認すること（**社会的妥当化**）もで
きます。

2-2 実行機能

自己制御

適切に自己表現するには,目標に合わせて行動を調整する必要があります。
周囲の世界への認識や将来の結果の予期にもとづいて自己の行動を制御するこ
とは,**自己制御**と呼ばれます。表1-1の作業では,「作業3」の自己紹介文を,
実際に初対面の異性を目の前にして読むとしたら,「自分と仲よくなってもら
う」という目標を達成するように,話し方や表情などを適切に制御する必要が
あります。効果的な自己制御には,自己の行動を評価し変化させる基準（目標）,

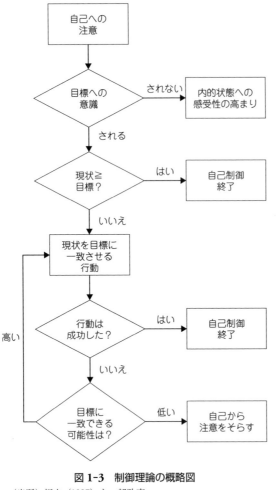

制御すべき行動に注意を向けること（自己モニタリング），現状を基準に合致させようとする動機づけが必要です。

自己制御の過程を説明した理論として，ここでは，**制御理論**（Carver & Scheier, 1998）を紹介します（図1-3）。制御理論は，第1節で説明した自覚状態理論（Duval & Wicklund, 1972）を展開させた理論です。自己注目によって基準（目標）を意識すると，現状を基準と比較すると仮定されています。基準に達している場合，自己制御が終了し，現在の行動が維持されます。一方，基準に達していない場合，現状を基準と一致させるよう

図 1-3　制御理論の概略図
（出所）坂本（1997）を一部改変

に行動を調整しようとします。また，行動の調整の結果が自分自身にフィードバックされ，現状が基準に達すれば自己制御は終了します。基準に達しない場合，自己の行動を基準に一致させることができる可能性が判断され，可能性が高いと判断した場合のみ，基準に一致するような行動がとられます。可能性が低いと判断すると，自己制御は放棄され，自己から注意をそらそうとすると想

定されています。

　自己制御には，適切な自己制御のために必要なエネルギー（**制御資源**）があると仮定されています（e.g., Baumeister, Vohs, & Tice, 2007）。自己制御によって制御資源を消費した**自我枯渇**の状態にあると，その後，自己制御が必要な別の事柄に十分な制御資源が使えず，自己制御に失敗しやすくなります。たとえば，バウマイスター他（Baumeister, Bratslavsky, Muraven, & Tice, 1998）の研究では，おいしそうなチョコレートを食べるのを我慢するように指示された人は，指示されなかった人に比べ，その後のパズルを解く課題を早く諦めました。これは，おいしそうなチョコレートを食べるのを我慢した人は，我慢することに制御資源を消費したため，その後のパズルを解く課題に十分な制御資源を使えなかったためだと考えられます。なお，自己制御の失敗は，対人関係においては，暴力などの反社会的行動としてみられます（第4章参照）。

自己制御における目標

　自己制御の方略は，どのような目標に着目するか（**制御焦点**）によって変わります。ヒギンズの提唱した**制御焦点理論**（Higgins, 1998）では，望ましい結果を獲得するという目標に着目する**促進焦点**と，望ましくない結果を回避するという目標に着目する**予防焦点**の二つの制御焦点が仮定されています。どちらの制御焦点に着目しやすいかには個人差があり，個人差を測定する尺度が作成されています（e.g., Higgins et al., 2001；尾崎・唐沢，2011）。促進焦点に着目しやすい人は予防焦点に着目しやすい人に比べ，問題解決のために積極的手段を選びやすい（Higgins et al., 2001）こと，成功した他者をモデルとして想起しやすい（Lockwood, Jordan, & Kunda, 2002）ことが示されています。

　上記2で説明された内容について，どの程度「あるある」「なるほど」と思ったか，評価してみよう。

　とてもそう思った（5）～まったくそう思わなかった（1）

　　1．あるある　　　5　　　4　　　3　　　2　　　1
　　2．なるほど　　　5　　　4　　　3　　　2　　　1

以上の評価を踏まえ，上記2で説明された自己制御について，自己制御が失敗した身近な具体例を挙げ，その理由を考えてみよう。

3　態度とは

　前節までは，自分自身を理解する過程に関するテーマを扱いました。本節からは，物事を理解する過程に関するテーマを扱います。

3-1　態度の定義

態度の3要素

　態度は，日常的には，「あの人は態度が悪い」というように，人の振る舞いを指します。心理学では，もう少し広い意味で，態度という言葉が使われます。まず，心理学での態度の意味を理解するため，表1-2のチョコレートに関する質問に答えてみましょう。

　心理学では，**態度**とは，対象に対する安定した評価的反応であり，感情，認知，行動の3要素で構成されると仮定されています。感情的要素は，対象に対する好き嫌いの判断です。認知的要素は，対象の性質や属性に対する考え方で

表 1-2　チョコレートに関する質問

Q．チョコレートに対するあなたの考えとして，当てはまる数字を一つ選んでください。

質問1

チョコレートの食感はどうですか	嫌い	1	2	3	4	5	好き
チョコレートを食べた後の気分はどうですか	不快	1	2	3	4	5	快

質問2

	そう思わない	ややそう思わない	どちらともいえない	ややそう思う	そう思う
チョコレートは健康によいものである	1	2	3	4	5
チョコレートはストレス解消に役立つ	1	2	3	4	5

す。表1-2のチョコレートに関する質問では,「質問1」が感情的要素,「質問2」が認知的要素に関する質問です。行動的要素は,たとえば,普段からチョコレートをよく食べるかといった,対象へのかかわり方です。3要素には整合性がみられます。普段からチョコレートをよく食べる人ほど,表1-2の「質問1」や「質問2」に高い点数をつけたのではないでしょうか。

態度と実際の行動

　態度は行動の準備傾向と位置づけられ,強い態度ほどその後の実際の行動の予測力が高いとされます。チョコレートに対する認知的,感情的要素が肯定的な人ほど,今後,チョコレートを多く食べるだろうと予測できます。

　ただし,実際の行動に影響するのは態度だけではありません。たとえば,**計画的行動理論**（Ajzen, 1991）では,行動意図に影響する要因として,行動に関

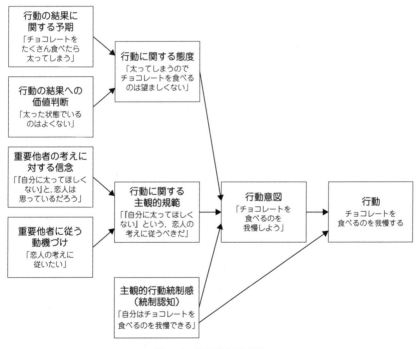

図 1-4　計画的行動理論

（出所）Ajzen（1991）より作成

する態度に加え，行動に関する主観的規範，「自分自身がその行動を統制できると感じられる」という主観的行動統制感（統制認知）も影響すると仮定されています（図1-4）。また，行動に関する態度には，行動の結果に関する予期，行動の結果への価値判断が，行動に関する主観的規範には，重要他者（家族，友人，恋人など）の考えに対する信念，重要他者に従う動機づけが影響すると想定されています。計画的行動理論にもとづくと，「太ってしまうのでチョコレートを食べるのは望ましくない」という態度をもっている人でも，「『自分に太ってほしくない』という，恋人の考えに従う必要はない」などと行動に関する主観的規範を強く感じていなかったり，「自分はチョコレートを食べるのを我慢できない」などと主観的行動統制感が低かったりすると，そうではない人に比べ，チョコレートを食べやすいでしょう。

3-2 態度の測定法

自己報告による測定法

　態度の測定法の一つに，回答者に自分自身の考えを自己報告させる方法があります。この測定法で測定される態度は，顕在的態度と呼ばれます。代表的な測定法として，対象の評価に関する反対の意味をもつ形容詞を両端とする尺度上に回答させる SD 法，対象について表現した項目に当てはまる程度を回答させるリッカート法が挙げられます。表1-2では，「質問1」には SD 法，「質問2」にはリッカート法が用いられています。得られた回答を，回答者の態度の指標（顕在指標）とします。

　自己報告による態度の測定法は簡便なので，多くの研究で用いられています。一方，回答者が回答を意識して制御してしまう可能性も考えられます。とくに，人種などの差別や偏見にかかわる態度を測定する場合，差別や偏見をもつのはよくないという社会的望ましさの影響で，回答が歪められるおそれがあると考えられています。

回答者が意識できない態度の測定法

　自己報告による測定法の問題に対処するため，回答者が意識できない態度の

測定法が開発されてきました。この測定法で測定される態度は，**潜在的態度**と呼ばれます。代表的な測定法として，**潜在連合テスト**（implicit association test; IAT; Greenwald, McGhee, & Schwartz, 1998）が挙げられます。IAT では，回答者に，コンピュータの画面中央に表示される語が，右側，左側に表示されるカテゴリーのどちらに属するかをできるだけ速く判断する課題に回答させます。カテゴリーへの分類の速さを，回答者の態度の指標（潜在指標）とします。

　IAT をはじめとする回答者が意識できない態度の測定法は，社会的望ましさの影響を受けにくいと考えられており，様々な態度を対象とした研究で用いられています（e.g., 潮村, 2016）。**メタ分析**（複数の研究結果を統合して分析する手法）では，差別や偏見にかかわる態度について，IAT で測定した潜在的態度は自己報告で測定した顕在的態度に比べ，実際の行動の予測力が高いことが示されています（Greenwald, Poehman, Uhlmann, & Banaji, 2009）。

　上記3で説明された内容について，どの程度「あるある」「なるほど」と思ったか，評価してみよう。

　とてもそう思った（5）～まったくそう思わなかった（1）

　　1．あるある　　5　　4　　3　　2　　1
　　2．なるほど　　5　　4　　3　　2　　1

　以上の評価を踏まえ，上記3で説明された計画的行動理論にもとづいて，強い態度をもっていても実際の行動につながらない身近な具体例を挙げ，その理由を考えてみよう。

4　態度変容

　態度には安定性があり，容易に変化するものではないものの，ときには態度の変化（**態度変容**）がみられます。本節では，矛盾した認知の一貫性を保とうとするとき，他者から影響を受けたときの態度変容を説明します。

4-1　認知の一貫性の保持による態度変容

　態度には，矛盾した認知をもつと不快感が生じるため，不快感を解消させるために認知を変化させて一貫性を保とうとするという特徴があります。こうした特徴に関する理論は，**認知的一貫性理論**と総称されます。主な理論として，均衡理論，認知的不協和理論が挙げられます。

均衡理論

　ハイダー（Heider, 1958 大橋訳 1978）の提唱した**均衡（バランス）理論**は，自己，他者，対象の３要素に対する態度の均衡にもとづいて，態度変容を説明する理論です。３要素が均衡していない状態では，均衡している状態になるように態度変容がみられると仮定されています。「自己→他者」，「自己→対象」，「他者→対象」の三つの矢印について，肯定的な態度の場合は＋（プラス），否定的な態度の場合は－（マイナス）とします。この三つの符号を掛け合わせて＋になると均衡している状態，－になると均衡していない状態です。

　たとえば，「自分はチョコレートを好きだけれど，恋人は好きではない」とします（図1-5）。この状態は均衡していない状態なので，均衡している状態になるように態度変容がみられます。この場合，自分もチョコレートを嫌いになる，恋人を嫌いになるといった，自己の態度を変容させることか，恋人にチョコレートを好きになってもらうように働きかけるといった，他者の態度を変容させることが考えられます。どのような態度変容がみられるかは，自己の他者や対象に対する態度，他者の対象に対する態度の強さ次第で決まります。

認知的不協和理論

　フェスティンガー（Festinger, 1957 末永訳 1965）の提唱した**認知的不協和理論**は，個人内で認知間の矛盾が生じたときの態度変容を説明する理論です。不協和とは，認知間の矛盾を指します。

　たとえば，あなたはチョコレートが好きでたくさん食べていて，太りたくはないのに「チョコレートを食べ過ぎると太る」という話を聞いたとします（図

➡1　他者の態度を変容させるために用いられる行為は，本節でこの後に説明する，説得に含まれます。

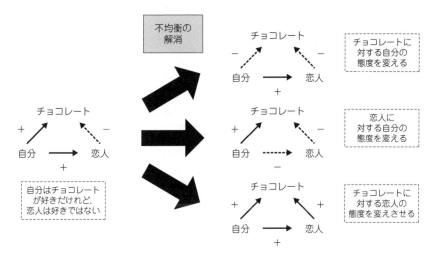

図 1-5　均衡理論

（出所）Heider（1958　大橋訳　1978）より作成

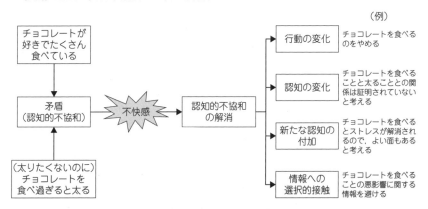

図 1-6　認知的不協和理論

（出所）Festinger（1957　末永訳　1965）より作成

1-6)。「チョコレートが好きでたくさん食べている」ことと，「（太りたくないの
に）チョコレートを食べ過ぎると太る」ことは矛盾するため，不協和が生じ，
不快感が生じます。そこで，認知的不協和の解消が試みられます。この場合，
チョコレートを食べるのをやめる以外にも，「チョコレートを食べることと太
ることとの関係は証明されていない」などと認知を変化させる，「チョコレー

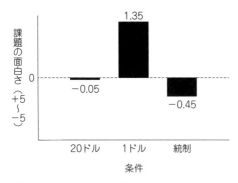

**図1-7 フェスティンガーとカールスミスの
実験結果**

（出所）Festinger & Carlsmith（1959）より作成

トを食べるとストレスが解消され
るので，よい面もある」などと新
たな認知を付加する，チョコレー
トを食べることの悪影響に関する
情報を避けるといった情報への接
触を選択することが考えられます。
どのような手段がとられるかは，
対象に対する態度の強さや，不協
和の程度次第で決まります。

不協和が生じたときの態度変容
を実証したフェスティンガーとカールスミス（Festinger & Carlsmith, 1959）の
研究では，大学生の参加者に，退屈な課題をしてもらった後，次の参加者に
「課題は面白かった」と伝えるようにお願いしました。参加者には，「課題は面
白くなかった」ことと「『課題は面白かった』と伝えた」ことに不協和が生じる
ことになります。ここで，次の参加者に伝えるお願いに対する報酬が，20ドル
（十分に高いと思える額），1ドル（あまり高いとは思えない額）の条件がありま
した。その後，別室で，課題の面白さを回答してもらいました。その結果，1ド
ル条件では，20ドル条件や統制条件（「課題は面白かった」と伝えるお願いをしな
い条件）に比べ，課題の面白さが高く評価されました（図1-7）。統制条件では，
課題の面白さを率直に評価することになります。また，20ドル条件では，「十
分な報酬をもらったから，『課題は面白かった』と言ったのだ」と理由づけで
きるので，報酬によって不協和を解消できます。一方，1ドル条件では，報酬
が少ないために「課題は面白かった」と伝えた理由づけができないので，報酬
によって不協和を解消できません。「課題は面白かった」と伝えたことは変え
られないため，不協和を解消するには「課題は面白かった」と認知を変えるし
かありません。したがって，他の条件に比べ，課題の面白さが高く評価された
と考えられます。

コラム1-1：自己欺瞞

　人は他者だけでなく，ときには自分自身をだまします。自己に関する二つの相反する信念が同時にあるときに，望ましくない信念から注意をそらす，自己の欲求を抑圧するなどして，自分自身の信念を偽ることは，**自己欺瞞**と呼ばれます。認知的不協和理論で説明される，不協和を解消するために認知を変化させたり新たな認知を付加したりすることは，自己欺瞞にあたる行為だといえます。また，第2節で説明した，獲得的セルフ・ハンディキャッピングも，能力が低いことを認めないで「時間がなかったから失敗した」などの言い訳を自分自身に信じ込ませようとしているので，自己欺瞞にあたる行為だといえます。自己欺瞞は無意識的になされることも多く，結果として元の記憶が変容することもあるので，気づかないうちに自己欺瞞にあたる行為をしていることも多いと考えられます。

　自己欺瞞がなされる理由としては，脅威に対して一時的に自己防衛するため，自己評価を維持するためなどが挙げられます（e.g., von Hippel & Trivers, 2011）。自己欺瞞によって，自己に対する脅威を一時的に避けることができ，精神的健康が維持されやすくなります。一方，自己成長につながらないといった，自分自身にとって望ましくない結果をもたらすことも考えられます。望ましくない結果をもたらす自己欺瞞に対処するには，まず，望ましくない信念に正直に目を向け，そのときに湧き上がる感情に向き合うことが挙げられています（Warren, 2014）。

4-2　他者からの影響による態度変容

　態度変容は他者から影響を受けたときにもみられます。ここでは，説得について説明します。

説得とは

　説得とは，送り手（説得する人）の望むように，受け手（説得される人）の態度を変えるため，メッセージ（送り手が送る情報）によって，受け手に対して意図的に働きかける行為です。たとえば，タバコを吸っている人に禁煙を勧める，テレビのコマーシャルで商品を消費者に宣伝することが挙げられます。なお，受け手の態度を変えようという意図のない行為は説得には含まれません。たとえば，あなたが友人の食べているチョコレートを真似して買ったとしても，友人がそのチョコレートを買うようにあなたに働きかけていなければ，説得ではありません。他者の行動をまねることは，**同調**と呼ばれます（第6章参照）。ま

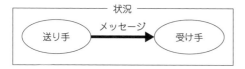

図 1-8　説得効果に影響する要因

た，受け手の行動に対する強制力がある行為も説得には含まれません。たとえば，先生が学生に授業中に静かにするように指示するのは，指示することに強制力があると考えられるため，**命令**と呼ばれます。

　説得効果に影響する要因は，コミュニケーションの要素（第5章図5-1参照）にもとづいて，**送り手**（説得する側），**メッセージ**（説得する側が伝える内容），**受け手**（説得される側），説得のなされる状況に分けられます（図1-8）。以下，それぞれの要因に関する代表的な事柄について，「あなたが店員で，新商品のチョコレートを客に買ってもらう場合」を例に説明します。

**　送り手の要因**

　高い説得効果を発揮する人の特徴として，魅力的な人，高い地位の人，信憑性が高そうな人（たとえば，専門知識がありそうな人，誠実で信頼できそうな人）が挙げられます。チョコレートを買ってもらうために，しっかりした服装で，誠実に商品を紹介する必要があるといえます。また，「食と健康に関する研究の第一人者の，△△大学□□教授も推薦！」といったように，専門知識がありそうな人のお墨付きがあることを示すことも効果的でしょう。

　なお，信憑性の低い送り手からの情報でも，時間がたつと説得効果を発揮することがあり，**スリーパー効果**と呼ばれます（Hovland & Weiss, 1951）。ときにスリーパー効果がみられる理由は，送り手に関する記憶が失われ，メッセージそのものの影響力が大きくなるためだと考えられています。

**　メッセージの要因**

　高い説得効果を発揮するメッセージの特徴として，論拠が強い（根拠がしっかりしている）ことが挙げられます。とくに，主張を支持する情報だけではなく，主張に反する情報や，主張に反する情報に反論する情報も併せて伝えると，説得効果が高いことが示されています（O'Keefe, 1999）。ただし，論拠や反論は，受け手が理解できないと説得効果を発揮しません。チョコレートを買ってもら

うために，チョコレートを買うメリットをわかりやすく伝える必要があります。また，「たしかに，このチョコレートは他の商品に比べて高いけれど，他の商品よりも〇〇の面で優れている」といったように，デメリットと，そのデメリットを覆すメリットを伝えると，より効果的でしょう。

　また，チョコレートについて繰り返しアピールすると，買ってもらいやすくなるでしょう。それは，情報への接触回数が増えるほど，その情報への好意度が高まる，**単純接触効果**（Zajonc, 1968）が生じるためです（第4章参照）。

　一方，受け手が反論する余地がないメッセージや，うんざりするほど繰り返されるメッセージは，説得効果を発揮しません。それは，自由を脅かされたときに自由を回復させようとする，**心理的リアクタンス**（Brehm, 1966）が生じるためです。チョコレートを買ってもらおうと一方的にアピールしすぎると，かえって買ってもらえなくなるでしょう。

受け手の要因

　説得効果にかかわる受け手の要因として，個人的関与，認知欲求が挙げられます。**個人的関与**は，説得される事柄と自分自身とのかかわりです。個人的関与が強い事柄については，メッセージの論拠が高いと説得効果を発揮する一方，個人的関与が弱い事柄については，メッセージの論拠よりも，送り手の魅力や信憑性の高さが説得効果を左右するとされます。また，**認知欲求**は，受け手がメッセージに含まれる議論について考えようと努力する傾向です（Cacioppo & Petty, 1982；神山・藤原，1991）。認知欲求の低い人は，外界からの情報を十分に吟味しない傾向があります（e.g., Petty, Briñol, Loersch, & McCaslin, 2009）。また，認知欲求の低い人には，メッセージの論拠の高い場合と低い場合で，説得効果に違いがみられないことが示されています（Cacioppo, Petty, & Morris, 1983）。チョコレートを買ってもらうために，客次第で説得の仕方を変える必要があると考えられます。論拠が強いメッセージを伝えようと工夫することが効果的なのは，チョコレートに関心がありそうな客や一生懸命考えようとする客の場合のみでしょう。チョコレートに関心がなさそうな客や一生懸命に考えようとしないような客の場合，あなたの魅力や信憑性を高める工夫をした方が

よいでしょう。

　また，受け手の気分がよいときには，説得されやすいことも示されています（Schwarz, Bless, & Bohner, 1991）。チョコレートを買ってもらうために，試食を勧めたり褒めたりして客の気分をよくさせるのは効果的でしょう。

状況の要因

　説得効果にかかわる状況の要因として，時間の制約，騒音などの，受け手が十分に考えることを妨害する要因が挙げられます。考えることを妨害された状況では，受け手はメッセージを十分に吟味することができません。たとえば，時間の制約がある場合，考えることを妨げる制約を受け手に課すことになるため，メッセージの論拠が弱くても説得効果が高まります。チョコレートを買ってもらうために，今日だけ特別サービスがあることや，この商品は期間限定の商品だとアピールするのは効果的でしょう。

態度変容の過程

　1980年代以降，人間の思考過程を考える情報処理（第2章参照）の観点から，受け手の態度変容が生じるときの情報処理が注目されるようになりました。そして，性質の異なる二つの情報処理の過程を想定したモデルが提唱されました。

　精緻化見込みモデル（Petty & Cacioppo, 1986）は，メッセージの処理に着目し，情報について考えようとする動機や考える能力の有無によって，情報処理の過程が異なると仮定するモデルです（図1-9）。情報について考えようとする動機や考える能力がある場合，中心ルートの情報処理を経ると想定されています。中心ルートでは，メッセージの論拠の説得力が入念に吟味され，態度変容の方向が決定されます。態度変容が生じると，その態度は持続しやすいと想定されています。一方，情報について考えようとする動機や考える能力がない場合，周辺ルートの情報処理を経ると想定されています。周辺ルートでは，情報の送り手は魅力的か，信憑性が高いかといった，メッセージの内容とは関係ない周辺的手がかりにもとづいて，態度変容の方向が決定されます。態度変容が生じても，その態度は持続しにくいと想定されています。図1-9では，多くの矢印が「周辺的手がかりはあるか」に向かっていることから，条件が揃わない

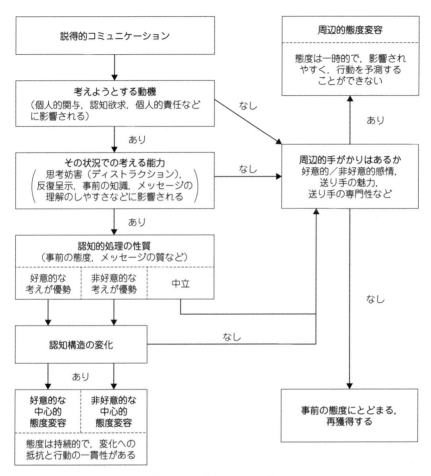

図1-9　精緻化見込みモデル

（出所）Petty & Cacioppo（1986）より作成

と周辺ルートの情報処理を経ると考えられます。

　ヒューリスティック・システマティック・モデル（Chaiken, Liberman, & Eagly, 1989）は，メッセージだけではなく，送り手の信憑性などの様々な要因も含め，詳細に情報を処理するか否かに着目したモデルです。詳細な処理（システマティック処理）と簡便な処理（ヒューリスティック処理）が想定され，詳細に処理する必要がないと判断されると簡便な処理がなされると仮定されています。

受け手の態度変容が生じるときの情報処理に着目したモデルにより，説得効果に影響する要因が体系的に整理されるようになりました。たとえば，精緻化見込みモデルにもとづくと，受け手の個人的関与が弱い事柄については，メッセージの論拠よりも送り手の信憑性の高さが説得効果を左右するのは，周辺ルートを経た情報処理がなされやすいためだと考えられます。

　上記 4 で説明された内容について，どの程度「あるある」「なるほど」と思ったか，評価してみよう。

　とてもそう思った（5）〜まったくそう思わなかった（1）

　　1．あるある　　5　　4　　3　　2　　1
　　2．なるほど　　5　　4　　3　　2　　1

　以上の評価を踏まえ，上記 4 で説明された説得効果に影響するそれぞれの要因について，ほかにどのようなものが想定できるかを考えてみよう。

もっと詳しく知りたい人のための文献紹介

今井芳昭（2006）．説得と依頼の心理学——人は他者にどう影響を与えるか——
　　サイエンス社
　　⇨他者からの影響による態度変容について，説得も含め，網羅的に説明されています。

齊藤勇（2001）．自己チュウにはわけがある——対人心理学でわかったこと——
　　文藝春秋
　　⇨本章で紹介した自己に関するテーマについて，日常の具体例から平易に紹介されています。

引用文献

阿部美帆・今野裕之（2007）．状態自尊感情尺度の開発　パーソナリティ研究, *16*, 36-46.

Ajzen, I.（1991）．The theory of planned behavior. *Organizational Behavior and Human Decision Processes, 50*, 179-211.

Alicke, M. D., Klotz, M. L., Breitenbecher, D. L., Yurak, T. J., & Vredenburg,

D. S. (1995). Personal contact, individuation, and the better-than-average effect. *Journal of Personality and Social Psychology, 68*, 804-825.

Altman, I., & Taylor, D. A. (1973). *Social penetration: The development of interpersonal relationships.* New York: Holt, Rinehart, & Winston.

安藤清志（1994）．見せる自分／見せない自分——自己呈示の社会心理学——サイエンス社

Baumeister, R. F., Bratslavsky, E., Muraven, M., & Tice, D. M. (1998). Ego depletion: Is the active self a limited resource? *Journal of Personality and Social Psychology, 74*, 1252-1265.

Baumeister, R. F., Vohs, K. D., & Tice, D. M. (2007). The strength model of self-control. *Current Directions in Psychological Science, 16*, 396-403.

Brehm, J. W. (1966). *A theory of psychological reactance.* New York: Academic Press.

Cacioppo, J. T., & Petty, R. E. (1982). The need for cognition. *Journal of Personality and Social Psychology, 42*, 116-131.

Cacioppo, J. T., Petty, R. E., & Morris, K. J. (1983). Effects of need for cognition on message evaluation, recall, and persuasion. *Journal of Personality and Social Psychology, 45*, 805-818.

Carver, C. S., & Scheier, M. F. (1998). *On the self-regulation of behavior.* Cambridge, UK: Cambridge University Press.

Chaiken, S., Liberman, A., & Eagly, A. H. (1989). Heuristic and systematic information processing within and beyond the persuasion context. In J. S. Uleman & J. A. Bargh (Eds.), *Unintended thought* (pp. 212-252). New York: Guilford Press.

Crocker, J., Luhtanen, R. K., Cooper, M. L., & Bouvrette, A. (2003). Contingencies of self-worth in college students: Theory and measurement. *Journal of Personality and Social Psychology, 85*, 894-908.

Crocker, J., & Wolfe, C. T. (2001). Contingencies of self-worth. *Psychological Review, 108*, 593-623.

Duval, S., & Wicklund, R. A. (1972). *A theory of objective self-awareness.* New York: Academic Press.

Fenigstein, A., Scheier, M. F., & Buss, A. H. (1975). Public and private self-consciousness: Assessment and theory. *Journal of Consulting and Clinical*

Psychology, 43, 522-527.

Festinger, L. (1957). *A theory of cognitive dissonance*. Stanford, CA: Stanford University Press.
（フェスティンガー, L. 末永俊郎（監訳）(1965). 認知的不協和の理論——社会心理学序説—— 誠信書房）

Festinger, L., & Carlsmith, J. M. (1959). Cognitive consequences of forced compliance. *Journal of Abnormal and Social Psychology, 58*, 203-210.

Greenwald, A. G., McGhee, D. E., & Schwartz, J. L. K. (1998). Measuring individual differences in implicit cognition: The implicit association test. *Journal of Personality and Social Psychology, 74*, 1464-1480.

Greenwald, A. G., Poehman, T. A., Uhlmann, E., & Banaji, M. R. (2009). Understanding and using the Implicit Association Test: III. Meta-analysis of predictive validity. *Journal of Personality and Social Psychology, 97*, 17-41.

Heatherton, T. F., & Polivy, J. (1991). Development and validation of a scale for measuring state self-esteem. *Journal of Personality and Social Psychology, 60*, 895-910.

Heider, F. (1958). *The psychology of interpersonal relations*. New York: Wiley.
（ハイダー, F. 大橋正夫（訳）(1978). 対人関係の心理学 誠信書房）

Higgins, E. T. (1998). Promotion and prevention: Regulatory focus as a motivational principle. In M. P. Zanna (Ed.), *Advances in experimental social psychology*. Vol. 30 (pp. 1-46). San Diego, CA: Academic Press.

Higgins, E. T., Friedman, R. S., Harlow, R. E., Idson, L. C., Ayduk, O. N., & Taylor, A. (2001). Achievement orientations from subjective histories of success: Promotion pride versus prevention pride. *European Journal of Social Psychology, 31*, 3-23.

Hovland, C. I., & Weiss, W. (1951). The influence of source credibility on communication effectiveness. *Public Opinion Quarterly, 15*, 630-650.

James, W. (1890). *The principles of psychology*. Vol. 1. New York: Henry Holt and Company.

Jones, E. E., & Pittman, T. S. (1982). Toward a general theory of strategic self-presentation. In J. Suls (Ed.), *Psychological perspectives on the self.* Vol. 1 (pp. 231-262). Hillsdale, NJ: Erlbaum.

神山貴也・藤原武弘 (1991). 認知欲求尺度に関する基礎的研究 社会心理学研究,

6, 184-192.

Leary, M. R., & Baumeister, R. F.（2000）．The nature and function of self-esteem: Sociometer theory. In M. P. Zanna（Ed.），*Advances in experimental social psychology*. Vol. 32（pp. 1-62）．San Diego, CA: Academic Press.

Lockwood, P., Jordan, C., & Kunda, Z.（2002）．Motivation by positive or negative role models: Regulatory focus determines who will best inspire us. *Journal of Personality and Social Psychology*, *83*, 854-864.

Markus, H. R.（1977）．Self-schemata and processing information about the self. *Journal of Personality and Social Psychology*, *35*, 63-78.

松浦常夫（1999）．運転技能の自己評価に見られる過大評価傾向　心理学評論，*42*, 419-437.

中村陽吉（編）（1990）．「自己過程」の社会心理学　東京大学出版会

中村陽吉（2006）．新心理学的社会心理学——社会心理学の100年——　ブレーン出版

大渕憲一（2015）．失敗しない謝り方　CCC メディアハウス

O'Keefe, D. J.（1999）．How to handle opposing arguments in persuasive messages: A meta-analytic review of the effects of one-sided and two-sided messages. *Communication Yearbook*, *22*, 209-249.

押見輝男（1992）．自分を見つめる自分——自己フォーカスの社会心理学——　サイエンス社

尾崎由佳・唐沢かおり（2011）．自己に対する評価と接近回避志向の関係性——制御焦点理論に基づく検討——　心理学研究，*82*, 450-458.

Pennebaker, J. W.（1997）．*Opening up: The healing power of expressing emotions*. New York: Guilford Press.
（ペネベーカー, J. W.　余語真夫（監訳）（2000）．オープニングアップ——秘密の告白と心身の健康——　北大路書房）

Petty, R. E., Briñol, P., Loersch, C., & McCaslin, M. J.（2009）．The need for cognition. In M. R. Leary & R. H. Hoyle（Eds.），*Handbook of individual differences in social behavior*（pp. 318-329）．New York: Guilford Press.

Petty, R. E., & Cacioppo, J. T.（1986）．The elaboration likelihood model of persuasion. In L. Berkowitz（Ed.），*Advances in experimental social psychology*. Vol. 19（pp. 123-205）．New York: Academic Press.

Rogers, T. B., Kuiper, N. A., & Kirker, W. S.（1977）．Self-reference and the encoding of personal information. *Journal of Personality and Social Psychology, 35,* 677-688.

Rosenberg, M. (1965). *Society and the adolescent self-image.* Princeton, NJ: Princeton University Press.

坂本真士（1997）．自己注目と抑うつの社会心理学　東京大学出版会

Schwarz, N., Bless, H., & Bohner, G. (1991). Mood and persuasion: Affective states influence the processing of persuasive communications. In M. P. Zanna (Ed.), *Advances in experimental social psychology.* Vol. 24 (pp. 161-199). New York: Academic Press.

潮村公弘（2016）．自分の中の隠された心――非意識的態度の社会心理学―― サイエンス社

菅原健介（1984）．自意識尺度（self-consciousness scale）日本語版作成の試み　心理学研究, *55,* 184-188.

Taylor, S. E., & Brown, J. D. (1988). Illusion and well-being: A social psychological perspective on mental health. *Psychological Bulletin, 103,* 193-210.

Tesser, A. (1988). Toward a self-evaluation maintenance model of social behavior. In L. Berkowitz (Ed.), *Advances in experimental social psychology.* Vol. 21 (pp. 181-227). New York: Academic Press.

内田由紀子（2008）．日本文化における自己価値の随伴性――日本版自己価値の随伴性尺度を用いた検証―― 心理学研究, *79,* 250-256.

von Hippel, W., & Trivers, R. (2011). The evolution and psychology of self-deception. *Behavioral and Brain Sciences, 34,* 1-56.

Warren, C. S. (2014). *Lies we tell ourselves: The psychology of self-deception.* Sevierville, TN: Insight Publishing.

Wilson, A. E., & Ross, M. (2001). From chump to champ: People's appraisals of their earlier and present selves. *Journal of Personality and Social Psychology, 80,* 572-584.

山本真理子・松井豊・山成由紀子（1982）．認知された自己の諸側面の構造　教育心理学研究, *30,* 64-68.

Zajonc, R. B. (1968). Attitudinal effects of mere exposure. *Journal of Personality and Social Psychology, Monograph Supplement, 9,* 1-27.

第2章 認知・感情
──社会でつながる心の仕組み

　「人間は，考える葦である」という言葉があります。私たち一人ひとりは一茎の葦のような弱い存在ですが，考える力は偉大で尊いという意味です。伝統的に，考える力は人間の本質であるとされる一方で，感情はそのような人間の本質から私たちを遠ざける厄介なものとして扱われてきました。しかし，頭の中で考えることは，私たち人間にとってそこまで本質的なことなのでしょうか。また，感情が厄介なものでしかないとしたら，なぜ私たちは感情をもっているのでしょうか。本章では，社会的な動物である人間の暮らしにおいて，認知と感情が果たす役割について考えていきます。

1　人間の認知と感情

　人間は**社会的な動物**です。動物の多くは，生存に必要なもの（食糧や住居など）を自然環境から調達するため，自然環境の特徴に注目するように最適化された仕組みを備えています。これに対して，社会的な動物である人間は，生存に必要なものの大部分を人との関係や社会から調達するため，人や社会の特徴に注目するように最適化された仕組みを備えています。一人ひとりでは弱い生物である人間は，強く結束し，社会をつくることで繁栄してきました。このことを念頭に置きながら，社会において人間の認知と感情が果たす役割についてみていきましょう。私たちは，なぜ考え，なぜ感じるのでしょうか。

1-1 情報処理モデル

人間とコンピュータ

　人間の思考は，たとえるならばコンピュータのプログラムのようなものかもしれません。1960年代の認知科学者たちは，この考え方に大きな期待を寄せていました。コンピュータの基礎となるのは，中央演算処理装置（CPU）によって，一定のルールに沿って記憶媒体の情報を読み書きするシステムです。人間の思考は，脳の中で働くプログラムとしてとらえることができそうです。もしも本当にそうなら，人間の思考と同じように働く人工知能をプログラムすることもできそうです。

　残念ながら，人間の思考をコンピュータのプログラムのようにとらえようとする認知科学者たちの夢は，すぐに行き詰まりをみせました。マッカーシーとヘイズ（McCarthy & Hayes, 1969）によると，情報を記憶して処理するコンピュータとして人間の心をとらえることに限界があることは，私たちが暮らす世界の複雑さを考えればわかります。世界は膨大な量の情報で溢れていて，すべての情報を処理することはできません。何をするにしても，それに付随する結果やリスクを考慮することは大切ですが，あらゆることを予期することは現実的ではありません。そのため，注目すべき情報と無視すべき情報をふるいわけることが求められますが，それも厳密に考えてやろうとすれば時間がかかりすぎてしまいます。これは，フレーム問題と呼ばれています（図2-1）。

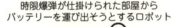

図 2-1　フレーム問題：情報をふるいわける枠組みの重要性

　現代のコンピュータは1960年代のものとは違い，記憶容量，処理速度，プログラムのすべてが飛躍的に向上しています。それでも，現実世界で遭遇する情報をすべて考慮しようとすれば無限の時間がかかるため，情報をふるいわけるための何らかの枠組みが必要であること，すなわちフレーム問題にぶつかることに変わりはありません。

　現在では人工知能の開発が進み，機械学習を多層化させたディープラーニングや，それを応用した自動運転技術などに多くの期待が寄せられるようになりました。しかし，それはコンピュータの特徴を活かしたものであり，私たちと同じように考えるコンピュータがつくられるようになったわけではありません。むしろ，特定の仕事においては人間よりも優れた働きをする，人間とは仕組みも特徴も異なる新たな知能に，人間の仕事を代替させる試みであるといえます。

　人間の心とコンピュータはどこが似ていて，どこが異なるのでしょうか。コンピュータの記憶容量，処理速度，プログラムは飛躍的に向上しましたが，人間の心の仕組みは数十年で変わるようなものではありません。記憶力に自信がない，計算は苦手，すぐに疲れる……人間は，情報処理の基本性能ではコンピュータに到底かないません。もっとも，ゆっくりと時間をかけて注意深く考えているときの人間の思考は，コンピュータのプログラムのように働きます。しかし，このようにゆっくりと熟慮することは，私たちの日常の思考のほんの一部分にすぎません。

　人間の思考の大部分は，意識的な熟慮ではなく，意識するともなく働く直観で占められています。たとえば，私たちは日常会話での言葉選びにいちいち時間をかけたりはしません。意識するともなく膨大な語彙を同時に参照しながら，直観的に頭に浮かんだ言葉を使うからこそ，違和感のないスムーズな会話ができるのです。情報は一つひとつ直列に処理されるわけではなく，同時並列的に処理されます。現在では，並列分散処理型のコンピュータの開発も進められていますが，これは直列の中央演算処理装置（CPU）とは異なるシステムです。

分散型情報システム

　人間は頭の中だけで考えるわけではなく，頭の外の環境も利用します。子ど

もは指を折って計算し，学生はノートや辞書を活用し，大人は他者と仕事を分業します。私たちの思考は，頭の中だけでなく，身体やその拡張である道具，環境や外部記憶装置，そして他者の心や社会システムにまで分散しています。

個人の情報処理能力の限界や，身体や環境の制約，社会のルールなどは，情報をふるいわけるための枠組みとして機能します。世界は複雑で膨大な量の情報で溢れていますが，私たちの情報処理能力はそれほど大きくはありません。それでも適切に対応するために，人間は**認知の分業**という創造性に富んだ思考方法を身につけたと考えられます。

認知の分業は，個人の能力だけで可能になるものではなく，人間関係や社会システムによって支えられています。たとえば，経済の仕組みをすべて理解している人はいないといわれています。しかし，誰もすべてを理解してはいなかったとしても，皆がそれぞれの理解を活かして作業を分担することで，問題なく経済をまわすことができます。

人間の思考や暮らしは，分業によって支えられています。現代では，コンピュータの真価は個別に蓄えられた情報や性能よりも，インターネットにつながることで発揮されます。インターネットは分散型情報システムの好例ですが，人間の真価も社会というネットワークにつながることで発揮されます。人類はコンピュータやインターネットを開発するよりも以前から，社会的なネットワークを構築してきました。私たち人間の心は，個人の記憶容量や情報処理能力を高めるよりも，他者とつながる分散型の情報システムを生み出せるように発達してきたと考えられます。

1-2　社会のためのシステム

認知の分業

私たち人間の心は，一人で考えるために発達したのではありません。人間の生存と繁栄は，いかに社会とつながり，集団での**共同作業**をうまく行えるかにかかっています。そのため，私たちの思考は単独の性能よりも，他者の思考とともに働くことを優先させた独特の仕組みになっています。たとえば，**言語**は

他者との協働を優先した認知機構のわかりやすい例です。

　アリやハチなど，簡単なコミュニケーションをする種は人間以外にも存在します。働きアリのフェロモンは，自分が巣に帰るために役立つだけでなく，みつけた餌の場所を仲間に伝えることで，コロニーの存続にとっても重要な役目を果たします。ミツバチのダンスも，自分が餌を探す役には立ちませんが，餌の場所を仲間に伝える働きがあります。しかし，人間のコミュニケーションほどの複雑さはありません。人間の言語能力ならば，集団で獲物の群れを狩るような，複雑な計画を皆で共有することもできます。

　ヒトが集団狩猟などをする際には，他者の考えや意図を推測することが重要であったと考えられます。隣の人が獲物に向けて弓を引いているのを見れば，それだけで多くの情報を得ることができます。その人には，獲物を仕留めたいという意図がある，そのための技能と自信がある，獲物の命を奪うことにためらいはない，といった情報を瞬時に得ることは，私たちの卓越した**意図推測**の能力です。さらに，援護射撃が必要かどうか，手柄を持ち逃げされないかどうかなど，人間は他者の考えや意図を自然に推測する能力を備えています。

　もちろん，他者の考えはいつでも正確にわかるわけではありません。それでも，相手の意図がわかる，また，相手の意図がわかったことが，相手にも伝わっていることがわかる，このような**意図の共有**を土台として，私たち人間は複雑な協働と信頼の文化を築き上げてきました。人間の認知機能は，文化や常識といった**集合知**によって支えられており，また，集合知を構築するようにデザインされています。たとえば，親が突然何かを指差したとしても，子どもは親が何を伝えようとしているのかわからず，困惑してしまうかもしれません。しかし，子どもが何かを探している文脈では，親が探し物の場所を指し示して協力しようとしてくれていることに，子どもはすぐに気がつきます。意図の共有は，集団で大きな目標を達成するためだけでなく，他者の行動を観察して学ぶことや，教育や文化を成立させるためにも欠かせません。

　トマセロとカーペンター（Tomasello & Carpenter, 2007）によると，このように他者が何を伝えようとしているのかを理解するために必要となる，意図の推

測と共有の能力は，人間では14か月ごろからみられますが，チンパンジーなど他の類人猿では何歳になっても確認できません。チンパンジーなど他の類人猿も，自らの要求に従わせるために他個体の注意をひこうとすることはありますが，人間の子どものように，意図の共有や合意を求めることはありません。また，チンパンジーでも報酬を得るために協働することはありますが，人間の子どものように協働することを喜び，報酬がなくても遊びとして楽しむということはありません。

　言語であれ，意図推測であれ，意図の共有であれ，人間を特徴づける独特の認知機能の数々は集団での暮らしにとって重要な役割を果たします。このように，人間の心はすべてを一人でやる一極集中型ではなく，認知の分業を前提とした集合型のシステムとして最適化されていることがわかります。

文化の継承

　認知の分業は，それだけでもシステム全体の機能を大幅に高めることができますが，その最大の特徴は，情報を次世代に引き継ぐことで，何世代にもわたって情報を蓄積し続けられることです。そうすることで，人類の進歩はゆっくりとした進化から，加速する集合知の発達と文化の継承へと委ねられました。人間の暮らしが，同じだけ進化したはずの他の種とは明らかに異質である理由は，認知の分業と文化の継承を支える認知機能にあると考えられます。

　人間の心は，認知の分業を意識するともなく行います。たとえば，友人と一緒にホームパーティのための買い物にでかけようとすると，ちょうどテレビでおすすめのワインを紹介する番組が始まったとします。あなたはワインに詳しくありませんが，友人はワイン好きです。一緒に番組を見てから出かけることになったとして，あなたはどれくらい真面目に番組の内容を憶えようとするでしょうか。

　ウェグナー（Wegner, 1987）によると，私たちは他者の記憶に頼れる情報は積極的に憶えようとしません。ワインの情報は買い物の参考になるでしょうから，一人で準備をしていたなら憶えようとしたかもしれませんが，せっかくワイン通の友人がいるわけですから，代わりに憶えてもらおうというわけです。

ワインに限らず，私たちは自分の専門分野についてはよく記憶し，他者の専門分野についてはよく忘れてしまいます。このような，人間に特有の記憶の特徴は，**交流的記憶**と呼ばれています。

　人間の記憶は，他者との交流に頼り，また，他者との交流に貢献できるように，認知の分業を前提としてデザインされているのです。すべてを記憶しようとするのではなく，他者の記憶に頼らなければならないこの仕組みは，人間を交流へ導き，認知の分業を促し，ついには文化の構築と継承に至ったと考えられます。

1-3　合理的な人間観を超えて

人工知能に足りないもの

　グローバル・ポジショニング・システム（GPS）を利用したナビゲーションは，私たちの暮らしを変えた人工知能技術の一つです。目的地までの最適なルートを計算して，道路状況に応じた更新情報が入るたびにディスプレイと音声で案内してもらえるようになり，自動車の運転は本当に楽になりました。もう道に迷うことはほとんどありません。曲がる角を間違えても，すぐに復帰できるルートを計算しなおしてくれます。助手席や後部座席，あるいはその両方と口論になることも減りました。

　人工知能の合理的なナビゲーションに，足りないものは何でしょうか。私たち人間が行うルート選択と，カーナビが行うルート選択とでは，どこが違うのでしょうか。たとえば，コンサートの開場まで少し時間があるのでドライブを楽しもうという選択は，カーナビにはできません。夕焼けが美しいので海岸沿いを走ろうという選択も，カーナビにはできません。交通渋滞が予想されるので電車で行こうと提案することや，いっそのこと今夜はホームシアターを楽しもうと提案することも，カーナビにはできません。これらの選択や提案をさせたければ，人間がプログラムを変更してやる必要があります。

　人間の思考や判断は，人工知能のような合理的な要素だけでなく，そのときの気分や感情状態を大切にします。また，自分だけでなく，他者の気分や感情

状態にも敏感に対応しようとします。人間の思考や判断は，自らの心を満足させ，他者からの期待に応え，さらには社会的な制約を満たそうとします。そのためには，自分を知り，他者を知り，社会を知る必要があります。複雑に交差する人間の意図や感情の変化を汲みとり，合意が得られるような提案をすることは，心をもたないカーナビには荷が重い課題です。

　少なくとも現在のところは，人工知能はあくまでも道具にすぎず，人間と意図を共有するパートナーにはなれていません。たとえば，あなたの意図が何なのか，選択肢Ａ・Ｂ・Ｃの中から選べば，人工知能はそれに応じて最適な選択を提案するでしょう。あたかも意図を共有するパートナーであるかのようですが，心境が変わるような状況の変化（たとえば，車酔い）があったとしても，それに対応することはできません。人の心を読むことができない人工知能には，心境の変化をいちいち伝えなくてはならないのです。

心の役割

　コンピュータや人工知能が現代社会において大きな役割を担っていることは間違いありません。それでも，コンピュータはあくまでも道具にすぎず，社会の一員ではありません。社会の一員となるためには，心をもつ必要があります。言語や抽象的な概念理解といった人間ならではの能力は，意図を共有することで成立します。たとえば，会話の意味を理解するためには，文法や語彙の合理的な理解だけでなく，文化的に共有された常識や意図の推測にもとづく合意的な理解が必要になります。実用に耐えるような自動翻訳機をつくることが難しいことの理由も，一端はそこにあると考えられます。自分を知り，他者を知り，社会を知る。そのためには，心が果たす役割が大きいのです。

　コンピュータ技術は，至るところで私たちの暮らしを支えています。生活家電はより合理的になり，その多くは内蔵されたマイクロプロセッサによって制御されています。現代の車には，安全で快適な運転を補助するためのコンピュータ制御が随所にみられます。大型旅客機は，自動運転に頼らずに運行することはありません。オートパイロットに任せることで，旅客機の操縦は安全かつ快適なものになります。それでも，予期せぬ事態に備えて，人間のパイロット

を添乗させないわけにはいきません。オートパイロットは優秀ですので，それを見張る人間のパイロットの出番はあまりないかもしれません。しかし，乱気流や機械の故障など，予期せぬ事態が起きたときには，人間のパイロットの真価が発揮されます。

　予期せぬ事態が起きても目標や状況に応じて柔軟に軌道修正できることは，人間の心の重要な働きの一つです。人間の心は，自らの行動や心の状態をそれとなく観察しています。それと同時に，周囲の環境の変化や他者の行動などにも注意を払い，何か気になることがあれば，そこに意識を集中させ，対処しようとします。もちろん，オートパイロットにも，環境の変化を想定して，ある程度は対応力のあるプログラムが組まれています。しかし，あらゆる可能性を予期して，すべてに対処できるプログラムを組むことはできません。プログラマーも予期しなかった事態に対応できるのは，目標や状況に応じて柔軟に軌道修正できる人間の心だけです。

　予期せぬ事態に対して，人間のパイロットは万能かといえば，もちろんそうではありません。だからこそ，人間のパイロットは，地上の航空管制官たちと密接に連絡を取り合います。快適な空の旅は，オートパイロットの合理性と，人間による確認と合意との協働によって成立しているのです。

認知的倹約家

　「人間は，考える葦である」という言葉があります。たしかに，人間は地球上でもっともよく考えることができる脳をもっています。人間の脳は，身体活動や運動などの低次機能を支える旧皮質の大きさに対して，思考や判断などの高次機能を担う新皮質の大きさの比率が突出して大きいのです。思考に適した類まれな脳をもつ私たちは，その恩恵を活かして暇さえあれば物思いにふけっていてもよさそうですが，実際にはそうでもありません。

　フィスクとテイラー（Fiske & Taylor, 1991）によると，人間は考えることをできるだけ避けようとする，**認知的倹約家**です。倹約家が支出をできるだけ避けようとするように，私たち認知的倹約家は，たくさん考えることや，深く考えること，考え続けることなどを，できるだけ避けようとします。人間はなぜ，

考えることをあまり好まないのでしょうか。

　多様な意見をもつ人々が社会の中で共生していくためには，皆がお互いに合意できるようなルールづくりが必要になります。自らの考えや希望，計画などに，なぜ皆が従うべきなのかを説明できることは，個人にとっても社会にとっても重要ですが，それを完璧に合理的に行おうとすれば，無限の時間が必要になります。もしも私たちが認知的倹約家でなく，合理的な決断に至るまでいくらでも考え続けることができたなら，会議はさらに長くなり，合意に至ることはさらに難しくなることでしょう。幸いにも，割くことのできる認知的な努力や時間には限界があります。考えることは簡単ではなく，たくさんの認知的な努力が必要であるからこそ，私たちは合理性の追求だけに囚われることなく，自らの意見を主張し，また，他者の意見に耳を傾け，合意に至ることができるのです。

　認知的倹約家であることは，認知の分業と共有においても重要な役割を果たします。誰もが一つの分野の専門家となり，専門外のことは信頼できる専門家に考えてもらう。そうすることで，限りある認知資源を，社会の共有財産として効果的に運用できるようになります。たとえば，パーティの会場を選ぶには，メンバー全員の意見を出し合う前に，まずは会場選びに詳しい専門家の意見を聞くとよいでしょう。最終的な決定はメンバーの合意で行うとしても，専門家の意見にもとづいて，無数の選択肢の中から有力な候補を絞り込み，決定に必要な知識をメンバーで共有することは有益です。そうすることで，より効果的に合意に至ることができます。

　この場合，懸念すべきことがあるとすれば，専門家も人間ですので，社会の利害よりも個人の利害を優先して意見を歪める可能性が考えられます。専門外の人たちには，専門家の意見の信憑性を検証できるだけの専門知識がありません。これは厄介な問題ですが，対策はあります。その専門家が故意に意見を歪めるような人ではないか，意見の合理性だけではなく，専門家の誠実さや評判といった人間性を問うのです。

　もしかしたら，これまでに絶えてしまった種の中には，認知的倹約家ではな

く，意見の合理性だけを問題にするものもいたかもしれません。しかし，そのような種では，個人の誠実さや評判が問われることはあまりなかったことでしょう。私たちは認知的倹約家であるからこそ，意見の合理性や成果の見込みだけでなく，個人の誠実さや評判に注目する心の仕組みを発達させ，社会的な地位や努力の蓄積や評判が問題となる，信頼の文化を構築することができたと考えられます。

上記1で説明された内容について，どの程度「あるある」「なるほど」と思ったか，評価してみよう。

とてもそう思った（5）～まったくそう思わなかった（1）

1．あるある　　5　　4　　3　　2　　1
2．なるほど　　5　　4　　3　　2　　1

以上の評価を踏まえ，上記1で説明された心の働きの分業について，日常的な例を考えてみよう。

---

2 社会的認知

人間の社会は人と人とをつなぐ心の働きによって支えられています。人間の知識の獲得は，個人の学習や思考に留まらず，他者の行動の観察や意図の推測，コミュニケーションやメディアとの接触，文化や社会規範の内在化など，人や社会との関係と不可分に結びついています。私たちは他者の意図や社会のルールを自然に読み取り，それに合わせて自らの振る舞いを自動的に調整しています。他者が存在することで生じるこのような認知過程を**社会的認知**といいます。社会的認知の働きが意識されることはほとんどありません。しかし，意識せずとも社会に適応できることは，円滑な人間関係や社会規範の維持に重要な役割を果たします。自己と他者，個人と社会を自動的につなぐ，社会的認知の仕組みについてみていきましょう。

2-1　スキーマ

　バージ（Bargh, 1994）によると，人間の心理過程の大部分は，**無意識**（その働きに気づかない），**効率的**（努力が最小で済む），**無意図**（その気がなくても働く），**統制困難**（意のままにならない）という**自動性**の四つの特徴が該当します。無意識というと**精神分析論**を思い浮かべるかもしれません。しかし，社会心理学における無意識は，フロイト（Freud, S.）が想定したような不適応的な衝動や抑圧された思考を管理するための特別な機構ではなく，人間の適応的な認知や感情の働きを支える一般的な仕組みです（Wilson, 2002　村田監訳 2005）。社会的認知の自動性の秘密は，**スキーマと呼ばれる情報のネットワーク構造**にあります（図2-2）。

　人間の記憶は，一つひとつの具体的な事柄だけでなく，それらを包括する抽象的な知識や概念のネットワークで構成されています。このようなネットワークを構成する，抽象的な知識や概念をスキーマと呼びます。スキーマには，自己，他者，人間関係，社会的カテゴリー（たとえば，性別，人種，職業など），商品やブランドなど様々なものがあります。たとえば，**自己スキーマ**には，自己という概念，所属する社会集団などの属性，他者との関係，好みの音楽，最近の関心事など膨大な量の情報が含まれています。このようなスキーマがあることで，私たちはレストランで深く思い悩むことなく，すぐに自分の好みのメニ

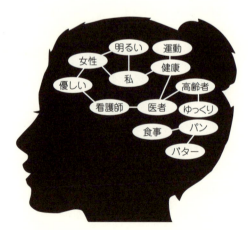

図 2-2　スキーマのネットワーク構造

ューを選び出すことができます。

　複雑な世界を単純化して理解することができるのは，このようなスキーマの恩恵です。関連する概念同士をまとめることで情報が整理されます。そうすることで，スキーマは複雑に入り組んだ世界に単純明快な秩序をもたらし，不確実な未来の予想を可能にします。たとえば，友人にファミリーレストランに誘われたなら，これは食事というよりは談話の誘いであることや，かしこまった会合の誘いではないこと，服装や所持金に気を使う必要はないことなどが即座に予想できます。これはファミリーレストランについてのスキーマをもっているからです。もしもギリシャ料理に誘われたならこうはいきません。ギリシャ料理のような珍しいものについてはスキーマをもっていないため，その場で何を期待されているのかを予想することは難しくなります。

　スキーマによって次に起こることが予想できることで，日常生活はとても楽になります。予想通りの日常では，ものごとを深く考える必要はほとんどなく，活動の大部分を**自動モード**で切り抜けることができます。一方で，スキーマの期待を裏切る予想外の事態が起きたときには，私たちの心は自動モードから**熟慮モード**へとシフトします。予想から大きく外れた出来事が起きると，私たちは何が起きたのかを意識的に分析し，状況を整理して，これまでの理解が誤っていた可能性を精査します。ファミリーレストランの支払いが割り勘なら，深く考える必要はありません。しかし，予想に反して知人が全額払うと申し出たなら，その理由を考えさせられることでしょう。

2-2　スクリプト

　スキーマの中でも，社会行動においてとくに重要な役割を果たすものにスクリプトがあります。**スクリプト**は，人や事象の振る舞いに関する知識構造です。出来事や人間の行動についてのスキーマといってもよいでしょう。スクリプトには，人の意図や行動，それらを左右する状況，出来事の因果関係や順序など，様々な情報が含まれています。映画や演劇では場面ごとに演技や台詞が決められているように，現実の場面でも「この状況ではこう振る舞うべきだ」という

スクリプトがあり，私たちはそれに従って言動を選びます。

　映画俳優や劇役者たちの演技や台詞の大部分は，脚本家が書き上げた台本（スクリプト）に従うように決められています。しかし，現実のスクリプトに脚本家はいません。現実のスクリプトは一人で書き上げるものではなく，他者の行動の観察や意図の推測，コミュニケーションやメディアとの接触，文化や社会規範の内在化など，人や社会との関係を通じて構築される集合知です。スクリプトの大部分は発達初期に獲得されますが，役割の変化に応じて更新されます。獲得されたスクリプトの影響力も利用頻度によって調整され，利用頻度の高い知識構造は，自動的に思考や行動に作用するようになります。

2-3　プライミング

　プライミングとは，スキーマやスクリプトの連鎖反応です。人の記憶内には無数の知識や概念がありますが，関連する知識・概念同士は結びつけられネットワークを形成しています。そのため，一つの知識・概念について考えると，その知識・概念と関連した知識・概念も利用されやすくなります。このように，起爆剤となる最初の知識・概念（プライム）の活性化が，ネットワーク内の関連する知識・概念に拡散する（**活性化拡散**）ことをプライミングと呼びます。

　メイヤーとシュベーンベルト（Meyer & Schvaneveldt, 1971）によると，コンピュータ画面上に呈示されるターゲット文字列（たとえば，看護師）が意味のある単語か無意味な文字列かを判断する直前に，関連するプライム単語（たとえば，医者）が表示された場合，無関連なプライム単語（たとえば，バター）が表示された場合に比べて，より素早く反応することができます。プライミングによって活性化された概念は，後の思考や判断に影響するのです。このようなプライミングの効果は，プライムの存在が意識できないくらい短い時間呈示された場合でも生じます。これは一般に，**サブリミナル効果**と呼ばれています。たとえば，喉の渇きに関する単語をサブリミナルで（意識できないような短い呈示時間で）呈示すると，飲み物の消費が影響されるのでしょうか。ストラーハン他（Strahan, Spencer, & Zanna, 2002）によると，喉の渇きに関する単語をサブ

リミナルで呈示された実験参加者は，喉の渇きと無関連な単語をサブリミナルで呈示された統制条件の参加者と比較して，たしかに喉の渇きを潤す商品をより高く評価し，また，試飲する際によりたくさん消費していました。ただし，このようなサブリミナル効果は，そもそも喉が渇いていた場合にのみ有効で，喉が渇いていなかった場合には効果はありませんでした。また，サブリミナルでの単語の呈示時間は16ミリ秒といったごく短い時間ですが，単語の呈示時間を300ミリ秒まで長くすると，それを意識的に知覚できるようになります。単語を意識的に知覚できるように呈示した場合でも，無意識に知覚させるようにサブリミナルで呈示した場合でも，同じパターンの効果が観察されました。これらのことから，サブリミナル効果は参加者がそもそも取り得る範囲の行動や判断に限定されており，また，意識的な影響以上に強い効果をもつわけではないことがわかります。そもそも，サブリミナル広告は規制されていますので，実験室の外で単語が数ミリ秒だけ呈示される機会に遭遇することは稀です。それでは，私たちの日常にプライミング効果が影響を及ぼすのは，どのような場合でしょうか。

　プライミング効果は，必ずしもサブリミナルであるとは限りません。サブリミナルとは**閾下**（意識の閾値を下回る），つまり刺激の存在が意識できないということですが，たとえ**閾上**（意識の閾値を上回る），つまり刺激の存在が意識できたとしても，その刺激が判断や行動に影響したことまでは意識されないことがあります。意識できる刺激から生じる意識できない影響は，**スプラリミナル効果**と呼ばれます。プライミング効果は自動化された概念の活性化ですので，社会的な動物である人間の暮らしにおいてもっとも自動化された，人間関係においてもっとも大きな影響を及ぼします。たとえば，高齢者を見ると，高齢者という集団に対する**ステレオタイプ**的な知識が無意識のうちに活性化されます。ステレオタイプに沿った自動的な反応は，知らず知らずのうちに偏見や差別などの問題を生み出す原因になることがあります。しかし，意識せずとも相手や状況に合わせられることは，円滑な人間関係や，社会規範の維持にも役立ちます。バージ他（Bargh, Chen, & Burrows, 1996）によると，私たちが高齢者と接

する際には，"行動がゆっくりしている"という特徴を含む高齢者ステレオタイプが活性化し，お互いにゆっくりと行動する自動的な調整が働きます。このように，人間関係において相手の存在はもちろん意識されますが，その相手を高齢者としてみたことや，高齢者ステレオタイプが活性化したこと，また，その内容に応じて自らの行動が調節されたことには気づきません。このような社会的認知の自動的な働きによって，私たちはお互いに気を使うことなく，自然と相手に合わせることができるのです。

上記2で説明された内容について，どの程度「あるある」「なるほど」と思ったか，評価してみよう。

とてもそう思った（5）〜まったくそう思わなかった（1）

1．あるある　　　5　　　4　　　3　　　2　　　1
2．なるほど　　　5　　　4　　　3　　　2　　　1

以上の評価を踏まえ，上記2で説明された社会的認知の自動的な働きについて，疑問に思った点を挙げてみよう。

3　感情の社会的な機能と仕組み

感情は知的な人間の活動を妨げる厄介なものであると一般に思われています。実際に，感情が暴走すれば意思決定や人間関係の崩壊を導くこともあります。しかし，もしも感情を意のままに出したり消したりすることができたなら，その弊害とともに感情の機能も失われてしまいます。私たちの苦楽の源泉であり，認知や社会の仕組みと相補的な関係にある，感情の社会的な機能と仕組みについてみていきましょう。

3-1　幸福感

快楽と理性

アリストテレスによると，人間が幸福を追求する方法は少なくとも二つあり

ます。一つは，目先の快楽を追求すること（hedonic）。もう一つは，理性的に生きること（eudaimonic）です。快楽を貪る利己的な生き方は動物的，原始的，野蛮であり，社会道徳と調和した理性的な生き方こそが，人間の本質であるとする考え方は，感情と理性の二項対立を連想させます。感情的な人といえば未熟な印象，理性的な人といえば成熟した印象を抱くことからもわかるように，現代においても，感情は人間らしさを貶める厄介なものとしてとらえられています。しかし，本当に厄介なものでしかないとしたら，なぜ私たちは感情をもっているのでしょうか。

　人間が快楽を追求しようとするのは，食糧や安全な住居など，快楽をもたらすものは生存の可能性を高めるからです。もしも人類の祖先が快楽の追求に意欲的でなかったなら，現代に至る生存と繁栄はなかったことでしょう。動物の幸せは，たんに現状が快適であることです。人間も動物ですので，空腹を満たすこと，暑さや寒さから逃れること，疲れを癒やすことなどに幸せを感じます。しかし，人間はそれだけでは満足しません。私たち人間は現状だけでなく過去や未来にも思いを馳せ，快適なだけでなく意味のある人生を送ろうとします。

　社会は人と人とのつながりによって成立します。集団のメンバーがそれぞれの役割を果たすことで，食糧を獲得し，自然や外敵から身を守り，他者とのつながりを深め，子を育てることができます。社会のルールと調和し，まわりの人々と助け合う理性的な生き方をしようとすることは，快楽の追求と同じように，生存と繁栄の可能性を高めます。人間の基本的な欲求であるという意味では，社会とつながる理性的な生き方を求める気持ちも，快楽への欲求も同じです。どちらの欲求も，それを充足するための感情によって支えられています。

社会と人生の意味

　人間を幸せにするものは何でしょうか。現代社会における価値観は多様ですが，一般には，やりがいのある仕事と安定した収入，素敵な恋人との結婚や子ども，健康な暮らしや理想の住まいなどを求める人が多いようです。これらを得るためには，個人的に努力するだけではなく，他者と良好な関係を築き社会的に成功することが求められます。快適さだけでなく意味のある人生に幸せを

コラム 2-1：幸せの秘訣

　どんな幸運に見舞われても，幸せに胸が躍るのも束の間，すぐに元の水準に戻ってしまいます（Diener, Lucas, & Scollon, 2006）。たとえば，宝くじの高額当選者を対象とした調査（Brickman, Doates, & Janoff-Bulman, 1978）では，その幸福感は1年後には元の水準に戻っていることが報告されています。人間の幸福感においては，客観的に幸せな境遇にいるかどうかも大切ですが，その境遇に対する**主観的な満足感**の方がより重要です。たとえば，1年間に何回病気にかかったかという客観的な健康の指標は，あまり幸せには影響しません。しかし，自分の健康状態にどれくらい満足しているかという主観的な健康の指標は，幸せに強く影響します。結婚しているかどうかは，幸せにあまり影響しませんが，結婚生活や独身生活に満足しているかどうかは，幸せに強く影響します。主観的な満足感，**幸せのベースライン**には個人差があります。いつでも幸せそう，または不幸そうな人がいるのはそのためです（Costa, & McCrae, 1980）。いつまでも幸せな結婚がしたければ，いつでも幸せそうにしている人をみつけること，そして，いつでも幸せそうにしている人になること，といえそうです。

感じることは，個人を幸せにするだけでなく，社会の価値観や基準に適った活動（たとえば，勉強，就職，結婚，子育てなど）を導くことで，社会の繁栄をも促します。

　意味のある活動は，必ずしも快適であるとは限りません。たとえば，多くのカップルは子どもを授かることを望みますが，子育てによって生活は制限され快適な暮らしは制約されます。もっとも，子育ては人生に大きな意味をもたらします（Baumeister, 1991）。また，社会には子育てなどの意味のある活動を支援する仕組みがあります。社会的に意味のある活動を通じて得られる人とのつながりや社会的な支援は，人間の幸せに大きく影響します。

　快適な暮らしよりも，**社会とのつながり**が人間の幸せに大きく影響するとしたら，それはなぜでしょうか。その理由の一端は，人間の順応力にあります。快適な暮らしを手にしても，私たちはすぐに慣れてしまい，幸せは色褪せてしまいます。一方で，意味のある人生のために快適さが下がったとしても，やはり私たちはすぐに慣れてしまいます。快適さを上乗せしても幸福感は向上せず，

意味のある人生や社会とのつながりを求めるようになるのはこのためです。幸せは色褪せるからこそ，人は快適さだけでは満足せず，意味のある人生を求め，社会とのつながりを深め，目標や価値観を更新し，よりよい社会を築くことができるのです。

3-2　感情と社会

感情の役割

　恐怖や不安など，精神疾患の診断基準に含まれるような否定的な感情さえも，本来は個体の生存にとって重要な役割を果たします。恐怖や不安を必要以上に感じてしまうことは問題ですが，本当に危険が迫っているときに，それをゆっくりと精査していては手遅れになるかもしれません。危険を察知して瞬時に逃れることができるのは，恐怖や不安を感じることができるからです。

　シュヴァルツ（Schwarz, 1990）によると，感情は何か注意すべき重要な事態が起きたときに，それを迅速かつ強制的に伝える情報として機能します。これは，**感情情報説**と呼ばれます。たとえば，怒りは不正の発生を，悲しみは喪失の可能性を，恐怖は危険の接近を伝えます。安心の感情はものごとが順調で，不測の事態がないことを伝えます。このように，感情は重要な事態を伝える信号ですから，感情を無視すれば何か重要な事態を見過ごすことにつながります。感情が私たちの活動を中断させてまで，強制的に割り込んでくるのはそのためです。

　不快な感情に悩み，専門家の助けを求める人も少なくありません。しかし，もしも自らの意志で自由に不快な感情を捨ててしまえたなら，それを避けるために，わざわざ自らの行動を変える必要はなくなってしまいます。たとえば，**罪悪感**は社会の規範から逸脱してしまったことを知らせます。罪悪感を避けるために，人は約束やルールを守り，他者により親切にするなど，自らの行動を意識してコントロールしようとします。これが感情の重要な役割といえるでしょう。感情を直接コントロールすることはできないからこそ，感情は**フィードバック**としての機能をもち，個人の価値観や社会の規範に適った行動を促すの

です。

心と身体

感情は心で感じるだけでなく全身で生じる現象です。たとえば，怒りや恐怖などを感じると，**交感神経系**が活発になり，鼓動が激しくなったり呼吸が乱れたりします。顔は紅潮し，喉や目は渇き，筋肉は硬直します。これは，逃げるべきか闘うべきかなどと考えるよりも先に，身体が異常事態に対応するための準備を始めるためです。ストレスホルモンなどの脳内物質が分泌されることで，身体だけでなく気分や考え方にも影響が及びます。このように，感情は重要事態の発生を瞬時に強制的に知らせる信号として働くことで，理性的に考えていてはとても間に合わないような場合にも人間に迅速に対応させることができるのです。

身体反応の中でも，表情筋の働きは感情と深くかかわります。イザード（Izard, 1971）によると，表情には感情を感じやすくさせる**顔面フィードバック**機能があります。たとえば，ペンを前歯でくわえると口角があがるため，自然と笑顔になります。また，ペンを唇の先でくわえると唇が突き出されるため，自然としかめ面になります。このような状態で漫画を読むと，表情の変化が意識されていなくても，笑顔のときにはしかめ面のときに比べて，より面白く感じられます（Strack, Martin, & Stepper, 1988）。

ニールとチャートランド（Neal & Chartrand, 2011）によると，顔面フィードバックは自らの情動だけでなく，他者の感情の理解にも利用されます。アンチエイジングを目的として行われる皺取りのためのボトックス注射には，顔面フィードバックを阻害し，他者の表情の読み取りを困難にするという思わぬ弊害があります。本来であれば，他者の笑顔を見ると自然と笑顔になります。このような顔面フィードバックは，他者の感情を理解する手掛かりとなります。顔面フィードバックが損なわれると，他者の表情に敏感に反応し，それを理解する能力が損なわれてしまうのです。

感情の影響は全身に表れるため，人は感情を隠すことが苦手です。自分の感じていることを知られたくないときには不都合ですが，感情が表出されること

には重要な役割があります。人が感情を簡単に隠せてしまったなら，他者の感情を読み取ることは難しくなります。何を感じているのかがわからない，あるいは自分の感じていることをわかってくれない相手と関係をつくることは困難です。信頼を土台とした社会を構築するためには，感情を共有することが必要になります。

感情の共有

社会が成立するには，皆が**社会規範**を守るという**信頼**が必要です。しかし，このような信頼を裏切って社会規範から逸脱してしまうこともあります。それが過失によるものか悪意によるものかは重要な争点ですが，どちらにしてもそれを証明することは容易ではありません。社会規範から逸脱してしまったときに，信頼を失わないためにはどうすればよいでしょうか。

セミンとマンステッド（Semin & Manstead, 1982）によると，社会規範からの逸脱によって信頼を失うかどうかは**感情の表出**に左右されます。社会規範から逸脱すれば，公共の基準に適応できない，あるいは適応する気がないとみなされ，厳しい批判や**排斥**の対象となる可能性もあります。しかし，社会規範から逸脱してしまったことに対する罪悪感が表出されたなら，その人が自らの過ちを反省していることや社会模範を尊重していることが他の人にも伝わります。これにより，同じ過ちが繰り返される可能性が低く見積もられ，信頼関係が修復される可能性が高まります。そもそも，罪悪感には自らの過ちに対する反省を促し，同じ過ちを繰り返さないように行為を抑制する強力な学習効果がありますが，罪悪感は表出されることで個人の体験を超えて他者と共有され，共感性や許しを導き，信頼関係の修復や維持に寄与します。

社会規範から逸脱してしまったことに対する罪悪感のように，他者や社会が存在することで生じる感情は，**社会的感情**と呼ばれます。社会的感情は，恥ずかしさ，罪悪感，誇り，優越感，劣等感など，他者の存在や社会の規範が意識されることから生じるため，他者から自分への反応が意識されることで生じる**自己意識感情**とも類似しています。

アイゼンバーグ（Eisenberg, 2000）によると，社会的感情は，**共感性**や**モラル**

の発達と密接な関係にあります。また，社会的感情の共有は，信頼関係の構築や，社会規範やモラルの維持にも寄与します。このように，人間の感情は動物の感情のような目先の快楽の追求だけでなく，人間ならではの理性的な生き方の追求にも重要な役割を果たしていると考えられます。

上記3で説明された内容について，どの程度「あるある」「なるほど」と思ったか，評価してみよう。

とてもそう思った（5）～まったくそう思わなかった（1）

1．あるある　　　5　　4　　3　　2　　1
2．なるほど　　　5　　4　　3　　2　　1

以上の評価を踏まえ，上記3で説明された内容以外にも，社会的感情が私たちの暮らしに果たしている役割について考えてみよう。

---

4 感情の活用

4-1 感情と意思決定

感情は私たちを合理的な意思決定から遠ざけると一般に考えられています。しかし，**脳損傷**によって感情を失った人々の症例からは，感情は意思決定や社会適応において欠かすことのできない重要な役割を担っていることがわかります。ダマシオ（Damasio, 1994）によると，認知機能はそのままで感情だけを失った患者に次の受診日を二つの候補日から選ぶように求めると，先述したフレーム問題にぶつかります。二つの候補日のメリットとデメリットについて合理的に分析することはできますが，いつまで考えても結論に至ることができません。

感情は経験から学ぶためにも重要な役割を果たします。たとえば，二つのカードの山から自由に1枚ずつカードを引いて，表示された金額を獲得したり失ったりするゲームがあるとします。じつは，一つの山は利得も大きいけれど損失はさらに大きく，これを引き続けると最終的には大きな損失に至る山です。もう一つの山は利得も小さいけれど損失はさらに小さく，これを引き続けると

最終的には小さな利得に至る山です。このような**ギャンブリング課題**において，プレイヤーは法則を探るために，それぞれの山からカードを引きますが，普通の感情をもつ人であれば，大きな損失のカードを引くとその山を避けることを学びます。しかし，感情を失った患者は大きな損失のカードを引いても学習せず，その山から引き続けてしまいます（Bechara, Damasio, Tranel, & Damasio, 1997）。

4-2　感情の予測

　私たち人間は，まだ経験したことがない未知の**感情の予測**からも学ぶことができます。現在や過去の感情だけに縛られず，将来の幸せのために努力し，未然に罪悪感などのネガティブな感情を回避しようとすることは，人間ならではの認知と感情の使い方です。日頃あまり罪悪感を経験したことがないとしたら，それは感情の予測が正常に機能している結果かもしれません。感情の予測が機能していれば，罪悪感を生じさせるような行為は未然に回避されるため，実際に罪悪感が生じることはあまりありません。

　もしも恋人に振られたら，第一志望の就職先から内定をもらったら，カンニングの冤罪で大学を退学させられたら，どんな気持ちになるかは予測できます。しかし，感情がどれくらい強く経験されるか，また，感情がどれくらい長く持続するかという予測は，どちらも過大視される傾向にあります。これを**インパクト・バイアス**といいます。ギルバート他（Gilbert, Pinel, Wilson, Blumberg, & Wheatley, 1998）によると，実際のところ人はどんな状況にもすぐに順応するため，幸せも不幸も長くは続きません。しかし，感情の予測は実際よりも深刻に過大視されます。これは，幸せも不幸も強く長く続くと予測した方が，将来に向けた努力が促進されるためと考えられます。たとえば，恋人に振られても問題はないと予測するよりも深く後悔すると予測した方が，また，恋人と結婚しても幸せは続かないと予測するよりもいつまでも幸せでいられると予測した方が，良好な関係を維持するために努力できるかもしれません。

4-3　感情の利用と制御

情動知能

　感情をうまく活用する能力は，**知能指数**のように人生の成功に深くかかわるため，**情動知能**として注目されています。情動とは，感情の中でもその原因や状態が明確に意識されるものを指します。サロベイとメイヤー（Salovey & Mayer, 1990）によると，情動知能とは自分や他者の感情を適切に認識・活用・理解・管理して，意思決定や学習，そしてコミュニケーションに役立てる能力です。情動知能が高い人は，仕事の能率や職場での評価が高く，人間関係や心身の健康が良好で，依存症などの問題を起こしにくいことが知られています。

　メイヤー他（Mayer, Salovey, & Caruso, 2002）が開発した**情動知能検査**（MCEIT）は，141項目の質問から構成されており，情動の認識，活用，理解，管理の四つの側面を測定します。情動の認識は，自分自身や他者の情動を敏感に感じ取る能力です。さらに，芸術や音楽，文学作品などから情動を感じ取る感性も含みます。情動の活用は，状況に応じて有効な情動とそうでない情動を区別して，有効活用する能力です。とくに怒りなどのネガティブな情動は，問題の発生を伝える重要なシグナルですが，強い緊張や興奮を伴うため情動を適切に活用するための能力が問われます。情動の理解は，情動の変化やその影響についての知識を指します。情動の管理は，自分自身や他者の情動と適切に向き合い，意思決定や学習，そしてコミュニケーションに役立てる能力です。

感情を制御することの意義

　情動知能が有益な理由の一つは，適切に**感情の制御**ができることです。意思決定や人間関係において重要な役割を果たす感情も，暴走すれば意思決定や人間関係の崩壊を導きます。たとえば，怒りをうまく制御することができる人は，それを受け流せるだけでなく，問題を見過ごさずに改善を促すことや，それとなく怒りを示すことで衝突を未然に防ぐことなど，問題解決や社会のために役立てることができます。しかし，怒りを制御できない人は適切に対応することができず，かえって問題を悪化させてしまいます。

　感情は身体の緊張や興奮を伴います。このような**覚醒状態**は感情制御や頭の

働きを妨げると一般に信じられていますが，実際には，むしろ脳や筋肉への酸素供給を高めることで，感情制御や頭脳労働を含む様々な課題の**パフォーマンス**を向上させる働きがあります。ただし，覚醒とパフォーマンスの関係は逆U字型です。

ヤーキスとドットソン（Yerkes & Dodson, 1908）によると，覚醒の度合が上がると，一定の水準まではパフォーマンスが上がりますが，高すぎる度合の覚醒はパフォーマンスを下げてしまいます。これは，**ヤーキス・ドットソンの法則**と呼ばれます。覚醒は酸素供給だけでなく注意の集中を高めるため，注意が散漫な状態ではカフェインを摂取するなどして覚醒を高めると，課題への集中力が増してパフォーマンスが上がります。しかし，集中には最適な水準というものがあります。つまり，課題に必要な情報だけに集中して，課題に不要な情報は入れない最適な水準をすぎて，さらに集中を高めると，課題に必要な情報までもが注意の外に出てしまい，パフォーマンスが低下します。細かいことばかりが気にかかるように感じたら，休憩を挟んで覚醒を下げるときかもしれません。感情制御においても，覚醒を適切な水準に維持することが重要です。

感情は制御すべきでしょうか。本章では，感情は私たちの日常の判断や人間関係，そして社会の仕組みを支える重要な働きを担っていることを強調してきました。感情の正常な働きが阻害されれば，その大切な機能を損なうことになります。感情を欠くと日常生活が困難になることは，先述した脳損傷患者の症例などからも明らかです。一方で，感情の暴走を制御することができなければ，精神疾患や人間関係の問題を引き起こすこともあります。

感情も認知も社会も，優れたシステムですが完全ではありません。人間の暮らしは，これらの三つのシステムの相補的な関係によって支えられています。感情には意思決定や学習，信頼関係や社会の仕組みを支える重要な働きがありますが，私たちの認知機能や社会のルールは，その働きを適切に制御して，役目を終えた感情を打ち切る役割を担っています。感情のない人生を送りたくはありませんが，感情が状況への過剰な反応を生み出したり，その役目を終えてからも留まり続けたりするようであれば，感情を制御する必要があります。

いつ，どんな感情を，どれくらい示すことが適切かは，そのときどきの状況や人間関係，社会のルールなどによって決まります。感情と認知，そして社会の相補的な関係を理解して，感情を適切に制御することは簡単ではありません。成功と失敗を繰り返しながら感情制御を身につけ，時間をかけて感情と認知と社会のつながりを学ぶことで，私たちはよりよい社会の一員として生きることができるのです。

上記4で説明された内容について，どの程度「あるある」「なるほど」と思ったか，評価してみよう。

とてもそう思った（5）～まったくそう思わなかった（1）

　1．あるある　　　5　　4　　3　　2　　1
　2．なるほど　　　5　　4　　3　　2　　1

以上の評価を踏まえ，上記4で説明されたような，感情を問題解決やパフォーマンスの向上のために活用する方法の具体例を考えてみよう。

もっと詳しく知りたい人のための文献紹介

鹿毛雅治（編）(2017)．パフォーマンスがわかる12の理論――「クリエイティヴに生きるための心理学」入門！―― 金剛出版
　　⇨人間のパフォーマンスは認知と感情の豊かな相互作用によって支えられています。日常のパフォーマンスという身近な問題をひも解く心理学の12の理論が解説されています。

ウィルソン，T. D.　村田光二（監訳）(2005)．自分を知り，自分を変える――適応的無意識の心理学―― 新曜社
　　⇨他でもない自分自身の心の働きについて，よくわからなくなることがあるのはなぜでしょうか。無意識の心の働きについて社会心理学の立場からわかりやすく解説されています。

引用文献

Bargh, J. A. (1994). The four horsemen of automaticity: Awareness, efficiency, intention, and control in social cognition. In R. S. Wyer Jr., & T. K. Srull

(Eds.), *Handbook of social cognition* (2nd ed., pp. 1-40). Hillsdale, NJ: Erlbaum.

Bargh, J. A., Chen, M., & Burrows, L. (1996). Automaticity of social behavior: Direct effects of trait construct and stereotype activation on action. *Journal of Personality and Social Psychology, 71*(2), 230-244.

Baumeister, R. F. (1991). *Meanings of life.* New York: Guilford Press.

Bechara, A., Damasio, H., Tranel, D., & Damasio, A. R. (1997). Deciding advantageously before knowing the advantageous strategy. *Science, 275*(5304), 1293-1295.

Brickman, P., Coates, D., & Janoff-Bulman, R. (1978). Lottery winners and accident victims: Is happiness relative? *Journal of Personality and Social Psychology, 36*(8), 917-927.

Costa, P. T., & McCrae, R. R. (1980). Influence of extraversion and neuroticism on subjective well-being: Happy and unhappy people. *Journal of Personality and Social Psychology, 38*(4), 668-678.

Damasio, A. R. (1994). *Descartes' error.* London: Picador.

Diener, E., Lucas, R. E., & Scollon, C. N. (2006). Beyond the hedonic treadmill: Revising the adaptation theory of well-being. *American Psychologist, 61*(4), 305-314.

Eisenberg, N. (2000). Emotion, regulation and moral development. *Annual Review of Psychology, 51,* 665-697.

Fiske, S. T., & Taylor, S. E. (1991). *Social Cognition* (2nd ed.). New York: McGraw-Hill.

Gilbert, D. T., Pinel, E. C., Wilson, T. D., Blumberg, S. J., & Wheatley, T. P. (1998). Immune neglect: A source of durability bias in affective forecasting. *Journal of Personality and Social Psychology, 75*(3), 617-638.

Izard, C. E. (1971). *The face of emotion.* New York: Appleton-Century-Crofts.

Mayer, J. D., Salovey, P., & Caruso, D. (2002). *Mayer-Salovey-Caruso Emotional Intelligence Test (MSCEIT): User's manual.* Tronto: Multi-Health Systems.

McCarthy, J., & Hayes, P. J. (1969). Some philosophical problems from the standpoint of artificial intelligence. *Machine Intelligence, 4,* 463-502.

Meyer, D. E., & Schvaneveldt, R. W. (1971). Facilitation in recognizing pairs of words: Evidence of a dependence between retrieval operations. *Journal of*

Experimental Psychology, 90(2), 227-234.

Neal, D., & Chartrand, T. L. (2011). Embodied emotion perception: Amplifying and dampening facial feedback modulates emotion perception accuracy. *Social Psychological and Personality Science, 2*(6), 673-678.

Salovey, P., & Mayer, J. D. (1990). Emotional intelligence. *Imagination, Cognition, and Personality, 9*(3), 185-211.

Schwarz, N. (1990). Feelings as information: Informational and motivational functions of affective states. In E. T. Higgins & R. Sorrentino (Eds.), *Handbook of motivation and cognition: Foundations of social behavior.* Vol. 2 (pp. 527-561). New York: Guilford Press.

Semin, G. R., & Manstead, A. S. R. (1982). The social implications of embarrassment displays and restitution behaviour. *European Journal of Social Psychology, 12*(4), 367-377.

Strack, F., Martin, L. L., & Stepper, S. (1988). Inhibiting and facilitating conditions of the human smile: A nonobtrusive test of the facial feedback hypothesis. *Journal of Personality and Social Psychology, 54*(5), 768-777.

Strahan, E. J., Spencer, S. J., & Zanna, M. P. (2002). Subliminal priming and persuasion: Striking while the iron is hot. *Journal of Experimental Social Psychology, 38*(6), 556-568.

Tomasello, M., & Carpenter, M. (2007). Shared intentionality. *Developmental Science, 10*(1), 121-125.

Wegner, D. M. (1987). Transactive memory: A contemporary analysis of the group mind. In B. Mullen & G. Goethals (Eds.), *Theories of group behavior* (pp. 185-208). New York: Springer.

Wilson, T. D. (2002). *Strangers to ourselves: Discovering the adaptive unconscious.* Cambridge, MA: Harvard University Press.
（ウィルソン，T. D. 村田光二（監訳）(2005). 自分を知り，自分を変える──適応的無意識の心理学── 新曜社）

Yerkes, R. M., & Dodson, J. D. (1908). The relation of strength of stimulus to rapidity of habit formation. *Journal of Comparative Neurology and Psychology, 18*, 459-482.

第3章 対人行動
——勘定的になるとき，感情的になるとき

　対人行動とは，人を対象として個人が何らかの影響力を行使する能動的行動のことを指します。「影響力の行使」などというと難しそうな印象を受けますが，困っている人を助ける，列に割り込んだ人を注意する，相手が気にいるような自分を見せるなど，私たちが誰かにはたらきかけ，その人の心理や行動を変えようと試みる場面は社会生活においてしばしば見受けられます。対人行動は他者との直接的な接触場面だけに限ったものではありません。たとえばSNS上での誹謗中傷などは，人と人とが直接的に交流はしていませんが，仮想空間を通じて間接的に特定他者の不快な心理を引き起こすという点から，これも対人行動の一つといえるでしょう。このように，対人行動には直接的なものだけでなく間接的なものも含まれますが，本章ではとくに，前者の直接的な対人行動にスポットを当て，それがどのような仕組みで起きているかをみていきます。そして，そうした行動に影響を与える要因と効果についても検討します。

1　対人行動の仕組み

　私たちはなぜ人にかかわり，なぜはたらきかけを行おうとするのでしょうか。この問題を考える上では社会的交換理論が重要な手がかりとなります。**社会的交換理論** (Homans, 1961；Thibaut & Kelley, 1959；Walster, Walster, & Berscheid, 1978) では，人々が互いにはたらきかけを行うことを経済学的な意味での「交換」としてとらえています。その上で，人々が他者へのはたらきかけに強く動機づけられるのは，そのはたらきかけを通して様々なモノを相手から得ることができると期待するからだと仮定されています。人の頼みごとを積極的に聞い

てあげる人がいたり，ひたすら誰かに尽くしてあげる人がいたりするのは，それに見合うだけの尊敬や好意を相手から得られると期待するから，そのような行動をとるのです。対人行動を通して個人的な人間関係が形成され，その仲が続いていくのも，当事者双方にとって有益な交換が行われているからと考えるのがこの理論の特徴です。

1-1 対人行動と社会的報酬

資源円環モデル

　人と人の間で交換されているモノとは一体どのようなものでしょうか。社会的交換によって得られるモノには，金銭や財物などの物質的な価値物だけが含まれているとは限りません。人から好かれるとか人から誉められるといった情緒的価値物から，地位や名声といった社会的価値物までもが交換されるモノに含まれています。フォアとフォア（Foa & Foa, 2012）は，対人相互作用（人と人との間で交わされるやりとり）を通して交換されるモノを**資源**と呼び，これを「金銭」「物品」「情報」「地位」「サービス」「愛情」の6種類に分類しました。「金銭」や「物品」とは，お小遣いやプレゼントに代表される資源のことです。「情報」とは，自分の知らないことが伝えられることを表す資源です。「地位」とは人から尊重されることを表す資源のことです。「サービス」とは，他者から提供される支援や助言のことで，「愛情」は人から好かれ，親しみを向けられることを表す資源を指します。

　フォアたちはさらに，これらを具体性と個別性が直交する2次元上に円環配置して，各資源の性質を同定しようと試みました。図3-1にはこれを説明したものが描かれています。具体性とは，具体的な形態をもつか象徴的な形をもつかの程度を指します。物品は形を伴う事物として提供されますので具体性は高いですが，地位はかなり無形あるいは象徴的であることから具体性は低いといえるでしょう。一方，個別性とは，誰が資源を与えたかによってその価値が変動する程度を表します。愛情は恋人から与えられるか，たんなる知り合いから与えられるかによってその価値が変わるので個別性は高いといえますが，金銭

は誰からもらっても価値は一定なので，個別性は低いといえるでしょう。

　この**資源円環モデル**の考え方では，社会的交換が成立する条件として類似する資源間で交換を行う必要があると仮定されています。たとえば，愛情と愛情を交換することは適切な交換だと判断されますが，愛情と金銭を交換することは不適

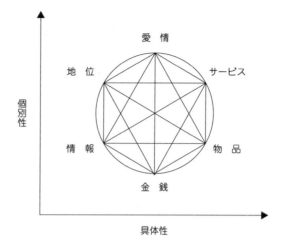

図 3-1　資源円環モデル
（出所）Foa & Foa（2012）を一部改変

切だとみなされます。彼氏に浮気され，愛情という資源を失った彼女がいた場合，彼氏がこれをお金で解決しようとすれば，彼女の不快な気持ちは一層強まるでしょう。逆に，彼氏は誠意をもって謝り（サービス），彼女のことを今後大切にすると誓えば（愛情），不快な気持ちもいくらか和らぐかもしれません。図3-1を使ってこのことを説明しましょう。各資源は他の資源と一つの線で結ばれていますが，この線分の長さは資源間の類似度を表していると考えてください。たとえば，愛情と金銭を結んだ線分よりも，愛情とサービスを結んだ線分の方が短いことがわかります。これは，愛情とサービスの方が愛情と金銭よりも類似度が高いことを示しています。つまり，愛情に対してはサービス（あるいは，地位）を返すことでより社会的交換が成立しやすくなるということです。とはいえ，交換をうまく成立させたいと願うなら，同じ資源どうしを交換するのがもっとも理想的であることはいうまでもありません。

社会的報酬理論

　ただし，前述したフォアたちの理論では現実場面に適用が困難な部分もあります。彼女らの理論で仮定された資源のうち，金銭や物品などの個別性が弱い資源については社会的交換でなくとも入手することが可能だからです（たとえ

表3-1　社会的報酬の2種類

社会的報酬		内　　容	特　　徴
刺激性報酬	他者の存在	人がそばにいる	不足も過剰もともに不快（孤立 vs. 過密）中間に最適水準がある
	他者による注視	人に見られている	同　上（無視 vs. 注視）
	他者の反応	こちらからのはたらきかけに，相手が反応してくる	同　上（退屈 vs. 騒々しさ）
	他者のはたらきかけ	相手からはたらきかけてくる	同　上（放任 vs. 過干渉）
感情性報酬	尊　重	自分という存在，立場や地位が人から尊重される	強ければ強いほど快（無礼 vs. 尊重）
	賞　賛	人から能力・容貌など個人的特徴が評価される	同　上（非難 vs. 賞賛）
	同　情	人から理解され，共感される	同　上（軽蔑 vs. 同情）
	愛　情	人から好かれ，愛情を向けられる	同　上（敵意 vs. 愛情）

（出所）Buss（1983, 1986 大渕監訳 1991）より作成

ば，金銭は ATM から，物品はインターネットからでも入手可能）。そこでバス（Buss, 1983, 1986 大渕監訳 1991）は，社会的交換によって得られる価値物を**社会的報酬**と呼び，それらの内容を2種類に分けて表3-1のように整理しました。

　刺激性報酬とは，社会的交換が起きればそれに伴って自然に発生する報酬のことで，親密さ，信頼，絆などの肯定的心理の強さにかかわりなく，接触自体が報酬となりうる普遍的な価値物とされています。ただし，これらが快をもたらす強さには最適水準があり，過剰であっても不足であっても不快な気持ちをもたらしやすく，中間に最適な報酬量が存在します。しかし例外として，離婚者や失恋者など，パートナーを失い新しい関係を求めている人たちにとっては，誰かが持続的にそばにいること（他者の存在）や，誰かがしきりに話しかけてくれること（他者のはたらきかけ）などはとくに強い報酬としての価値をもつ可能性があります。また「他者のはたらきかけ」については，自分という存在を交換相手の側から先に認めてもらう行為が含まれていますので（相川, 1996），ほかの報酬にくらべてその価値はいっそう高いといえるでしょう。

　一方，夫婦やカップル，あるいは親友など，強い絆に支えられた人間関係の

中だけで得られる報酬が感情性報酬です。感情性報酬が与えられて不快になる人はいません。共感されれば共感されるだけ，愛されれば愛されるだけ強い快がもたらされ，それだけ持続的な関係が継続する一助となります。感情的報酬の価値は，**対象特異性**といって，誰がそれらを与えてくれたかに依存する点に特徴があります（上原・船木・大渕, 2011）。尊重，賞賛，同情，愛情は親しい人から与えられてこそ意味があり，表面的な人間関係の中では報酬としての価値をもちません。親友が愚痴を聞いてくれなかったり恋人が冷たかったりすると残念な気持ちになりますが，それは親しい人が同情や愛情の報酬価を高めることのできる唯一の存在であると認識されているからなのです。

1-2　対人行動のルール

"割に合うかどうか" を決めるルール

　社会的報酬は交換関係にある一方の当事者だけが求めるものではありません。誰かに恩義を与えた人がこれを「貸し」ととらえるように，モノを与えた側もまた何かのモノを得ることを期待します。このようなお返しの法則は古くから**返報理論**（Gouldner, 1960）の中でその存在が確認されてきました。人々は社会的交換を続けるために，相手からどんな報酬を得，どんな報酬を与えたかに注意を払い，半ば無意識的に損得勘定を行っています。そして，自分の払った犠牲に相応しいモノが得られていなければ「ずるい」と感じ，交換関係を続ける努力を低下させます。このように，社会的報酬は互酬的なやりとりの中で成立していることからすると，対人行動の仕組みの背後にはある種の公平さを求めるルールが存在していると考えることができます。

　アダムス（Adams, 1965）は，人間は自分と相手が交換関係を続けるために支払ったコストと，そこから双方が得ている利益の割合がちょうどつり合うように行動を調節すると論じました。この考え方は**衡平理論**[1]と呼ばれ，つり合いの

→1　衡平は自分と相手の利益率がつり合っている「状態」を表す概念であるのに対し，公平はその状態を個人の主観的価値にもとづいて「評価」する際に適用する概念です（相川, 1996）。読み方は同じですが，これらの間には明確な違いがあります。

衡平状態　　$\dfrac{O_P}{I_P} = \dfrac{O_O}{I_O}$

不衡平状態　　$\dfrac{O_P}{I_P} < \dfrac{O_O}{I_O}$　（過小不衡平）

　　　　　　$\dfrac{O_P}{I_P} > \dfrac{O_O}{I_O}$　（過大不衡平）

**図3-2　社会的交換における衡平および
　　　　不衡平**

（注）O_P と I_P は自分のコストの量と利益の
　　量を表し，O_O と I_O は相手のコストの
　　量と利益の量を表す。
（出所）Adams（1965）

判断基準になるものを衡平ルールといいます。図3-2は，人がそのルールにしたがっているときの交換状態を描いたものです。I_P と I_O は自分Pと相手Oが交換の際につぎ込んだコストの量（input）を表し，O_P と O_O は自分Pと相手Oがその交換から得た利益の量（outcome）を表します。これをみるとわかりますが，自分が支払ったコスト1単位分あたりの利益率（I_P に対する O_P の割合）が相手の利益率（I_O に対する O_O の割合）と等しくなれば，交換当事者はこれを衡平な状態とみなし，強い満足感を覚えます。逆に，コストに見合うだけの利益が得られなかったり（I_P に対する O_P の割合が I_O に対する O_O の割合よりも小さい），コストをかけずに相手は大きな利益を得ている（I_O に対する O_O の割合が I_P に対する O_P の割合よりも大きい）場合は，不衡平と認知されて関係を維持する動機づけも低下します。これを過小不衡平状態といいます。もちろん，自分が損をしている状態だけを人は不衡平として認知するわけではありません。相手より利益をもらいすぎている（I_P に対する O_P の割合が I_O に対する O_O の割合よりも大きい）場合にも不衡平を認知して，何らかの是正行動をとるように動機づけられます。この状態は過大不衡平と呼ばれ，得をしたことに対してすまなさを感じ，相手に尽くす行動を強めるといわれています（諸井, 1989）。このように私たち人間は，自分の側のコストと利益の割合だけでなく，相手の側のコストと利益の割合にも注意を払いながら対人行動をとっているのです。なお，ここでのコストと利益はあくまで交換関係にある一方の当事者が主観的に認知したものですので，相手もコストと利益を同じように認知しているとは限らず，そのため一方にとって衡平な状態が他方にとっては不衡平という場合も起こりえます。

帳尻合わせとしての衡平

　衡平理論の考え方ではまた，ある場面で経験された不衡平が別の場面での対人行動に影響を与えると仮定しています。たとえば，誰かに叱られた後で無関係の人に辛く当たってしまうように，人間にはある機会に生じた心理的緊張を別の機会の中で解消しようと試みる傾向があります。オースティンとウォルスター（Austin & Walster, 1975）の実験では，アナグラム課題[2]で実験パートナーから過小不衡平な報酬（3 ドルの報酬のうち 1 ドルしか分けてもらえなかった）を与えられた参加者が，別の実験パートナーとの課題の中で自分に過大不衡平な報酬を分配している様子が観察されました。この結果は，得られるはずだった報酬を手にできなかった参加者が，正当な取り分を求めて別の機会にそれを穴埋めしようと動機づけられたことを意味しています。このように，人々が複数の人間関係の間で資源の帳尻合わせを行い，自己の衡平さを一定に保とうとする心理傾向を，**世界との衡平な関係**（equity with the world）といいます。

1-3　対人行動と人間関係

　衡平理論の考え方の中では，人が損得勘定を行いながら対人行動をとっているという合理的人間像が強く描かれていますが，しかし，現実の対人行動すべてが必ずしもこれに当てはまるとは限りません。見返りを求めず行動する人や割を食ってでも他人の頼みごとを引き受ける人がいるように，現実には衡平性とは異なるルールで行動していることもあります。不衡平な交換でも，なぜ一部の人たちの間ではそのような行動がとられるのでしょうか。

　クラークとミルズ（Clark & Mills, 2012）によると，顔見知り程度といった関係は親密さや信頼が弱く，衡平ルールが優勢にはたらいているとしています。そして，この状態を彼女らは**交換的関係**と呼びました。一方，お互いの仲が進展し，深い絆で結ばれた間柄になると，交換的関係から**共有的関係**へと移行し，衡平ルールとは異なるルールが重視されるようになるとしています。たとえば，

→2　単語や文の中の文字を入れ替えることにより，まったく別の意味に作り変える課題のこと。

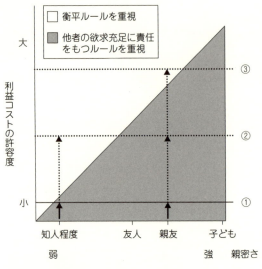

凡例:
□ 衡平ルールを重視
■ 他者の欲求充足に責任をもつルールを重視

縦軸: 利益コストの許容度（大／小）
横軸: 親密さ（弱〜強）知人程度　友人　親友　子ども

①　②　③

図 3-3　2種類のルールに対する親密さと利益コストの影響

（出所）Clark & Mills（1993）を一部改変

強い愛情でつながっている恋人たちは相手の喜びを自分の喜びとし，相手が快適で幸福になれるようにその生活を支援します。それは，相手からの見返りを期待した打算的行為ではありません。無償の理念を前提とし，相手の欲求や願望を満たすことが自分の責務であると感じ，それが恋人としての行動の基本ルールとなります。つまり，利益やコストに縛られない行動が確認されるのは，衡平性の心理が弱まり，相手の欲求を満たすことに強い責任を感じるルールが機能するからなのです。こうした考え方は，衡平性を好む人間がなぜそれに矛盾した行動をとるかを理解する上で重要な研究枠組みとなっています。

　ただし，たとえ親しい間柄にあったとしても，相手の欲求充足に責任をもつルールには限度があり，衡平理論を提唱したアダムスと同様，やはりクラークたちも人々の対人行動の根底には衡平ルールを好む気持ちが強く内在化されている点を認めています。

　図 3-3 は，衡平ルールと他者の欲求充足に責任をもつルールの優先度が**利益コスト**（相手に何かしてあげることで自分が被ってしまう損失の程度）の大きさに左右される様子を描いたものです（Clark & Mills, 1993）。横軸は人間関係の親密さ，縦軸は利益コストの大きさを示しており，これら2軸から表現される右上がりの直線は関係が親しくなるほど利益コストが許容されやすいことを表しています。たとえば，道をたずねてきた相手が「親友」であれ「知人程度」であれ，その程度の要求を叶えてあげることに負担を感じる人はいないはずです

（図3-3の①）。しかし，目的地まで車で送ってほしいと頼まれると，「知人程度」の間柄では送迎コストを許容困難として扱うため，衡平ルールが優先され（図3-3の②），相手に何か見返りを要求したり割に合わないと感じて要求そのものを断ったりするでしょう。もちろん，片道2時間以上もかかる道のりを車で送るように頼まれると，「親友」であっても衡平ルールに準拠するのが妥当と感じ，「知人程度」の場合と同じように利益とコストのバランスを図ろうとします（図3-3の③）。このように，恋人や親友といった緊密な人間関係ではしばしば犠牲を払ってでも相手に尽くそうとする対人行動が観察されますが，それは利益コストに対する許容度がほかの関係より大きいからそうするだけであり，親しいからといってある一線を超えてまで相手に尽くそうとはしない傾向も人にはあるといえるのです。

上記1で説明された内容について，どの程度「あるある」「なるほど」と思ったか，評価してみよう。

とてもそう思った（5）〜まったくそう思わなかった（1）

　1．あるある　　　5　　　4　　　3　　　2　　　1
　2．なるほど　　　5　　　4　　　3　　　2　　　1

以上の評価を踏まえ，上記1で説明された対人行動のルール以外で，他にどんなルールがあるかを考えてみよう。

2　緊急事態における援助

先に紹介した衡平理論によると，人々の心の奥底では自分の尽くした割合と他人が尽くした割合のバランスをたえずモニターする仕組みが備わっており，たとえ相手との関係が親しかったとしても，結果的に人は衡平ルールを堅持しながら対人行動をとりやすいことを議論してきました。ただし，衡平ルールにこだわっているはずの私たちが，目の前で苦しんだり困ったりしている人がいると，損得など考えず，とっさに自分の身を犠牲にすることも少なくありませ

ん。2011年3月11日に発生した東日本大震災ではたくさんのボランティアが活動に従事しましたが，その中で見返りを期待しながら活動していた人は何人いたでしょうか。衡平理論からすると，人助けは基本的に自分が損をして相手が得をするという過小不衡平の構図になることから（すなわち，$O_P/I_P < O_O/I_O$），素朴に考えればそうした割に合わない行動を人はできるだけとりたくないと思うはずです。それなのに，他人の窮状を目の当たりにすると，何ゆえ人は手を差し伸べようとするのでしょうか。ここでは，自分の利益にならない行動という観点で，自分の身を顧みずに行動する人助けの心理，すなわち**援助**の心理がどのような仕組みで起きているかについて考えていきます。

2-1　援助行動をめぐる三つの説

社会生物説

　苦しんでいる人がいたら助けようと思うのは，私たちの心の中に人助けをしようとする本能的欲求があるからだと推論する説を**社会生物説**といいます。進化論の観点からすると，個体は繁殖に必要な資源（食料，配偶者，居住空間など）をめぐって争いを繰り返し，強い個体だけが子孫を残せる権利を勝ち取ってきたと仮定されます。ここで，強い個体は厳しい生存競争を勝ち抜いてきたわけですから，当然，その個体に備わっている遺伝子も優秀であると考えられ，この優れた遺伝子を受け継いでいるのが子孫である現代人，つまり私たちとなるわけです。このような，多くの個体が競争原理によって徐々にふるいにかけられ，最終的に優秀な遺伝子をもった個体だけが生き残ることを，**淘汰**といいます。

　淘汰で生き残りが決まるというこの考え方を援助に適用すると，次のように考えることができるでしょう。はるか太古の昔，私たちの祖先は生存競争の中で自分の子孫を残すため，自分だけが生き残ろうとするのではなく，自分の血縁関係にある個体も生かそうと考えるようになりました。その方が自分の遺伝子を残せる確率はいっそう高まるからです。そこで，自分だけでなく，親族を助ける欲求も強め，血縁を生かし残す行動を繰り返していったところ，援助傾

向の強い遺伝子をもった子孫が進化の過程で生き残っていきました。そして，こうした遺伝子が現代に受け継がれてきた結果，私たちは窮地に追い込まれた人を目の当たりにすると，本能的に助ける気持ちがわきあがるようになったと考えられています。実際，バーンシュタイン他（Burnstein, Crandall, & Kitayama, 1994）の実験では，血縁関係が近い人物ほど援助されやすく，この傾向は普段の生活よりも生命にかかわる危機的場面においてよく当てはまることが確認されています。これは，親族を助ける本能的欲求の存在を裏づけているといえるでしょう。

共感愛他性説

困っている人を目の当たりにして，胸が締め付けられる思いをしたことはないでしょうか。それはおそらく，その人の窮状を理解し，哀れに思ったり気の毒に思ったりしているからだと考えられますが，人を助ける援助行動はそのような感情的に興奮している場合に起きると考える説があります。困窮する人物に**共感**すると，心から相手を助けてあげたいという気持ち（**愛他心**）がわいて，援助的介入が行われます。逆に，たとえどんなに困っていても，その人物に共感しなければ愛他心もわかず，人を助ける行動も起こりません。こうした説を**共感愛他性説**といいます。

図3-4は，共感が人の愛他的動機づけを喚起させて援助行動を促進させる影響過程を示した図です（Batson, 2011）。この図をみるとわかりますが，私たちは困っている人がいると無条件に共感するわけではありません。その人が本当に援助を必要としているかどうか（援助の必要性知覚），そして，たとえ援助が必要であったとしても，その人が救うに値する人物かどうか（被援助者の有資格性）を判断し，それらの基準をクリアしてはじめて人は共感という感情を抱くのです（Batson, Eklund, Chermok, Hoyt, & Ortiz, 2007）。授業を休んでばかりの人が試験前にノートを見せてほしいと頼んできても，私たちはその人の窮状にまったく共感できませんが，それは，これまでのズル休みという行いが援助を受けるにふさわしくない行動であると判断されているからなのです。

また，共感によって愛他心が喚起されたとしても，人はその愛他心に従って

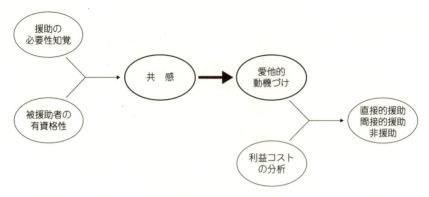

図 3-4 共感愛他性モデル

(出所) Batson (2011 菊池・二宮訳 2012)

即座に手助けするわけではありません。そこでは実際に援助行動に着手するかどうかの基準が設けられており，利益コスト（第1節参照），つまり援助することで自分がどのくらい損失を被るかが瞬時に分析されます。自分が命を落とす可能性があると判断されれば，どんなに愛他心がわいたとしても，人は援助するのに躊躇するでしょう。このように，共感愛他性説では人間の援助の本質を性善説から理解しようとしてはいますが，援助にいたるまでに人は無条件に共感するわけでもなければ，愛他心が必ず援助を促進するというわけでもないと仮定する点に特徴があるといえます。

不快解消説

　共感愛他性説とは対照的に，援助行動すべてが愛他心によって行われていることに懐疑的な立場をとる人たちもいます（Cunningham, Steinberg, & Grev, 1980；Piliavin, Piliavin, & Rodin, 1975）。苦しんでいる人を目の当たりにすると，たしかに私たちは共感しますが，共感するということはその人の内的状態を理解することにつながるわけですから，私たち自身もその人と同じ不快な気持ちを経験しやすくなります。そして，自分の気持ちが不快になるのを好む人はいませんから，その不快な気持ちを早く和らげようと相手の窮地をなくすように行動し，これが結果的に人を助ける援助になっていると考えることもできます。このように，見た目は純粋に相手のためにと思って行動しているようでも，本

人が自覚しているかどうかは別として，自分のために人を助けるという心の仕組みも現実的には考えることが可能です。このような考え方は**不快解消説**と呼ばれ，援助行動の背後に想定される心理は愛他心ではなく**利己心**であり，自分の不快な気持ちを緩和させる手段として人は誰かを助けるととらえています。ある実験では，電気ショックを受けて苦しんでいる実験パートナーがいても，その映像を視聴している参加者に現金を与えて気分をよくすると，実験パートナーと役割を交代して助ける割合が減ることが報告されています（Cialdini et al., 1987）。

2-2　援助と社会的抑制

なぜ躊躇するのか

　人助けは尊い行いです。それはわかっていても，緊急事態の場面では援助をためらってしまうことも少なくありません。なぜ私たちは人助けを即断できないのでしょうか。じつは援助行動を躊躇させる要因の研究は，一人の尊い命が犠牲になったことからスタートしました。そのエピソードを紹介しましょう。

　1964年3月13日の深夜3時20分ごろ，ニューヨーク州クイーンズ郡キュー・ガーデン地区でキャサリン・ジェノヴィーズという一人の若い女性がウィンストン・モースリーという暴漢に襲われ，刃物で殺害されてしまうという事件が起きました。このとき，付近に住んでいる38人もの人たちが事件の一部始終を目撃していましたが，誰も警察に通報せず，ジェノヴィーズが35分間も執拗にモースリーに追い回され，繰り返し刺されているところをただ静観しているだけでした。もちろん，ジェノヴィーズは何度も大声で助けを求めましたが，これに応えた人は一人もいませんでした。

　同年3月27日付の『ニューヨーク・タイムズ』紙では，同じ地区に住む人たちの冷淡さを強調してこの事件を報じています（Gansberg, 1964）。しかし，この事件を知ったある研究者たちは，事件の目撃者たちがたんに冷たかったからというのではなく，目撃者が何人もいたことが通報をためらわせた本当の原因ではないかと考えました。この仮説をたしかめるために，ダーリーとラタネ

（Darley & Latané, 1968）は，集団討議の実験という名目で参加者を二人条件，三人条件，六人条件のいずれかに割り当て，一人ひとり実験ブースへ入室させました。そして，実験を開始して少し時間が経ったころ，うめき声とともに「苦しい，心臓発作だ，助けてくれ」という声（事前にテープに録音したもの）をインターコム越しに聞かせました。この緊急事態に対応できる人物は二人条件では参加者だけ，三人条件では参加者と一人の実験アシスタント，六人条件では参加者と四人の実験アシスタントでした。そして，この緊急事態が起こったとき，参加者がブースを飛び出して実験者に報告するまでの時間が調べられました。

　結果はきわめて明瞭で，参加者を含めてこの発作に直面した人が多い条件ほど，発作が起こってからブースを飛び出すまでに長い時間がかかっていました。これは，自分だけでなく他に手助けできる人たちがいると思うほど，参加者たちは自分から発作を報告しなくなったことを意味しています。このような，緊急事態下で傍観者の存在が援助行動の生起を抑制する現象は，**傍観者効果**と呼ばれています（Latané & Darley, 1970 竹村・杉崎訳 1997）。先ほど紹介したキャサリン・ジェノヴィーズ事件でも，暴漢を目撃した人がたくさんその場にいたことが，かえって個々人による警察への通報を遅らせることにつながったと考えられます。

傍観する心理

　それでは，傍観者効果とは一体どんな心理がはたらいて起きるのでしょうか。

　第一の想定される心理としては，**責任の分散**を挙げることができます。これは，援助に対して背負う責任の重さが個々人に細かく分散されてしまい，きっと誰かがするだろうと思いがちになる心理のことを指します。先ほど紹介した発作実験もそうですが，たとえば電車やバスの中で年配の人に席を譲るかどうか迷ってしまうのも，この心理がはたらいているからだといえます。第二には，**評価懸念**が挙げられます。典型的には，緊急事態ではとっさに行動することが求められますが，その分，本当に援助が必要かどうかの状況分析はやや大雑把になりがちです。すると，自分が援助に行って何でもなかったとき，恥をかいてしまったらどうしようという不安が頭をよぎるかもしれません。援助的介入

が必要であるようにみえても，実際にはそれがただの取り越し苦労で，お節介者という印象を周囲に与えてしまうかもしれません。そうなるくらいなら，自分は行動的に無反応でいる方が得策だと考えるのがこの心理です。第三の原因は，**衆愚**（pluralistic ignorance）という心理です。王様が裸だとわかっていても，周囲が何も言わなければ王様は服を着ているのだと思い込んでしまうように，緊急事態だとわかっており，周囲もそれに気づいていますが，行動的に何もしないと，お互いに相手が平然としているように見えて緊急性を割り引いてしまう心理を指します。ラタネとダーリーの有名な実験では（Latané & Darley, 1968），実験室で煙が発生しても，何事もなかったようにアンケートに回答し続ける他の参加者（実験者側のアシスタント）がいると，ほとんどの人がこれに同調し，部屋から避難しようとしなかったことが確認されています。以上のように，周囲の目撃者が多いほどこれら三つの心理がはたらきやすくなり，緊急時でも援助行動が抑制されてしまうのです。

> 　上記2で説明された内容について，どの程度「あるある」「なるほど」と思ったか，評価してみよう。
>
> 　とてもそう思った（5）〜まったくそう思わなかった（1）
>
> 　1．あるある　　　5　　　4　　　3　　　2　　　1
> 　2．なるほど　　　5　　　4　　　3　　　2　　　1
>
> 　以上の評価を踏まえ，上記2で説明された傍観者効果を引き起こす三つの心理について，それぞれ身近な具体例を挙げてみよう。

3　人間の攻撃性

　昨今の新聞やニュースの報道を見る限り，世界中ではテロや紛争が頻発し，殺人や暴行も後をたたず，この世が平和であるとは到底思えないでしょう。ところが，戦争や暴力による犠牲者の数などを分析していくと，実際に暴力は減少傾向にあり，現代こそが人類の歴史の中でもっとも平和だと主張する研究者

もいます。ピンカー（Pinker, 2011 幾島・塩原訳 2015）がその一人で，彼は現代が平和だと主張する論拠として，現代では昔にくらべて法律などが整備されてきたことや，私たちの理性がより高度に発達してきたことを指摘しています。

　さて，この真偽はともかくとして，一つ確実にいえることは，人が人を傷つける行為はいつの時代も変わらず横行しているということです。すでに議論した衡平理論からすると，人類の歴史に暴力がつきものであるというのは何ら不思議なことではないかもしれません。人間は今も昔も資源の交換を通して相手に何を与え，相手から何をもらっているかを勘定しています。このため，自分が損をしていると感じる場面に遭遇する機会も少なくないといえるでしょう。そして，これらの過小不衡平が知覚された場合には何らかの形で是正行動がとられるわけですが，その中の過激な手段の一つとして暴力が存在すると考えられます。ただし，暴力は社会的に容認されにくいだけでなく，相手からの反撃を受けて報復の連鎖を生み出すおそれもあり（上原, 2016），衡平回復としてはあまり建設的なやり方ではないかもしれません。それなのになぜ，人は暴力という手段を選ぶのでしょうか。ここでは，人が攻撃的になり，暴力に駆り立てられるときの心理について考えてみたいと思います。

3-1　「攻撃性」を定義する

　心理学では人間が心の中にもっている暴力的傾向のことを**攻撃性**と呼び，これに従って行動することを**攻撃行動**と呼びます。しかし，何をもって「攻撃性」とか「攻撃行動」と呼ぶかは時と場合によって変化します。たとえば，体罰は今でこそ暴力という認識が強いですが，ひと昔前であればそれはしつけや教育の一環としてあまり問題視されていませんでした。このように，「攻撃性」や「攻撃行動」の示す範囲が状況に応じて伸び縮みしてしまうと，一体何を対象として暴力を分析しているかがわからなくなってしまいます。そこで心理学では，攻撃行動を「他者に危害や苦痛を与えることを目的とした意図的行動」と定義し（大渕, 1993），これを生み出す心の推進力を攻撃性と呼ぶことにしています。

　この定義には二つの重要な要点が含まれています。一つは意図された（すなわち故意の）行為かどうかという点です。誰かをゴムパッチンで狙う行為はわざと行っているので攻撃行動とみなされますが，うっかり人にぶつかったという行為は攻撃行動とはみなされません。二つ目のエッセンスは，それが相手を苦しめる目的で行われているかどうか（すなわち悪意があるかどうか）という点です。たとえば，歯の治療には痛みを伴いますが，これは私たちを苦しめるために行われているものではありません。意図された行為ではありますが，そこに悪意が含まれているわけではありませんので，この行為は攻撃行動とはみなされません。このように，攻撃行動は行為の意図性，そして悪意の有無が焦点となって定義づけが行われています。

3-2　攻撃性を説明する諸理論

衝動的攻撃モデル

　人間の攻撃性を扱った研究は古くから存在し，かつては「攻撃性は人間の本能である」という立場がとられてきました（e.g., Freud, 1933 土井・吉田訳 1974）。この見方を攻撃本能論といいます。それによると，人間には他人を苦しめることに快感を覚えるサディスティックな欲望があり，これを発散させるために攻撃行動をとると考えられてきました。しかし，近年の攻撃研究者たちは，こうした攻撃本能論には懐疑的で，むしろ攻撃行動には複雑な心理過程がはたらいていると推論しています（e.g., 大渕，2011）。その一つが衝動的攻撃モデルです。

　このモデルの基本的な考え方は，人が「殴ろう」と決意するまでもなく，攻撃的な気持ちがわいてくるというものです。つまり文字通り，攻撃行動は「もののはずみ」で行われるのです。攻撃性の衝動が無自覚の状態でどのように発生するかについては，プライミングという概念が重要な手がかりとなります。プライム（prime）とは，「導火線に火をつける」とか「着火する」という意味を指しますが，これが転じ，事前に経験したことがきっかけ（火種）となって，心の中でそれに関連した観念が無意識的に次々と活性化されることをプライミングというようになりました（第2章参照）。たとえば，高齢者に関する単語を書

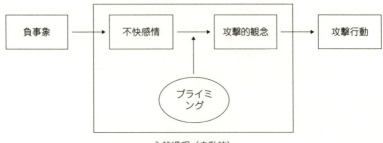

心的過程（自動的）

図 3-5　衝動的攻撃モデル

き出させて高齢者の類似観念をプライミングすると，参加者たちは本人も気づかないうちに歩くスピードが遅くなっていました（Bargh, Chen, & Burrows, 1996）。これは，高齢者に関連した観念に注意が向けられると，これと結びついている「衰え」や「弱者」などの観念にも注意が伝播し，心の中で目立っているそれらに意識が引き付けられた結果，実際に運動能力が低下したと考えられます。

　図 3-5 は衝動的攻撃モデルを図式化したものです。まず，人は何か不都合な事態に遭遇すると，不快な気持ちが喚起されます。このとき，この不快な感情と結びついている攻撃的な観念も同時に活性化されますので，人は自分が置かれている状況を攻撃的な観念を使って解釈する傾向が強まります。バーコヴィッツとハイマーの有名な実験では（Berkowitz & Heimer, 1989），冷水に手を浸した参加者は温水の場合にくらべて攻撃的になったことが報告されていますが，これは冷水によって不快な気持ちが発生し，それによって攻撃的な観念がプライミングされたことが原因だと推測されます。こうして活性化された攻撃的観念が後続する出来事の解釈を歪めるために，心の中では攻撃動機づけが強まって（つまり怒りっぽくなって），私たちは攻撃行動を示すようになるのです。このように，このモデルでは，不快感情がプライミングを通して私たちが気づかないうちに攻撃的な反応傾向を心の中に強めるはたらきをもつという点に特徴があります。「カッとなって人を刺した」などの表現をよく耳にしますが，これは怒りによって攻撃観念が自動的に活性化したことが原因だと考えられます。

戦略的攻撃モデル

　自分にとって何らかの不都合な事態が発生すると，これに対して状況分析が行われ，人はその状況をどうしたいかという**目標**をもちます。その目標と照らし合わせ，攻撃行動が有効な方法であると判断される場合にそれらが実行に移されます。この見方は，攻撃行動にいたるまでの心的過程が先ほどより制御的であるという観点から，**戦略的攻撃モデル**と呼ばれます。

　このモデルの特徴は，攻撃行動があくまで手段として扱われ，自覚的な判断がそれを制御するというところにあります。逆に言えば，攻撃行動が有効な手段ではないと判断されると，どんなに不快であったとしても，人はそれらの行動を選択しないと考えます。ルールとネズデール（Rule & Nesdale, 1974）は，二人の学生をペアで参加させ（このうち一人は実験者側のアシスタント），学習実験という名目で教師役の参加者が生徒役の実験パートナー（実験アシスタント）のミスに応じて電気ショックの罰を与えるという状況を作りました。そして，半分の参加者には「電気ショックは生徒の学習を促進する」と伝え，残りには「電気ショックは学習を妨害する」と説明し，しつこく不満を言ってきた生徒役の実験パートナーにどのくらい強い電気ショックを与えるかを調べました。すると，不満を言われて怒っている参加者は，電気ショックが学習を妨害すると説明されたときにはそれを積極的に使用しましたが，学習を促進すると説明されたときにはそれを使いませんでした。これは，電気ショックが相手の助けになるかどうかで攻撃反応が意識的に調節されたことを意味しており，攻撃の戦略性が強く表れた結果だと考えられます。

　ところで，状況分析のための認知（これを**社会的認知**といい，原因帰属や道徳評価など様々な分析評価が行われます）がはたらくと，人はその状況をどうしたいかに関する様々な目標をもちますが，このモデルではその目標を4タイプに区別しています（大渕，2011）。なお，この目標という言葉は動機づけとほぼ同義ですので，攻撃動機づけと言い換えることも可能です。図3-6には人が戦略的な攻撃行動にいたるまでの心理過程が示されています。社会的認知がはたらくと，それに合わせて回避・防衛（「窮鼠猫を嚙む」のように，心理的・物理的に

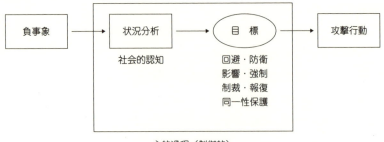

心的過程（制御的）

図3-6　戦略的攻撃モデル

追い詰められたときにそれから逃れようと思うこと），影響・強制（人の判断や行動
を変えさせようと思うこと），制裁・報復（相手を咎め，罰を与えようと思うこと），
同一性保護（周囲に自分の好ましい側面を印象づけようと思うこと）の各々の動機
づけが強められます。ただし，これらは各動機のどれか一つだけが強まるとい
うわけではありません。社会的認知を行った結果，たとえば仕返しすることで
男らしさもアピールできると考えると，ある人は制裁・報復だけでなく同一性
保護の目標も強めるでしょう。このように，人は複数のねらいをもって攻撃行
動という手段に臨むことも少なくないのです。

統合モデル──一般的攻撃モデル

　先ほどの二つのモデルを統合して攻撃動機づけの発生メカニズムを理解しよ
うとしているものもあります。アンダーソン他（Anderson & Bushman, 2002；
DeWall, Anderson, & Bushman, 2011）は，**一般的攻撃モデル**において，人の攻撃
行動は（1）入力としての個人要因と状況要因，（2）経路としての内的状態，
（3）結果としての評価と意思決定の3段階を経由して発現すると論じました。
具体的に言うと，個人要因と状況要因が相互に影響し合って認知，感情，覚醒
水準の内的状態に変化をもたらし，この変化が攻撃行動に踏み切るかどうかの
評価・意思決定を経て攻撃動機づけをもたらすと仮定されています。たとえば，
怒りっぽい性格の人（個人要因）が侮辱される（状況要因）と，相手からの敵意
を知覚し（認知），怒りは増幅され（感情），覚醒水準も高まります（覚醒水準）。
すでに怒っている場合は攻撃行動に関連した観念が次々とプライミングされる

はずですから，個人の攻撃性はより一層高まっているかもしれません。そして，怒りによって我を忘れ，高い覚醒状態に達したならば，利用できる認知資源が限られてしまうことから，個人の意識的制御が行われにくくなって衝動的攻撃が生じやすくなります。一方，冷静で心理的に余裕がある場合は制御的過程が優勢にはたらくので，状況を再分析する試みも行われやすくなり（評価と意思決定），戦略的攻撃が発生すると考えられます。

3-3　攻撃行動を抑制する心（道徳心）とその弛緩

道徳心と攻撃行動

　これまでみてきたように，人の心の中には攻撃行動を生み出す心理社会的仕組みが備わっていますが，私たちの心にはまた，その攻撃行動を思いとどまらせる仕組みも備わっています。それは，**道徳心**（morality）です。一般に，人への攻撃行動はときに深刻な被害をもたらし，その人を一生涯にわたって肉体的・心理的に苦しめます。したがって，理論的には，攻撃的になっている行為者の側では敵意と同時に**罪悪感**も喚起されているはずで，そこでは攻撃行動を思いとどまらせる道徳心が機能すると予想できます。しかし現実には，人への攻撃行動はなくなるどころか，多大な苦痛を強いられる犠牲者が後をたちません。となると，攻撃的になる人たちは道徳心が欠如していると考えてよいでしょうか。答えはノーです。じつは，攻撃動機づけが高まっている状態でも道徳心は失われておらず，そうした状況下ではただ道徳心のはたらきが低下してしまっているだけなのです。バンデューラ（Bandura, 1999）はこの現象を**道徳心の弛緩**（moral disengagement）と呼び，激しい攻撃行動の背後では，道徳心が弱まることで加害行為に抵抗感を抱かなくなっている可能性があることを指摘しています。攻撃行動を容認したり正当化したりすることにより，それを思いとどまらせる自己規制の機能が失われ，道徳心が弱められた結果，攻撃行動に動機づけられると考えられています。

道徳心を低下させる要因

　それでは，道徳心（つまり攻撃抑制心）を弱める代表的要因にはどのようなも

のがあるでしょうか。その一つには，**匿名性**を挙げることができます。自分が
何者であるかを周囲に悟られないような場面，たとえばデモ隊の一員であった
り，スポーツ観戦のサポーターの一員であったり，あるいは SNS 上でたくさ
んの書き込みをしているメンバーの一人である場面では，**没個性化**が起こり，
個人のアイデンティティや責任感がそのグループの中に埋没してしまいます。
すると，そのグループが掲げる目標に人は染まりやすくなり，反社会的で知性
に欠ける行動にも正当性があると錯覚し，道徳心が弱まるといわれています。
ジンバルド（Zimbardo, 1970）の実験では，フード付きの大きな布を足まで被せ
られた参加者が複数人で同席すると，私服で同席した場合にくらべ，実験アシ
スタントに平均 2 倍以上も長い時間電気ショックを与え続けたことが確認され
ています。これは，フードによって匿名性が高まり，人を苦しめまいとする道
徳心が没個性化を経て弱まったことを意味しています。

　道徳心を弛緩させる第二の要因は，**権威への服従**です。人は自分の判断が正
しいと信じ，相手が間違っているという根拠があったとしても，その相手が権
威者（たとえば，先生，上司，先輩など）である場合は相手の判断を否定しにく
いものです。ましてやその権威者から命令が与えられると，人はその命令を優
先しなければと感じ，道徳心を後回しにする傾向があります。その結果，考え
ることをやめて自分のとる行動に疑問を抱きにくくなり，盲目的に権威者から
の命令に服従しやすくなります（Milgram, 1974 山形訳 2012）。第二次世界大戦
当時，ナチス・ドイツによって「ホロコースト」と呼ばれるユダヤ人大量虐殺
が行われましたが，その中心的役割を担っていたアドルフ・オットー・アイヒ
マンは，戦後の裁判で「上から言われたことをしただけ」という言葉を残して
います。

　第三は個人内の要因に関するもので，**遺伝**が挙げられます。クロニンジャー
他（Cloninger, Sigvardsson, Bohman, & von Knorring, 1982）は，道徳心のはたら
きが遺伝に左右されている可能性を明らかにしており，とても興味深い調査を
行っています。彼らは，里子に出された経験をもつ862人の男性の養親と実親
の犯罪歴を調べ，それによって男性たちを「養親・実親ともに犯罪歴あり（遺

伝と環境からの混在した影響）」「どちらにも犯罪歴なし（遺伝と環境の影響がともになし）」「養親のみに犯罪歴あり（環境からの影響）」「実親のみに犯罪歴あり（遺伝からの影響）」の 4 グループに分けました。すると，実親のみに犯罪歴がある場合は実親と養親のどちらにも犯罪歴がない場合にくらべ，犯罪に関与する割合が 4 倍近くも増加していました。このとき対象となった犯罪行為が暴力的なものだったかどうかは別としても，実親の犯罪関与傾向が子どもに継承されやすいというこれらの結果は，少なくとも反社会的行為に対する抑制心のはたらきが遺伝によって影響される可能性を暗示しているといえるでしょう。

　上記 3 で説明された内容について，どの程度「あるある」「なるほど」と思ったか，評価してみよう。

　とてもそう思った（5）〜まったくそう思わなかった（1）

　　1．あるある　　5　　4　　3　　2　　1
　　2．なるほど　　5　　4　　3　　2　　1

　以上の評価を踏まえ，上記 3 で説明された道徳心（攻撃抑制心）を弱める要因について，ほかにどのようなものが想定できるかを考えてみよう。

4　平和構築に向けた対人行動

　私たち人間には他者と心理的な結びつきを得ようとする基本的欲求が備わっています（Baumeister & Leary, 1995）。この欲求によって多くの対人場面を経験してきたからこそ，人は様々な対人行動スタイルを確立できたと考えられます。しかし，これまでみてきたように，対人行動には援助といった向社会的側面のみならず，攻撃行動といった争いや対立に関する側面も含まれています。もちろん，争いや対立が起こった場合には，早急に問題解決を図ることが不可欠ですが，これを実現するのは難しいといわざるをえません。当事者たちは「自分こそが正義」と信じて歪んだ認知にとらわれやすく（Ohbuchi, Fukushima, & Fukuno, 1995），対立が激化することも少なくないからです。それでは，争い

や対立を建設的かつ平和的に解決するにはどうすればよいのでしょうか。協力的な関係が損なわれないようにするには，どのような解決方法が望ましいのでしょうか。ここでは，人が対立したときの有効な解決策を心理学的に素描します。

4-1　対立の構造

社会的葛藤とその原因

　社会的葛藤とは，個人間あるいは集団間，またある場合には個人と集団の間に対立が生じている状態のことを指します（大渕，2015）。社会的葛藤はそれが発生している文脈によって対人葛藤（人どうしの対立），集団間葛藤（たとえば，国どうしの対立），組織内葛藤（たとえば，職場でのもめごと）と呼び名が変わりますが，基本的にその原因は共通しています。

　トーマス（Thomas, 1992）は，社会的葛藤の原因を3種類に区別しました。一つ目は期待や願望，要求などの不一致が原因となって起きる葛藤で，子どもの玩具の奪い合い，デート時の交際費の負担をめぐる対立，職場での仕事の割り当てをめぐる対立などが該当します。これは，一方が得をすると他方が損をするという個人的利害にもとづくものが原因となっています。二つ目の原因は，意見や考え方の食い違いによるもので，子育てをめぐっての言い争い，恋人との結婚観をめぐっての対立，同僚との仕事に対する考え方の相違による対立などが該当します。三つ目には，個人の価値観や倫理観，マナーやエチケットなどから，この状況ではこうすべきという基準にもとづいて他者の行動を評価することが原因となるものです。もし他者の行動がその基準と異なっているならば，行動を不快に思い，批判することとなります。たとえば，隣人間での生活音のマナーをめぐる対立，恋人間での他の異性とのかかわり方の相違による対立，職場でのアフター・ファイブに対する価値観の不一致による対立などが該当します。社会的葛藤はこれらの争点のうちどれか一つによって発生することもありますが，多くの場合には複数の争点が複雑に結びついて起こりやすく，それゆえ葛藤の争点を見極めることはとても難しい作業だといえるでしょう。

社会的葛藤に対する方略選択

　社会的葛藤に遭遇すると，人は何らかの手段を用いてその状況を変えようと試みます。その手段のことを**葛藤方略**といいます。人々が葛藤に際して選択する方略は様々ですが，代表的なものとして次の四つを挙げることができます（福島・小嶋，2016）。まず一つ目は，対決方略です。これは，相手を非難したり責めたりし，自分の言い分を主張する積極的な行動です。これに対し，回避方略という消極的行動も存在します。日本では「波風を立てる」などといった葛藤自体を好ましく評価しない慣用表現がありますが，葛藤相手と直接の問題解決を行わず，対立を表面化させないようにする行動がこれに該当します。また，協調方略と呼ばれる回避方略に似た行動もあります。自分と葛藤相手との利害を調整したり，相手の態度変容を穏やかに促して葛藤解決に臨む行動です。さらに，葛藤当事者以外の別の誰かに仲介してもらったり，自分の味方になってもらったりする第三者介入も葛藤方略の一つに挙げられています。

4-2　社会的葛藤解決の心理社会的要因

謝罪の効用

　社会的葛藤解決はしばしば不調に終わり，お互いにわだかまりを残してしまうことも少なくありません。しかし，そうならないようにするため，人々は様々な策を練って行動しています。**謝罪**，つまり謝ることはその一つです。一般に，葛藤解決研究においては，葛藤の原因を作った人物を加害者（harmdoer もしくは perpetrator），葛藤によって何らかの損失を被った人を被害者（victim）と呼んでいます。謝罪は加害者側によって行われる言語的・非言語的行動の一種で，自分のしたことを悔い，被害者には落ち度がないことを伝達するはたらきがあります。被害者はこれによって社会的名誉や**自尊心**（第1章参照）を回復し，怒りや不安といった不快感情が和らぐでしょう。また，謝罪は，二度と同じ過ちを繰り返さないというメッセージを伝えることから，加害者自身の印象回復にも役立ちます。さらに，被害者がその謝罪を受け入れると，これ以上責めを与える必要はないと感じ，和解の気持ちを強めます。大渕他

コラム3-1：謝罪場面における身体感覚の影響

　私たちが社会的葛藤の加害者になってしまった場合，お詫びのしるしとして被害者に品物を贈ることがあります。これは日本に贈答文化があることに由来している可能性もありますが，心理学的にみれば別の解釈が可能です。私たちはしばしば，社会生活の中で自分の精神世界を身体感覚にたとえて表現することがあります（たとえば，「気持ちが重たい」「柔らかい性格」など）。このことは，私たちの心の中では身体感覚と心理感覚が連動しており，ある特定の身体感覚を体験すると，関連した心理感覚が誘発されて思考や感情に変化が生じることを意味しています。この現象を**身体化認知**（embodied cognition）といいます。ある実験では，重たいクリップボードをもたせると，実験参加者は様々なものごとを重要だと評価しやすいことが確認されました（Jostmann, Lakens, & Schubert, 2009）。この知見を葛藤解決研究に応用すれば，重たい品物を贈るほど，被害者は加害者からの深謝の気持ちを感じ取りやすくなり，謝罪を受け入れる可能性が増すと予想できます。私たちがお詫びの品を贈るのは，その品物に自分の誠意を身体感覚として伝える効果があることを直感的に知っているからなのかもしれません。

（Ohbuchi, Kameda, & Agarie, 1989）の研究では，謝罪を求める被害者に対して加害者が謝罪すると，たしかに攻撃行動が弱まることを実験室実験によって確認しています。

社会的葛藤解決と寛容性

　社会的葛藤解決に向けたはたらきかけは，加害者側だけにみられるものではありません。被害者が相手の行為を慈悲的にとらえ，自分で自分の不快感情を和らげようと試みることもあります。それは**寛容性**（forgiveness）です。寛容性とは赦しのことで，加害者に対する見方や感じ方などを好意的な方向へ自ら転換させ（McCullough et al., 1998），加害行為を水に流してこれまで通りの付き合いをするように人々を動機づけます。被害者の立場からすると，葛藤が発生したことに対して「自分に非はない」とか「相手が悪い」と感じていますが，葛藤を長期化させることは心理的（たとえば，ストレスが増す）にも社会的（たとえば，周囲から自分にも過失があるかのように誤解される）にも不利益が生じます。そのため，被害者の側から穏便に済ませようとはたらきかけるのも葛藤解

決の手段としては有効だと考えられます。もちろん，加害者を赦すことが葛藤の根本的な解決にはならないかもしれませんが，加害者は赦されることによって自分の行いを悔い改め，謝罪を申し出るかもしれません。その意味で，寛容性は戦略的な葛藤方略の一つに位置づけることができるでしょう。ただし近年の研究では，寛容性は葛藤直後においては加害者の反省を促す上で効果的ですが，赦してばかりいると，行為に対する罪悪感が薄れ，かえって加害者の悪い行いが増すことも指摘されています（McNulty, 2011）。

社会的葛藤解決における感情の表出の役割

　謝罪や寛容性はどちらかと言えばネガティブな感情表現を抑え，終始穏やかな葛藤解決を目指すことに主眼が置かれていますが，近年の研究ではむしろ，ネガティブな感情，とくに**怒り**を見せた方が葛藤解決においては効果的である可能性が示唆されています。たとえばヨー他（Yoo, Clark, Lemay, Salovey, & Monin, 2011）の研究では，友人関係を5日間にわたり追跡調査したところ，お互いに怒りの感情を「見せない」関係ほど参加者の関係満足度は低下していました。またハーバーグ他（Harburg, Kaciroti, Gleiberman, Julius, & Schork, 2008）は，葛藤が起こったときに両者がともに怒りを見せる夫婦と両者が怒りを抑える夫婦に分け，17年間にわたって追跡調査を行いました。すると，両者が怒りを見せる群では怒りを見せない群にくらべて死亡リスクが2分の1に抑えられ，葛藤時の怒り表出が健康面でも肯定的な影響をもたらすことが確認されました。これらの心理学的仕組みはまだよくわかっていませんが，一つの可能性として，怒りの感情表出はその行動をためらわせる外的抑制因（たとえば，印象が悪くなる，周囲から嫌われるなど）に逆らって起きていますので，ポジティブ感情の表出よりも行為者の真意を表すと受け取られやすく，**自己開示**（第1章参照）に似たはたらきが促進されているのではないかと考えられています（Uehara, 2017）。怒りの関係促進効果は研究知見が少なくまだ確定的とはいえませんが，少なくともこの感情の表出が円滑な葛藤解決の仕組みを解き明かす重要な手がかりになっていることは間違いないといえるでしょう。

上記4で説明された内容について，どの程度「あるある」「なるほど」と思った
か，評価してみよう。

とてもそう思った（5）〜まったくそう思わなかった（1）

   1．あるある   5   4   3   2   1
   2．なるほど   5   4   3   2   1

以上の評価を踏まえ，上記4で説明された3種類の社会的葛藤について，それ
らを予防する手段としては各々どのようなものがあるかを考えてみよう。

もっと詳しく知りたい人のための文献紹介

バトソン，C. D. 菊池章夫・二宮克美（訳）（2012）．利他性の人間学――実験社
　　会心理学からの回答――　新曜社
　　　⇨人には他人を思いやる共感性が備わっているという観点で，援助行動が起き
　　　る仕組みを共感愛他性説から丹念に分析しています。
大渕憲一（2011）．新版 人を傷つける心――攻撃性の社会心理学――　サイエン
　　ス社
　　　⇨人はなぜ暴力的になるかという問いに対し，いくつかの心理学的メカニズム
　　　が提案され，最新の具体的な研究例を交えながら検証しています。

引用文献

Adams, J. S. (1965). Inequity in social exchange. In L. Berkowitz (Ed.), *Advances in experimental social psychology*. Vol. 2 (pp. 267-299). New York: Academic Press.

相川充（1996）．利益とコストの人間学　講談社

Anderson, C. A., & Bushman, B. J. (2002). Human aggression. *Annual Review of Psychology, 53,* 27-51.

Austin, W., & Walster, E. (1975). Equity with the world: The trans-relational effects of equity and inequity. *Sociometry, 38,* 474-496.

Bandura, A. (1999). Moral disengagement in the perpetration of inhumanities. *Personality and Social Psychology Review, 3,* 193-209.

Bargh, J. A., Chen, M., & Burrows, L. (1996). Automaticity of social behavior: Direct effects of trait construct and stereotype activation on action.

Journal of Personality and Social Psychology, 71, 230-244.

Batson, C. D. (2011). *Altruism in humans.* New York: Oxford University Press.

（バトソン，C. D. 菊池章夫・二宮克美（訳）（2012）. 利他性の人間学——実験社会心理学からの回答——　新曜社）

Batson, C. D., Eklund, J. H., Chermok, V. L., Hoyt, J. L., & Ortiz, B. G. (2007). An additional antecedent of empathic concern: Valuing the welfare of the person in need. *Journal of Personality and Social Psychology, 93,* 65-74.

Baumeister, R. F., & Leary, M. R. (1995). The need to belong: Desire for interpersonal attachments as a fundamental human motivation. *Psychological Bulletin, 117,* 497-529.

Berkowitz, L., & Heimer, K. (1989). On the construction of the anger experience: Aversive events and negative priming in the formation of feelings. In L. Berkowitz (Ed.), *Advances in experimental social psychology.* Vol. 22 (pp. 1-37). New York: Academic Press.

Burnstein, E., Crandall, C., & Kitayama, S. (1994). Some neo-Darwinian decision rules for altruism: Weighing cues for inclusive fitness as a function of the biological importance of the decision. *Journal of Personality and Social Psychology, 67,* 773-789.

Buss, A. H. (1983). Social rewards and personality. *Journal of Personality and Social Psychology, 44,* 553-563.

Buss, A. H. (1986). *Social behavior and personality.* Hillsdale, NJ: Lawrence Erlbaum Associates.

（バス，A. H. 大渕憲一（監訳）（1991）. 対人行動とパーソナリティ　北大路書房）

Cialdini, R. B., Schaller, M., Houlihan, D., Arps, K., Fultz, J., & Beaman, A. L. (1987). Empathy-based helping: Is it selflessly or selfishly motivated? *Journal of Personality and Social Psychology, 52,* 749-758.

Clark, M. S., & Mills, J. R. (1993). The difference between communal and exchange relationships: What it is and is not? *Personality and Social Psychology Bulletin, 19,* 684-691.

Clark, M. S., & Mills, J. R. (2012). A theory of communal (and exchange) relationships. In P. A. M. Van Lange, A. W. Kruglanski & E. T. Higgins (Eds.),

The handbook of theories of social psychology. Vol. 2 (pp. 232-250). Los Angeles, CA: Sage.

Cloninger, C. R., Sigvardsson, S., Bohman, M., & von Knorring, A.-L. (1982). Predisposition to petty criminality in Swedish adoptees: II. Cross-fostering analysis of gene-environment interaction. *Archives of General Psychiatry, 39*, 1242-1247.

Cunningham, M. R., Steinberg, J., & Grev, R. (1980). Wanting to and having to help: Separate motivations for positive mood and guilt-induced helping. *Journal of Personality and Social Psychology, 38*, 181-192.

Darley, J. M., & Latané, B. (1968). Bystander intervention in emergencies: Diffusion of responsibility. *Journal of Personality and Social Psychology, 8*, 377-383.

DeWall, C. N., Anderson, C. A., & Bushman, B. J. (2011). The general aggression model: Theoretical extensions to violence. *Psychology of Violence, 1*, 245-258.

Foa, E. B., & Foa, U. G. (2012). Resource theory of social exchange. In K. Törnblom & A. Kazemi (Eds.), *Handbook of social resource theory: Theoretical extensions, empirical insights, and social applications* (pp. 15-32). New York: Springer-Verlag.

Freud, S. (1933). *Warum krieg? Gesammelte werke.* Bd. XIV. London: Imago Publishing.
（フロイド，S. 土井正徳・吉田正己（訳）（1974）．何故の戦争か　フロイド選集8　改訂版　宗教論――幻想の未来――（pp. 295-319）　日本教文社）

福島治・小嶋かおり（2016）．対人葛藤　大渕憲一（監修）　紛争・暴力・公正の心理学（pp. 77-87）　北大路書房

Gansberg, M. (1964, March 27). Thirty-seven who saw murder didn't call the police. *The New York Times.* Retrieved from http://www.nytimes.com/1964/03/27/37-who-saw-murder-didnt-call-the-police.html?_r =0. (June 10, 2018.)

Gouldner, A. W. (1960). The norm of reciprocity: A preliminary statement. *American Sociological Review, 25*, 161-178.

Harburg, E., Kaciroti, N., Gleiberman, L., Julius, M., & Schork, M. A. (2008). Marital pair anger-coping types may act as an entity to affect mortality:

Preliminary findings from a prospective study (Tecumseh, Michigan, 1971-1988). *Journal of Family Communication, 8,* 44-61.

Homans, G. C. (1961). *Social behavior: Its elementary forms.* New York: Harcourt, Brace & World.

Jostmann, N. B., Lakens, D., & Schubert, T. W. (2009). Weight as an embodiment of importance. *Psychological Science, 20,* 1169-1174.

Latané, B., & Darley, J. M. (1968). Group inhibition of bystander intervention in emergencies. *Journal of Personality and Social Psychology, 10,* 215-221.

Latané, B., & Darley, J. M. (1970). *The unresponsive bystander: Why doesn't he help?* New York: Appleton-Century-Crofts.
（ラタネ，B.・ダーリー，J. M. 竹村研一・杉崎和子（訳）(1997). 新装版 冷淡な傍観者──思いやりの社会心理学── ブレーン出版）

McCullough, M. E., Rachal, K. C., Sandage, S. J., Worthington, E. L. Jr., Brown, S. W., & Hight, T. L. (1998). Interpersonal forgiving in close relationships: II. Theoretical elaboration and measurement. *Journal of Personality and Social Psychology, 75,* 1586-1603.

McNulty, J. K. (2011). The dark side of forgiveness: The tendency to forgive predicts continued psychological and physical aggression in marriage. *Personality and Social Psychology Bulletin, 37,* 770-783.

Milgram, S. (1974). *Obedience to authority: An experimental view.* London: Tavistock Publications.
（ミルグラム，S. 山形浩生（訳）(2012). 服従の心理 河出文庫）

諸井克英 (1989). 対人関係への衡平理論の適用（2）──同性親友との関係における衡平性と情動的状態── 実験社会心理学研究, *28,* 131-141.

大渕憲一 (1993). 人を傷つける心──攻撃性の社会心理学── サイエンス社

大渕憲一 (2011). 新版 人を傷つける心──攻撃性の社会心理学── サイエンス社

大渕憲一 (2015). 紛争と葛藤の心理学──人はなぜ争い，どう和解するのか── サイエンス社

Ohbuchi, K., Fukushima, O., & Fukuno, M. (1995). Reciprocity and cognitive bias reactions to interpersonal conflicts. *Tohoku Psychologica Folia, 54,* 53-60.

Ohbuchi, K., Kameda, M., & Agarie, N. (1989). Apology as aggression control:

It's role in mediating appraisal of and response to harm. *Journal of Personality and Social Psychology, 56,* 219-227.

Piliavin, I. M., Piliavin, J. A., & Rodin, J. (1975). Costs, diffusion, and the stigmatized victim. *Journal of Personality and Social Psychology, 32,* 429-438.

Pinker, S. (2011). *The better angels of our nature: Why violence has declined.* New York: Viking Books.

（ピンカー，S. 幾島幸子・塩原通緒（訳）(2015). 暴力の人類史（上・下） 青土社）

Rule, B. G., & Nesdale, A. R. (1974). Differing functions of aggression. *Journal of Personality, 42,* 467-481.

Thibaut, J. W., & Kelley, H. H. (1959). *The social psychology of groups.* New York: John Wiley & Sons.

Thomas, K. W. (1992). Conflict and negotiation processes in organizations. In M. D. Dunnette & L. M. Hough (Eds.), *Handbook of industrial and organizational psychology.* Vol. 3 (pp. 651-717). Palo Alto, CA: Consulting Psychologists Press.

上原俊介 (2016). 報復の心理――その機能と功罪―― 大渕憲一（監修）紛争・暴力・公正の心理学 (pp. 13-23) 北大路書房

Uehara, S. (2017). Positivity of anger in relationships. In A. M. Columbus (Ed.), *Advances in psychology research.* Vol. 126 (pp. 31-43). New York: Nova Science Publishers.

上原俊介・船木真悟・大渕憲一 (2011). 関係規範の違反に対する怒り感情――人間関係タイプ，欲求の関係特異性，及び欲求伝達の影響―― 実験社会心理学研究, *51,* 32-42.

Walster, E., Walster, G. W., & Berscheid, E. (1978). *Equity: Theory and research.* Boston, MA: Allyn & Bacon.

Yoo, S. H., Clark, M. S., Lemay, E. P. Jr., Salovey, P., & Monin, J. K. (2011). Responding to partners' expression of anger: The role of communal motivation. *Personality and Social Psychology Bulletin, 37,* 229-241.

Zimbardo, P. G. (1970). The human choice: Individuation, reason, and order versus deindividuation, impulse, and chaos. In W. J. Arnold & D. Levine (Eds.), *Nebraska Symposium on Motivation 1969* (pp. 237-307). Lincoln, NE: University of Nebraska Press.

第4章 対人関係
——他者との絆は諸刃の剣

私たちは対人関係なくして生きていけません。群れや集団の中で互いに協力しながら過酷な自然環境を生き抜いてきた人類進化の歴史により，私たちの遺伝子は，この世に生まれた瞬間から他者との絆を求めるようにプログラムされているからです（Baumeister & Leary, 1995；亀田・村田, 2010）。しかし，対人関係は，私たちに喜びや安らぎをもたらしてくれる一方で，怒りや悲しみの元凶ともなる諸刃の剣です。本章では，こうした表裏一体の特徴をもつ対人関係について，社会心理学や他の近接領域の成果を紹介していきます。

1 対人関係とは

本節では，対人関係とは何かを理解するため，親密性や愛情，そしてそれらが形成されるきっかけとしての対人魅力についてまとめます。

1-1 親密性

これまでに多くの研究者が**親密性**に関する検討を行ってきました。社会心理学における対人関係研究の礎を築いたケリー他（Kelley et al., 1983）は，関係継続期間が長く，相互作用の頻度，多様性，強度の高い関係性を親密な関係と位置づけ，友人，恋人，夫婦，親子をその代表例として挙げました。その後，頻度，多様性，強度の3要素から親密性を測定する RCI（Relationship Closeness Inventory；Berscheid, Snyder, & Omoto, 1989）が作成され，親密な関係を行動面からとらえるための重要な指標となっています。

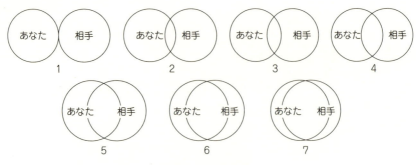

図4-1 IOS尺度
(注)「あなた」と「相手」の重なりが大きいほど，親密性が高いことを表している。
(出所) Aron et al. (1992)

　親密性は対人関係の発展という観点から理解することもできます。レヴィンジャーとスヌーク (Levinger & Snoek, 1972) は，互いに見知らぬ関係にある自己と他者が（相互未知段階），相手の存在を認識し（一方的気づき段階），あいさつなどを交わしつつ（表面的接触段階），次第に二人が一体化していく（相互関係段階）過程をモデル化しました。彼らの理論は後に，自己開示の幅と深さによって親密性をとらえる**社会的浸透理論**（Altman & Taylor, 1973）（第2章参照）や，親密な関係を認知・感情面から測定する**IOS**（Inclusion of Other in the Self；Aron, Aron, & Smollan, 1992）（図4-1）尺度の理論的基盤となりました。

1-2　愛　情

恋愛感情と好意

　社会心理学では，愛情を科学的に測定する試みもなされています。ルビン (Rubin, 1970) は，親和・依存欲求，援助傾向，排他性と熱中の3要素からなる**恋愛感情**と，好意的評価，尊敬と信頼，類似性の認知の3要素から構成される**好意**を区別し，恋人に対しては恋愛感情と好意の両方が高い一方で，同性友人に対しては好意のみが高いことを報告しました（図4-2）。ただし，恋愛感情に含まれる排他性は，葛藤時の建設的な対処行動を阻害したり（相馬・山内・浦，2003），恋人以外の他者に対する信頼を低下させたりします（相馬・浦，2007）。

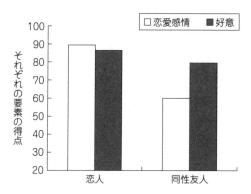

図4-2 恋人・同性友人に対する恋愛感情と好意
（出所）Rubin（1970）

恋愛関係において排他性を高めることは重要ですが，高すぎる排他性はむしろ関係を危機にさらしかねないといえるでしょう。

愛情の三角理論

知能研究でも有名なスタンバーグ（Sternberg, 1986）は，**愛情の三角理論**を提唱しました。彼によれば，愛情は（a）親密さや絆の感覚としてあらゆる対人関係の中核となる親密性，（b）身体的魅力や性的関心にもとづいた恋愛関係に特有の感情である情熱，（c）短期的には相手を愛する決意，長期的には愛情を維持する意思を表すコミットメント，という三つの要素からなります。恋人に

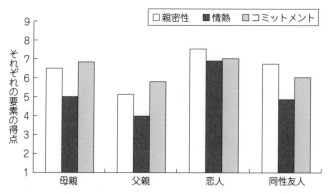

図4-3 母親，父親，恋人，同性友人に対する愛情の3要素
（出所）Sternberg（1997）

対してはこれら三つのすべてが高く，母親や同性友人に対しては親密性とコミットメントが高いのに対して，父親に対してはいずれの要素も低い傾向にあります（Sternberg, 1997）（図4-3）。なお，愛情の三角理論と関連して，どうすれば相手に対するコミットメントを維持できるかを経済学的に予測する**投資モデル**（Rusbult, 1980, 1983）も，親密な関係にまつわる古典的理論として有名です。最近では，関係継続を求める接近コミットメントと，関係崩壊を避ける回避コミットメントを区別する試みもあります（古村，2014）。

1-3　対人魅力

他者に好意や愛情をもつ条件である**対人魅力**の研究は，1960年代から1970年代に流行し，後の対人関係研究の幕開けとなりました。以下のように，**類似性，熟知性，好意の返報性，**そして**身体的魅力**の四つが重要な対人魅力と考えられています（Reis, Aron, Clark, & Finkel, 2013）。

類似性

"類は友を呼ぶ"ということわざの通り，興味・関心や価値観などの似た者同士が親しくなりやすいという考え方を**類似性-魅力仮説**といいます。実際に，未知の相手との態度が類似しているほど，実験参加者は相手の魅力度を高く評価していました（Byrne & Nelson, 1965）（図4-4）。ただし，実際に他者と類似し

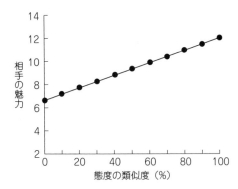

図4-4　態度の類似性による相手への好意の上昇
(出所) Byrne & Nelson (1965)

ていることが重要なのか，それとも他者と類似していると主観的に感じることが重要なのかは，今のところ見解が分かれています（Reis, Aron, Clark, & Finkel, 2013）。

熟知性

他者に対する熟知性が好意を高めることは，**単純接触効果**と呼ばれます。ザイアンス（Zajonc, 1968）の実験では，男性の顔写真を提示された参加者は，提示回数の多かった人物をより魅力的と評価しました（図4-5）。しかし，熟知性が相手に対するネガティブ感情を増幅してしまうこともあるなど，単純接触効果についてはいまだ不明な点が多く，今後のさらなる検討が求められています（Montoya, Horton, Vevea, Citkowicz, & Lauber, 2017）。

好意の返報性

それまで何とも思っていなかった他者の恋愛感情に気づき，いつしか自分もその相手に好意を抱いていたという経験はないでしょうか。相手が自分に好意

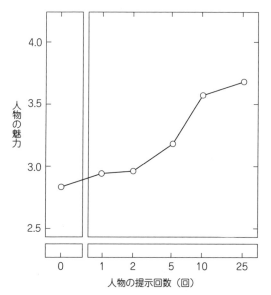

図 4-5 単純接触効果による好意の上昇
（出所）Zajonc（1968）

をもつことで自分も相手に好意をもつ好意の返報性は，多くの研究で一貫して支持されています（Reis et al., 2013）。

身体的魅力

「人は見た目じゃない」といいますが，顔のプロトタイプ性（いわゆる「平均顔」），顔や全身の左右対称性，大きな目や小さな口などの幼児的特徴，ウェスト-ヒップ比の低さといった身体的魅力は，とくに恋愛・夫婦関係において重視されます。ウォルスター他（Walster, Aronson, Abrahams, & Rottman, 1966）は，大学の新入生歓迎ダンスパーティを舞台とした実験にもとづき，自らの身体的魅力にかかわらず，参加者たちは身体的魅力の高い異性を好むことを報告しました（図4-6）。身体的魅力が好意や愛情を高める理由として，男性は自分の子どもをたくさん産んでくれる繁殖力が高い女性を求め，女性は自分や子どもが生活していくための資源をたくさん供給してくれる健康的な男性を求める，という進化論的な説明がなされています（北村・大坪，2012）。

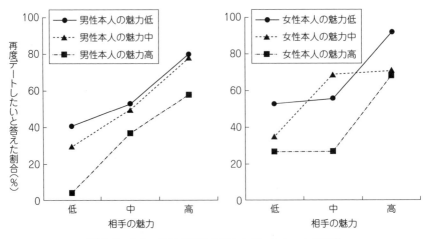

図4-6 本人・相手の身体的魅力とパートナーへの好意

（出所）Walster et al.（1966）

　上記 1 で説明された内容について，どの程度「あるある」「なるほど」と思った
か，評価してみよう。

とてもそう思った（5）〜まったくそう思わなかった（1）

　　1．あるある　　　5　　　4　　　3　　　2　　　1
　　2．なるほど　　　5　　　4　　　3　　　2　　　1

以上の評価を踏まえ，上記 1 で説明された対人魅力以外にどのような対人魅力
があるかを考えてみよう。

2 "We" から "I" へ，"I" から "We" へ——自己と対人関係の相互影響

　対人関係は自己に影響を与えると同時に，自己は対人関係に影響を与えます。
本節では，愛着スタイル，自尊心，自己制御という三つの観点から，自己と対
人関係のかかわりについて考えていきます。

2-1　愛着スタイルと対人関係

対人関係（親子関係）から愛着スタイルへの影響

　乳幼児期における母親をはじめとした養育者との関係は，**愛着スタイル**の原
型となります。ボウルビィ（Bowlby, 1977, 1988）によれば，乳幼児にとっての
養育者は，困難に直面したときに癒しを提供してくれる**安全な避難所**，ならび
に探索行動や新たな活動への源となる**安全基地**です。こうした親子関係に関す
る特徴は，乳幼児期に形成された愛着スタイルが成人期になっても維持される
ことで，その後の恋愛・夫婦関係においても共通してみられると仮定されてい
ます（Shaver & Hazan, 1988）。成人期の愛着スタイルは，「自分には愛される価
値がない」など自己に対するネガティブな期待や信念を表す**関係不安**と，「他
人を信用してはならない」など他者に対するネガティブな期待や信念を表す**親
密性回避**からなり，両者の組み合わせによって安定型，とらわれ型，回避型，
恐れ型の 4 タイプが構成されます（Bartholomew & Horowitz, 1991）（図 4-7）。

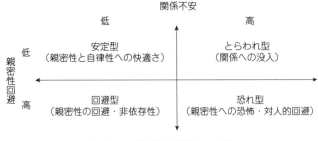

図 4-7　成人期の愛着スタイル
（出所）Bartholomew & Horowitz（1991）より作成

幼いころの養育者との対人的経験は，このような愛着スタイルの継続により，
"ゆりかごから墓場まで"その後の対人関係に影響を与えるのです（Mikulincer
& Shaver, 2016）。

愛着スタイルから対人関係への影響

　成人期の二つの愛着スタイルは，それぞれ異なるプロセスを経て親密な関係
における行動や心理プロセスを規定します。まず，関係不安の高い人たちは，
相手に見捨てられることへの焦りや恐れが結果的に相手との関係を破綻させて
しまうという**予言の自己成就**を招きます。恋愛，夫婦，同性友人ペアを対象と
した一連の調査では，（a）関係不安の高さは自分のネガティブ感情を高めるこ
とで自らの関係への評価を低下させる，（b）関係不安の高さはパートナーのネ
ガティブ感情を高めることでパートナーの関係への評価を低下させる，（c）こ
れらのプロセスは代わりの相手を見つけるのが難しい恋愛・夫婦関係に共通し
て生じる一方で（図4-8），代わりの相手を比較的見つけやすい同性友人関係で
は生じないことが示されました（金政, 2009, 2010, 2013）。また，関係不安の高
さは，配偶者からの被受容感の低下や被拒絶感の上昇を通じて，自身の抑うつ
を高めるだけでなく，相手に対する暴力を増加させるという知見もあります
（金政・浅野・古村, 2017）。一方で，親密性回避の高い人たちは，現在のパート
ナーを裏切ることで自ら関係を崩壊させてしまいます。たとえば，親密性回避
の高さは恋人に対するコミットメントを低下させ，そのコミットメントの低さ
が別の相手に対する関心を高めたり精神的・身体的な浮気を実行させたりしや

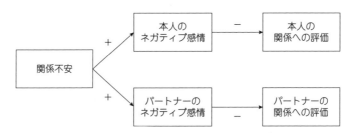

図 4-8　恋愛・夫婦関係において関係不安が引き起こす予言の自己成就
（出所）金政（2009，2010）より作成

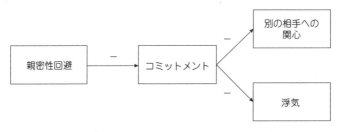

図 4-9　親密性回避と別の相手への関心・浮気
（出所）DeWall, Lambert et al.（2011）より作成

すくするとの報告があります（DeWall, Lambert et al., 2011）（図 4-9）。これらの知見は，関係不安や親密性回避が親密な関係に対してネガティブに作用しやすいことを示唆しています。

2-2　自尊心と対人関係

対人関係から自尊心への影響

　自尊心（**自尊感情**）は，社会心理学に限らず，教育・発達・健康・臨床心理学など幅広い分野で注目される概念です（第1章参照）。リアリーとバウマイスター（Leary & Baumeister, 2000）の**ソシオメーター理論**によれば，自尊心のもっとも主要な源泉は対人関係です。過酷な進化環境を生きる人類にとって，自分が価値ある存在として他者から受け入れられるかどうかは，まさに生死を左右する重要な課題でした。そのため，人間は他者との間に強固で安定した絆を求める**所属欲求**を根源的にもつようになりました（Baumeister & Leary, 1995）。

自尊心はこの所属欲求を満たすための監視・制御システムであり，社会（ソシオ）における自己の測定器（メーター）といえるのです。自尊心システムは，所属欲求が満たされなくなると敏感に反応し，他者からの受容を回復しようと自己を動機づけます。このとき，受容や排斥によって刻々と変動する感情体験が**状態自尊心**（**状態自尊感情**）と呼ばれるのに対して，人生全般における受容と排斥を反映する時間や状況を通じて変動しにくい個人差は**特性自尊心**（**特性自尊感情**）として区別されます。他者からの受容により一時的に状態自尊心が上昇し，そうした経験を繰り返すことで次第に特性自尊心も高くなる一方で，排斥によって一時的に状態自尊心が低下し，そのような経験を繰り返すうちに特性自尊心も低くなります。

自尊心から対人関係への影響

　自尊心，とりわけ特性自尊心は，親密な関係における行動や心理プロセスに影響します。特性自尊心の低い人たちは，他者からみた自己の価値を低くとらえているため（Leary, Tambor, Terdal, & Downs, 1995），他者に対して自分を受容しているか何度も問いただしたり試したりすることで，結果として本当に関係を悪化させてしまいます。逆に，特性自尊心の高い人たちは，恋人が自分のことを受容してくれると信じることで関係を良好にします（Murray, Holmes, & Griffin, 2000）。特性自尊心が自己やパートナーの関係満足度を上昇させることは，アメリカとスイスにおける幅広い年代の恋愛・夫婦関係に一貫して認められており（Erol & Orth, 2013），この結果は日本の夫婦関係でも再現されています

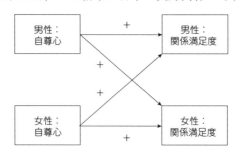

図 4-10　自尊心と自己・パートナーの関係満足度
（出所）Erol & Orth（2013）；鬼頭・佐藤（2017）より作成

（鬼頭・佐藤，2017）（図4-10）。このように，特性自尊心は対人関係にポジティブな影響を与えやすいのです。

2-3　自己制御と対人関係

対人関係から自己制御への影響

　自己制御（第1章参照）に対して，対人関係は重要な役割を果たします。後述の通り（第3・4節参照），ソーシャル・サポートは適切な自己制御をうながす一方で，排斥や拒絶は自己制御を阻害することが実証されています。

自己制御から対人関係への影響

　自己制御はドメスティック・バイオレンス（DV）に影響します。これは，DVが自己制御の失敗としてみなせることを意味しています（DeWall, Finkel, & Denson, 2011）。フィンケル他（Finkel, DeWall, Slotter, Oaten, & Foshee, 2009, 研究2）によれば，特性的に自己制御の低い人たちは恋人に対してより頻繁に暴力を振るっていました。さらに，難しい課題を行うことで一時的に自己制御力を失う**自我枯渇**に陥った実験参加者たちは，その課題の結果について恋人からネガティブに評価されると，次の課題で恋人に対して苦痛を伴うヨガのポーズを自我枯渇に陥らなかった参加者たちよりも長い時間させていました（研究

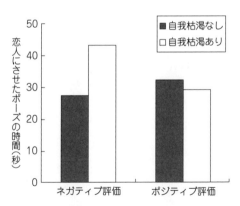

図4-11　自己制御の失敗としての恋人への暴力
（出所）Finkel et al.（2009）

　対人関係には，愛着スタイル，自尊心，自己制御といった個人一人ひとりの特徴だけでなく，二人の関係性に独自の特徴もみられます。たとえば，Ａさんの自尊心が低くても，恋人であるＢくんの特徴との組み合わせによっては二人の関係がうまくいくかもしれず，関係独自の特徴に注目することは重要といえます。しかし，国内外を通じて，関係独自の特徴に関する研究はまだ多くありません。関係独自の特徴について検討するためには，Ａさん（もしくはＢくん）だけから得る個人データではなく，ＡさんとＢくんの両者から得るペアデータが必要となるからです。ペアデータは一般的に，個人データよりも収集の際にかかる時間や労力の負担が大きい上に，統計解析に際しても高度な知識が求められます。とはいえ最近，関係独自の特徴に注目することの意義が認識されるにつれ（浅野・五十嵐，2015；Finkel, Simpson, & Eastwick, 2017），ペアデータの分析法も普及し始めており（浅野，2017），実際の研究例も増えてきています（Asano, Ito, & Yoshida, 2016；清水・大坊，2008）。本章の読者が，関係独自の特徴を扱った新しい対人関係研究に挑戦してくれることを願っています。

4；図4-11）。一方で，自我枯渇に陥った参加者たちに自己制御力を回復させるための介入をすると，恋人への暴力意図が減少することも示されました（研究5）。近年では，前頭前野の機能不全（DeWall, Finkel et al., 2011）やグルコースの減少（Bushman, DeWall, Pond, & Hanus, 2014）など，自己制御の失敗と暴力をめぐる生物学的メカニズムも解明されつつあります。こうした知見は，衝動的で粗暴なパーソナリティや一時的な自己制御力の消失がDVの引き金となる一方で，適切な自己制御がDVの予防・抑止につながることを示唆しています。

　上記2で説明された内容について，どの程度「あるある」「なるほど」と思ったか，評価してみよう。

　とてもそう思った（5）〜まったくそう思わなかった（1）

　　1．あるある　　　5　　　4　　　3　　　2　　　1
　　2．なるほど　　　5　　　4　　　3　　　2　　　1

　以上の評価を踏まえ，上記2で説明された愛着スタイル，自尊心，自己制御から対人関係への影響について，それぞれ身近な例を考えてみよう。

3　他者と支え合う——対人関係のライトサイド

　ある冬の寒い日，互いの温もりを求めて寄り添う2匹のヤマアラシは，密着することで自分の鋭いトゲが相手を傷つけていることに気づき，何度も試行錯誤を繰り返しながら，互いに傷つけ合わず温め合えるちょうどよい距離を見つけます。ドイツの哲学者ショーペンハウアーによるこの"ヤマアラシのジレンマ"は，諸刃の剣としての対人関係をうまく暗示する寓話です。本節では，対人関係のライトサイド（ポジティブな側面）に焦点を当て，ソーシャル・サポートや社会関係資本について解説します。

3-1　ソーシャル・サポート

　これまでの社会科学でもっとも幅広く研究されてきたテーマの一つとして，ソーシャル・サポートがあります。ソーシャル・サポートとは，心身のストレス反応を軽減したり健康を良好にしたりする対人関係を意味しています（橋本, 2005a）。1970年代に疫学や公衆衛生学で始まったソーシャル・サポート研究の中でも，バークマンとザイム（Berkman & Syme, 1979）による研究はとくに有名です。彼らは，1965年から1974年にアメリカのカリフォルニア州・アラメダの住民4,725人に対する調査データを分析し，友人や知人が少ない回答者は男女ともに9年後の死亡率が高く，しかもその傾向は高齢になるほど顕著であることを報告しました（図4-12）。日常にあるごく当たり前の対人関係が人々の生死にかかわっているというこの知見により，多くの研究者がソーシャル・サポートの重要性に気づくこととなりました。

　ソーシャル・サポートには，大きく2種類のとらえ方があります（Barrera, 1986）。一つは，社会的ネットワークの大きさ，密度，接触頻度などの構造面からみたソーシャル・サポートです。もう一つは，他者からどのくらいサポート

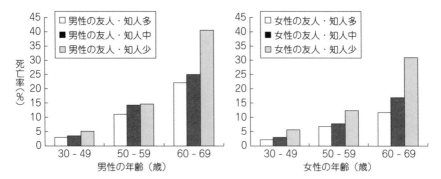

図4-12 ソーシャル・サポートの少なさによる9年後の死亡率の上昇
（出所）Berkman & Syme（1979）

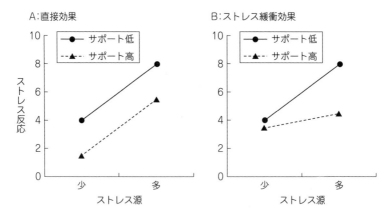

図4-13 ソーシャル・サポートが心身の健康に与える効果
（出所）Cohen & Wills（1985）より作成

を得られるかを表す**知覚されたサポート**や，実際に他者からどのくらいサポートを得られたかを表す**実行されたサポート**といった機能面からみたソーシャル・サポートです。機能面からみたソーシャル・サポートはさらに，励ましや慰めによって取得者のネガティブ感情を軽減する**情緒的サポート**と，モノやお金，情報の提供によって取得者の問題解決を助ける**道具的サポート**に分類されます（橋本，2005a）。構造面からみたソーシャル・サポートは心身の健康に対して**直接効果**を，機能面からみたソーシャル・サポートは**ストレス緩衝効果**を，

それぞれもたらします（Cohen & Wills, 1985）。直接効果は，ストレス源の量に
かかわらず，ソーシャル・サポートがつねに心身の健康をうながすことを意味
し，ストレス緩衝効果は，ストレス源が多くなってはじめて，ソーシャル・サ
ポートが心身の健康をうながすことを表しています（図4-13）。複数の機能を
発揮することで，ソーシャル・サポートは心身の健康に役立つといわれていま
す。

3-2 ソーシャル・サポートが成功する条件

　ソーシャル・サポートを成功させるためには，ストレスフルな他者へ漠然と
サポートを提供するのではなく，以下の三つの条件を考慮することが大切です。

サポートの期待度と取得量の一致

　一つ目の条件は，サポート取得者の期待度と取得量が一致していることです。
大学新入生に対して調査を行った中村・浦（1999）は，ストレス源が多かった
新入生のうち，4月時点で大学入学以前からの友人に対するサポート期待度が
高かった人たちは，7月時点でその友人によるサポート取得量が少ないほど不
健康であったのに対して，サポート期待度が低かった人たちは，サポート取得

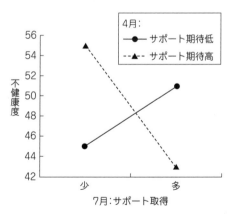

**図4-14　ソーシャル・サポートの期待はずれ
　　　　　による不健康度の上昇**

（出所）中村・浦（1999）より作成

量が多いほど不健康であることを報告しました（図4-14）。ソーシャル・サポートに関するこうした**"期待はずれ"**は，取得者にとってストレス源になると考えられます。

サポートの互恵性

　二つ目の条件は，取得者と提供者が同じくらいサポートし合う**互恵性**が成立していることです。たとえば，夫婦・同棲カップルに対して4週間にわたり毎日朝と晩に回答してもらう日誌法調査を行ったところ，相手に対するサポート提供とパートナーからのサポート取得の互恵性が成立している日は，そうでない日よりもポジティブ感情が高くネガティブ感情が低くなっていました（Gleason, Iida, Bolger, & Shrout, 2003）。日本の高校生の友人関係においても，サポートの互恵性が成立しているとストレス反応が低い一方で，自分のサポート取得量が相手より少なくても多くてもストレス反応が高いというU字型パターンがみられました（谷口・浦，2003）（図4-15）。また，他者へのサポート提供が報酬としての価値をもつことも，神経科学的に実証されています（Inagaki & Eisenberger, 2012）。これらの結果から，一方的にサポートされるだけではなく，互いにサポートし合うことが重要といえます。

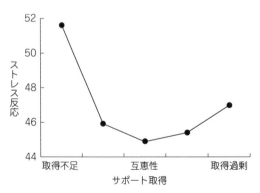

図4-15　ソーシャル・サポートの互恵性とストレス
　　　　反応
（出所）谷口・浦（2003）

不可視的サポート

ソーシャル・サポートが成功する条件の三つ目は，サポート提供者が取得者に対してさりげなくサポートしていることです。これは，サポート取得者に気づかせない，あるいは負債感を抱かせない**不可視的サポート**（見えないサポート）（Bolger, Zuckerman, & Kessler, 2000）と呼ばれています。司法試験志願者とその同棲パートナーに対して日誌法調査を行ったところ，パートナーがサポートを提供していても，志願者がそのサポートに気づいていない日は，気づいている日よりも志願者の抑うつが低下していました（図4-16）。不可視的サポートの有効性はその後の実験研究でも支持されています（Bolger & Amarel, 2007）。ただし，日常生活で実際に不可視的サポートを成立させるのは簡単でない上に（Bolger et al., 2000），相手が自分のことを理解し，認め，ケアしてくれるという**応答性**があれば，必ずしも不可視的サポートである必要はないという指摘もあります（Maisel & Gable, 2009）。不可視的サポートの意義については，さらなる検討が待たれるところです。

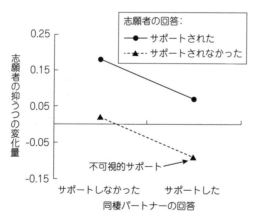

図4-16 不可視的サポートによる抑うつの低下
（注）縦軸が0より大きければ前日と比べて抑うつが上昇し，0より小さければ前日と比べて抑うつが低下したことを表している。
（出所）Bolger et al.（2000）

3-3　ソーシャル・サポート研究の新展開

　最近では，心身のストレス低減や健康の向上だけにとどまらず，ソーシャル・サポートにもとづく適切な自己制御を通じたよりポジティブな効果に注目した研究も増えてきています。たとえば，仕事・学業で成功した，家族・友人からプレゼントをもらったなど自分に起きた朗報を他者に話すことでその喜びを他者と分かち合うプロセスは，**キャピタライゼーション**と呼ばれます（Gable & Reis, 2010）。両者の違いは，従来のソーシャル・サポートがネガティブな出来事に対して生じる一方で，キャピタライゼーションはポジティブな出来事に対して生じる点にあります。キャピタライゼーションには，話した相手が一緒に喜んでくれることで出来事の価値が増進するとともに，話した相手との関係が進展する効果もあります（Reis et al., 2010）。

　また，フィーニーとコリンズ（Feeney & Collins, 2015）は，ソーシャル・サポート研究と，成人の愛着理論をはじめとした親密な関係研究にもとづく新たな理論枠組みを提案しています。このモデルでは，ストレス源に直面した相手のネガティブ感情を和らげたり対処行動を助けたりする**力の源泉サポート**と，チャンスに恵まれた相手の探索行動や成長を支える**関係触媒サポート**を区別します。力の源泉サポートは従来のソーシャル・サポート（Cohen & Wills, 1985）や安全な避難所機能（Collins & Feeney, 2000）と対応しており，関係触媒サポートは安全基地機能（Feeney, 2004）やキャピタライゼーション（Gable & Reis, 2010）と対応しています。力の源泉サポートと関係触媒サポートは，それぞれの生理・心理・行動反応を通じて，心身の健康や幸福感を含めた様々な心理的ウェル・ビーイングを増進します。キャピタライゼーション，ならびに力の源泉サポートと関係触媒サポートに関する理論は，対人関係研究とソーシャル・サポート研究をつなぐ架け橋としての役割を担っています。

3-4　コミュニティの絆

　対人関係が心身の健康に果たす役割に対して，研究者だけでなく，政策立案者や一般市民からの関心も高まっています。1995年の阪神・淡路大震災や2011

年の東日本大震災の後，仮設住宅や復興住宅において多発した孤独死の原因として，コミュニティの喪失が指摘されました。また近年では，対人関係の不足・欠如を指す"無縁社会"なる造語も生まれました（高木・竹村，2015）。

　これらの事例は社会関係資本（ソーシャル・キャピタル）の役割を強調しています。社会関係資本とは，互恵性規範や信頼が醸成され，個人や集団に利益をもたらす社会的ネットワークを意味します（Kadushin, 2012 五十嵐監訳 2015；Putnam, 2000 柴内訳 2006）。社会関係資本は，血縁や地縁，人種，社会階層といった属性の同質性が高い結合型と，そうした属性の垣根を超えた同質性が低い橋渡し型に分類されます。結合型社会関係資本の例として，親密な関係における愛情やソーシャル・サポートのやりとりがあります。一方で，橋渡し型社会関係資本の例として，"弱い紐帯の強み"（Granovetter, 1973）のように，さほど親しくない他者からの耳寄り情報や新しい知識の獲得があります。また，インターネットが普及した現代では，Twitter や Instagram，Facebook などのソーシャル・ネットワーキング・サービス（SNS）を介したつながりも，重要な社会関係資本となりえます（五十嵐，2012）。

　社会関係資本は，教育の充実，地域の安全，経済の繁栄，民主主義の成功，個人の健康や幸福感を促進するとされています（Putnam, 2000 柴内訳 2006）。また，社会疫学の分野では，日本に蔓延する健康格差を解決すべく，地域の社会関係資本に焦点を当てた取り組みもみられます（近藤，2017）。対人関係のライトサイドとして，社会関係資本に対する期待が高まっているのです。

　上記3で説明された内容について，どの程度「あるある」「なるほど」と思ったか，評価してみよう。

　とてもそう思った（5）～まったくそう思わなかった（1）

　　1．あるある　　　5　　　4　　　3　　　2　　　1
　　2．なるほど　　　5　　　4　　　3　　　2　　　1

　以上の評価を踏まえ，上記3で説明されたソーシャル・サポートが成功する三つの条件について，それぞれ自分の体験談を考えてみよう。

4 他者と傷つけ合う──対人関係のダークサイド

最後に本節では，対人ストレッサー，排斥，そして社会関係資本の弊害といった対人関係のダークサイド（ネガティブな側面）について議論しましょう。

4-1 対人ストレッサー

社会心理学では，身体的な暴力や口頭での非難を含む対人葛藤に関する研究が古くから行われてきました（第3章参照）。しかし，従来の対人葛藤研究は葛藤の生起メカニズムや解決方略を明らかにしてきた一方で，心身の健康との関連を十分に検討してこなかったという課題も残しています（橋本, 1995）。

こうした背景から提案されたのが**対人ストレッサー**です。対人ストレッサーとは，心身のストレス反応を上昇させたり健康を悪化させたりする対人関係の総称であり，（a）他者の言動によって生じる明らかな不和を意味する対人葛藤，（b）自分の社会的スキル不足による戸惑いや困惑を意味する対人劣等，（c）対人関係を円滑に進めようとすることによる気疲れを意味する対人摩耗に分類されています（橋本, 1997, 2005a）。上記の3要素によって，相手との関係性を特定せずに対人ストレッサーをとらえられるのに対して，対人葛藤と対人摩耗に加え，自分の失敗や落ち度のせいで相手を不快にさせる対人過失の3要素により，家族，友人，恋人，配偶者などとの具体的な対人関係における対人ストレッサーをとらえることもできます（橋本, 2005b）。コミュニケーションをうまく成立させられなかったという点で，前者の対人劣等と後者の対人過失は共通しているといえるでしょう。

4-2 排 斥

排斥とその実例

対人関係のダークサイドとしてもっとも大きな社会問題となっているのが，**排斥**です。排斥とは，個人・集団を無視したり排除したりすることであり，個人・集団に対して関係解消を表明する**拒絶**や，社会規範から逸脱した個人・集

団を隔離する**社会的排除**も類似した現象です（Williams, 2007）。例として，排斥はいじめやからかい，拒絶は失恋や離婚，社会的排除は退学や解雇，逮捕を挙げることができます。進化環境において，排斥は逸脱者への制裁という適応的機能を果たしてきましたが（亀田，2017；Williams, 2007），警察や裁判所などの公的機関がその機能を担う現代では，排斥がもたらすネガティブな帰結に注目が集まりがちです。たとえば，1999年にコロラド州・コロンバイン高校で起きた凄惨な事例をはじめ，アメリカで頻発する銃乱射事件の背景に，生徒間のいじめがあったと指摘されています（Leary, Kowalski, Smith, & Phillips, 2003）。以下に示すように，排斥はたんに被害者の心を傷つけるだけでなく，被害者を様々な望ましくない行動へと駆り立てます。

排斥による社会的痛み

　排斥が被害者の心を傷つけるというのは，けっして大げさな比喩でありません。進化環境に適応する過程で根源的に他者からの受容を求めて排斥を避けるようになった人類（Baumeister & Leary, 1995；亀田・村田，2010）は，排斥によ

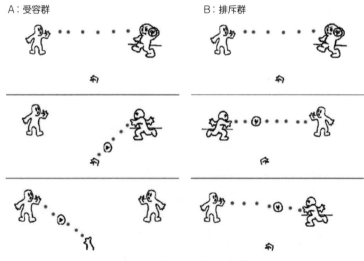

図4-17　サイバーボールの様子

（出所）Eisenberger & Lieberman（2004）

る社会的痛みと怪我や疾病による**身体的痛み**の間に共通の生物学的メカニズムを構築したと考えられています。アイゼンバーガー他（Eisenberger, Lieberman, & Williams, 2003）の実験において，参加者たちは他の参加者と一緒に**サイバーボール**と呼ばれるコンピュータ上でのキャッチボール課題（Eisenberger & Lieberman, 2004）を行いました。受容群の場合，画面中央の自分にボールが回ってきますが（図4-17A），排斥群の場合，途中から自分にボールが回ってこなくなるように操作され（図4-17B），そのときの脳血流量が**機能的磁気共鳴画像法**（fMRI）によって計測されました。実験の結果は，身体的痛みに伴って賦活することが知られている前部帯状回背側部や右腹側前頭前野といった脳部位が，社会的痛みによって賦活することを示していました。この先駆的研究をきっかけに，社会心理学は人間の社会性の基盤を探る**社会神経科学**との結びつきを強めています（Eisenberger, 2012）。

排斥による自己制御の失敗

　排斥は被害者の自己制御力（第2節参照）を奪います。トゥエンジ他（Twenge, Baumeister, Tice, & Stucke, 2001, 実験5）は，実験参加者に4〜6人のグループで15分間会話をしてもらった上で，「他の方たちはみなさん，この後の課題もあなたとご一緒したいそうです」と告げられる受容群と，「この後の課題もあなたとご一緒したいという方はいませんでした」と告げられる排斥群へとランダムに振り分けました。参加者たちはその後，先ほどのグループとは異なる人物とコンピュータ・ゲームで対戦して勝った場合，ヘッドフォンを通して相手に聞かせるノイズの長さや強さを決めることができました。その結果，自分が受けた排斥とは無関係の人物であるにもかかわらず，排斥群は受容群よりも長く強いノイズを対戦相手に聞かせていました（図4-18）。また，同じ手続きを用いた他の実験では，排斥群は，10分間におよそ9枚（受容群のほぼ2倍）もクッキーを食べていました（Baumeister, DeWall, Ciarocco, & Twenge, 2005, 実験2）（図4-19）。このように，排斥は被害者に対して社会的痛みを経験させるだけにとどまらず，被害者を攻撃行動や不健康行動をはじめとした自己制御の失敗に陥らせると考えられます（Cacioppo & Patrick, 2008 柴田訳 2010；Smart

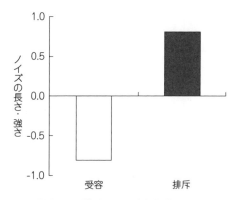

図4-18　排斥による攻撃行動の増加
（出所）Twenge et al.（2001）

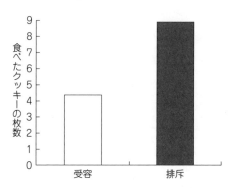

図4-19　排斥による不健康行動の増加
（出所）Baumeister et al.（2005）

Richman & Leary, 2009）。

社会的痛みの緩和

　それでは，どうすれば排斥による社会的痛みを軽減することができるのでしょうか。この問いに関してはまだあまり検討されていませんが，興味深い知見として，欧米ではよく知られた解熱鎮痛剤アセトアミノフェンの摂取があります。身体的痛みと社会的痛みに共通の生物学的メカニズムがあるならば（Eisenberger et al., 2003），身体的痛みに効能のあるアセトアミノフェンは，社会的痛みも和らげる可能性があります。実際に，3週間続けて朝晩アセトアミ

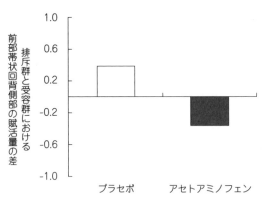

図 4-20　アセトアミノフェンによる排斥時の
前部帯状回背側部の賦活量の減少
（出所）DeWall et al.（2010）

ノフェンを摂取した実験参加者たちは，偽薬を摂取したプラセボの参加者たち
よりも，サイバーボールによる排斥時の前部帯状回背側部の賦活量が減少して
いました（DeWall et al., 2010，実験 2）（図 4-20）。この結果は，アセトアミノフ
ェンの服用が社会的痛みの軽減につながることを示唆しています。

4-3　ストレス源としてのコミュニティの絆

　対人関係や社会的ネットワークのポジティブな効果に焦点を当てる社会関係
資本にも，ダークサイドが潜んでいます。クリスタキスとファウラー（Christakis
& Fowler, 2009 鬼澤訳 2010）は，ある人と友人，友人の友人，友人の友人の友
人…という人々のつながりを視覚化する**社会的ネットワーク分析**によって，性
感染症や肥満が人から人へと伝播していくと主張しました。SNS は，他者の投
稿を閲覧することで孤独感を高めたり妬みを増大したりするだけでなく
（Clark, Algoe, & Green, 2018），ネットいじめといった排斥の温床にもなりえま
す（Nowland, Necka, & Cacioppo, 2018）。地域の社会関係資本を活性化すること
が，人づきあいを好まない人たちにとっては対人ストレッサーとなるかもしれ
ません（近藤，2017）。社会関係資本をうまく機能させるためには，ライトサイ
ドだけでなく，ダークサイドについて知ることも重要でしょう。

コラム4-2：メディアから始める対人関係研究

　あなたは今，「対人関係について卒業論文を書きたいけど，何をどうすればすればよいかわからない」と途方に暮れていませんか。そんなときには，小説，映画，ドラマ，漫画，アニメといったメディアから得た問いを出発点にするとよいでしょう。たとえば，『色彩を持たない多崎つくると，彼の巡礼の年』（村上，2015）は，排斥と社会的痛みについて考えさせられますし（第4節），『白夜行』（東野，2002）や『幻夜』（東野，2007）は，身体的魅力の高い女性とそれに翻弄される男性について思索せずにはいられません（第1節）。少女漫画でよく描かれるパートナーへの依存（第2節），少年漫画に多くみられる友情を通した成長も（第3節），興味深い研究になりえます。また，メディアそのものを研究対象にすることもできます。小説，哲学書，歴史書など数多くの書物にもとづき，恋愛のタイプをエロス，ルダス，ストルゲ，プラグマ，マニア，アガペの六つに分類したリー（Lee, 1977）の研究は非常に有名です。あまり難しく考えず，まずは素朴な疑問や身近な題材に目を向けてはいかがでしょうか。

　上記4で説明された内容について，どの程度「あるある」「なるほど」と思ったか，評価してみよう。

　とてもそう思った（5）〜まったくそう思わなかった（1）

　　1．あるある　　　5　　　4　　　3　　　2　　　1
　　2．なるほど　　　5　　　4　　　3　　　2　　　1

　以上の評価を踏まえ，上記4で説明された対人ストレッサー，排斥，社会関係資本のダークサイドについて，それぞれ最近報道されたニュースを新聞やテレビ，インターネットで探してみよう。

もっと詳しく知りたい人のための文献紹介

浦光博（2009）．排斥と受容の行動科学——社会と心が作り出す孤立——　サイエンス社

　　⇨諸刃の剣としての対人関係について，本章よりもさらに詳しく論じられています。内容はやや専門的ですが，著者の幅広い知識とわかりやすい解説に加えて，豊富に提示されている図表が読者を飽きさせません。

谷口淳一・相馬敏彦・金政祐司・西村太志（編著）（2017）．エピソードでわかる
社会心理学——恋愛関係・友人関係から学ぶ——　北樹出版
　⇨社会心理学における古典的な理論から最新の知見まで，恋愛・友人関係を題
材としてコンパクトに紹介されています。著者たちが練りに練った身近でク
スッと笑える（ときにはゾクッとする？）エピソードも必読です。

引用文献

Altman, I., & Taylor, D. A. (1973). *Social penetration: The development of inter-personal relationships.* New York: Holt, Rinehart & Winston.

Aron, A., Aron, E. N., & Smollan, D. (1992). Inclusion of Other in the Self Scale and the structure of interpersonal closeness. *Journal of Personality and Social Psychology, 63,* 596-612.

浅野良輔（2017）．ペアデータによる2者関係の相互依存性へのアプローチ　実験社会心理学研究, *56,* 139-141.

浅野良輔・五十嵐祐（2015）．精神的健康・幸福度をめぐる新たな二者関係理論とその実証方法　心理学研究, *86,* 481-497.

Asano, R., Ito, K., & Yoshida, T. (2016). Shared relationship efficacy of dyad can increase life satisfaction in close relationships: Multilevel study. *PLoS ONE, 11*(7), e0159822. doi: 10.1371/journal.pone.0159822

Barrera, M. (1986). Distinctions between social support concepts, measures, and models. *American Journal of Community Psychology, 14,* 413-445.

Bartholomew, K., & Horowitz, L. M. (1991). Attachment styles among young adults. *Journal of Personality and Social Psychology, 61,* 226-244.

Baumeister, R. F., DeWall, C. N., Ciarocco, N. J., & Twenge, J. M. (2005). Social exclusion impairs self-regulation. *Journal of Personality and Social Psychology, 88,* 589-604.

Baumeister, R. F., & Leary, M. R. (1995). The need to belong: Desire for inter-personal attachments as a fundamental human motivation. *Psychological Bulletin, 117,* 497-529.

Berkman, L. F., & Syme, S. L. (1979). Social networks, host resistance, and mortality: A nine-year follow-up study of Alameda County residents. *American Journal of Epidemiology, 109,* 186-204.

Berscheid, E., Snyder, M., & Omoto, A. M. (1989). The Relationship Closeness

Inventory: Assessing the closeness of interpersonal relationships. *Journal of Personality and Social Psychology, 57,* 792-807.

Bolger, N., & Amarel, D. (2007). Effects of social support visibility on adjustment to stress: Experimental evidence. *Journal of Personality and Social Psychology, 92,* 458-475.

Bolger, N., Zuckerman, A., & Kessler, R. C. (2000). Invisible support and adjustment to stress. *Journal of Personality and Social Psychology, 79,* 953-961.

Bowlby, J. (1977). The making and breaking of affectional bonds. *British Journal of Psychiatry, 130,* 201-210.

Bowlby, J. (1988). *A secure base.* New York: Basic Books.

Bushman, B. J., DeWall, C. N., Pond, R. S., & Hanus, M. D. (2014). Low glucose relates to greater aggression in married couples. *Proceedings of the National Academy of Sciences, 111,* 6254-6257.

Byrne, D., & Nelson, D. (1965). Attraction as a linear function of proportion of positive reinforcements. *Journal of Personality and Social Psychology, 1,* 659-663.

Cacioppo, J. T., & Patrick, W. (2008). *Loneliness: Human nature and the need for social connection.* New York: W. W. Norton & Company.
（カシオッポ, J. T.・パトリック, W.　柴田裕之（訳）(2010).　孤独の科学——人はなぜ寂しくなるのか——　河出書房新社）

Christakis, N. A., & Fowler, J. H. (2009). *Connected: The surprising power of our social networks and how they shape our lives.* New York: Little, Brown and Co.
（クリスキタス, N. A.・ファウラー, J. H.　鬼澤忍（訳）(2010).　つながり——社会的ネットワークの驚くべき力——　講談社）

Clark, J. L., Algoe, S. B., & Green, M. C. (2018). Social network sites and well-being: The role of social connection. *Current Directions in Psychological Science, 27,* 32-37.

Cohen, S., & Wills, T. A. (1985). Stress, social support, and the buffering hypothesis. *Psychological Bulletin, 98,* 310-357.

Collins, N. L., & Feeney, B. C. (2000). A safe haven: An attachment theory perspective on support seeking and caregiving in intimate relationships.

Journal of Personality and Social Psychology, 78, 1053-1073.

DeWall, C. N., Finkel, E. J., & Denson, T. F. (2011). Self-control inhibits aggression. *Social and Personality Psychology Compass, 5,* 458-472.

DeWall, C. N., Lambert, N. M., Slotter, E. B., Pond, R. S. Jr., Deckman, T., Finkel, E. J., ... & Fincham, F. D. (2011). So far away from one's partner, yet so close to romantic alternatives: Avoidant attachment, interest in alternatives, and infidelity. *Journal of Personality and Social Psychology, 101,* 1302-1316.

DeWall, C. N., MacDonald, G., Webster, G. D., Masten, C. L., Baumeister, R. F., Powell, C., ... Tice, D. M. (2010). Acetaminophen reduces social pain behavioral and neural evidence. *Psychological Science, 21,* 931-937.

Eisenberger, N. I. (2012). The pain of social disconnection: Examining the shared neural underpinnings of physical and social pain. *Nature Reviews Neuroscience, 13,* 421-434.

Eisenberger, N. I., & Lieberman, M. D. (2004). Why rejection hurts: A common neural alarm system for physical and social pain. *Trends in Cognitive Sciences, 8,* 294-300.

Eisenberger, N. I., Lieberman, M. D., & Williams, K. D. (2003). Does rejection hurt? An fMRI study of social exclusion. *Science, 302,* 290-292.

Erol, R. Y., & Orth, U. (2013). Actor and partner effects of self-esteem on relationship satisfaction and the mediating role of secure attachment between the partners. *Journal of Research in Personality, 47,* 26-35.

Feeney, B. C. (2004). A secure base: Responsive support of goal strivings and exploration in adult intimate relationships. *Journal of Personality and Social Psychology, 87,* 631-648.

Feeney, B. C., & Collins, N. L. (2015). A new look at social support: A theoretical perspective on thriving through relationships. *Personality and Social Psychology Review, 19,* 113-147.

Finkel, E. J., DeWall, C. N., Slotter, E. B., Oaten, M., & Foshee, V. A. (2009). Self-regulatory failure and intimate partner violence perpetration. *Journal of Personality and Social Psychology, 97,* 483-499.

Finkel, E. J., Simpson, J. A., & Eastwick, P. W. (2017). The psychology of close relationships: Fourteen core principles. *Annual Review of Psychology, 68,*

383-411.

Gable, S. L., & Reis, H. T. (2010). Good news! Capitalizing on positive events in an interpersonal context. In M. P. Zanna (Ed.), *Advances in experimental social psychology.* Vol. 42 (pp. 195-257). San Diego, CA: Academic Press.

Gleason, M. E. J., Iida, M., Bolger, N., & Shrout, P. E. (2003). Daily supportive equity in close relationships. *Personality and Social Psychology Bulletin, 29,* 1036-1045.

Granovetter, M. S. (1973). The strength of weak ties. *American Journal of Sociology, 78,* 1360-1380.

橋本剛 (1995). ストレッサーとしての対人葛藤　実験社会心理学研究, *35,* 185-193.

橋本剛 (1997). 大学生における対人ストレスイベント分類の試み　社会心理学研究, *13,* 64-75.

橋本剛 (2005a). ストレスと対人関係　ナカニシヤ出版

橋本剛 (2005b). 対人ストレッサー尺度の開発　人文論集：静岡大学人文学部人文学科研究報告, *56,* 45-71.

東野圭吾 (2002). 白夜行　集英社文庫

東野圭吾 (2007). 幻夜　集英社文庫

五十嵐祐 (2012). メディアコミュニケーションの普及は，私たちに何をもたらしたか？　吉田俊和・橋本剛・小川一美 (編)　対人関係の社会心理学 (pp. 193-215) ナカニシヤ出版

Inagaki, T. K., & Eisenberger, N. I. (2012). Neural correlates of giving support to a loved one. *Psychosomatic Medicine, 74,* 3-7.

Kadushin, C. (2012). *Understanding social networks: Theories, concepts, and findings.* New York: Oxford University Press.
(カドゥシン, C. 五十嵐祐 (監訳) (2015). 社会的ネットワークを理解する　北大路書房)

亀田達也 (2017). モラルの起源——実験社会科学からの問い——　岩波書店

亀田達也・村田光二 (2010). 複雑さに挑む社会心理学——適応エージェントとしての人間——　改訂版　有斐閣

金政祐司 (2009). 青年期の母-子ども関係と恋愛関係の共通性の検討——青年期の二つの愛着関係における悲しき予言の自己成就——　社会心理学研究, *25,* 11-20.

金政祐司 (2010). 中年期の夫婦関係において成人の愛着スタイルが関係内での感情経験ならびに関係への評価に及ぼす影響 パーソナリティ研究, *19*, 134-145.

金政祐司 (2013). 青年・成人期の愛着関係での悲しき予言の自己成就は友人関係でも成立するのか？ パーソナリティ研究, *22*, 168-181.

金政祐司・浅野良輔・古村健太郎 (2017). 愛着不安と自己愛傾向は適応性を阻害するのか？——周囲の他者やパートナーからの被受容感ならびに被拒絶感を媒介要因として—— 社会心理学研究, *33*, 1-15.

Kelley, H. H., Berscheid, E., Christensen, A., Harvey, J. H., Huston, T. L., Levinger, G., ... Peterson, D. R. (1983). *Close relationships*. New York: Freeman.

北村英哉・大坪庸介 (2012). 進化と感情から解き明かす社会心理学 有斐閣

鬼頭美江・佐藤剛介 (2017). 夫婦関係満足感に与える自尊心の影響——夫婦データを用いた APIM による検討—— 実験社会心理学研究, *56*, 187-194.

古村健太郎 (2014). 恋愛関係における接近・回避コミットメント尺度の作成 パーソナリティ研究, *22*, 199-212.

近藤克則 (2017). 健康格差社会への処方箋 医学書院

Leary, M. R., & Baumeister, R. F. (2000). The nature and function of self-esteem: Sociometer theory. In M. P. Zanna (Ed.), *Advances in experimental social psychology*. Vol. 32 (pp. 1-62). San Diego, CA: Academic Press.

Leary, M. R., Kowalski, R. M., Smith, L., & Phillips, S. (2003). Teasing, rejection, and violence: Case studies of the school shootings. *Aggressive Behavior*, *29*, 202-214.

Leary, M. R., Tambor, E. S., Terdal, S. K., & Downs, D. L. (1995). Self-esteem as an interpersonal monitor: The sociometer hypothesis. *Journal of Personality and Social Psychology*, *68*, 518-530.

Lee, J. A. (1977). A typology of styles of loving. *Personality and Social Psychology Bulletin*, *3*, 173-182.

Levinger, G., & Snoek, J. D. (1972). *Attraction in relationship: A new look at interpersonal attraction*. Morristown, NJ: General Learning Press.

Maisel, N. C., & Gable, S. L. (2009). The paradox of received social support: The importance of responsiveness. *Psychological Science*, *20*, 928-932.

Mikulincer, M., & Shaver, P. R. (2016). *Attachment in adulthood: Structure, dynamics, and changes* (2nd ed.). New York: Guilford Press.

Montoya, R. M., Horton, R. S., Vevea, J. L., Citkowicz, M., & Lauber, E. A. (2017). A re-examination of the mere exposure effect: The influence of repeated exposure on recognition, familiarity, and liking. *Psychological Bulletin, 143*, 459-498.

村上春樹 (2015). 色彩を持たない多崎つくると，彼の巡礼の年　文春文庫

Murray, S. L., Holmes, J. G., & Griffin, D. W. (2000). Self-esteem and the quest for felt security: How perceived regard regulates attachment processes. *Journal of Personality and Social Psychology, 78*, 478-498.

中村佳子・浦光博 (1999). 適応および自尊心に及ぼすサポートの期待と受容の交互作用効果　実験社会心理学研究, *39*, 121-134.

Nowland, R., Necka, E. A., & Cacioppo, J. T. (2018). Loneliness and social internet use: Pathways to reconnection in a digital world? *Perspectives on Psychological Science, 13*, 70-87.

Putnam, R. D. (2000). *Bowling alone: The collapse and revival of American community.* New York, NY: Simon & Schuster.
(パットナム, R. D. 柴内康文 (訳) (2006). 孤独なボウリング──米国コミュニティの崩壊と再生──　柏書房)

Reis, H. T., Aron, A., Clark, M. S., & Finkel, E. J. (2013). Ellen Berscheid, Elaine Hatfield, and the emergence of relationship science. *Perspectives on Psychological Science, 8*, 558-572.

Reis, H. T., Smith, S. M., Carmichael, C. L., Caprariello, P. A., Tsai, F. F., Rodrigues, A., & Maniaci, M. R. (2010). Are you happy for me? How sharing positive events with others provides personal and interpersonal benefits. *Journal of Personality and Social Psychology, 99*, 311-329.

Rubin, Z. (1970). Measurement of romantic love. *Journal of Personality and Social Psychology, 16*, 265-273.

Rusbult, C. E. (1980). Commitment and satisfaction in romantic associations: A test of the investment model. *Journal of Experimental Social Psychology, 16*, 172-186.

Rusbult, C. E. (1983). A longitudinal test of the investment model: The development (and deterioration) of satisfaction and commitment in heterosexual involvements. *Journal of Personality and Social Psychology, 45*, 101-117.

Shaver, P. R., & Hazan, C. (1988). A biased overview of the study of love.

Journal of Social and Personal Relationships, 5, 473-501.

清水裕士・大坊郁夫（2008）．恋愛関係における相互作用構造の研究——階層的データ解析による間主観性の分析—— 心理学研究, *78,* 575-582.

Smart Richman, L., & Leary, M. R. (2009). Reactions to discrimination, stigmatization, ostracism, and other forms of interpersonal rejection: A multimotive model. *Psychological Review, 116,* 365-383.

相馬敏彦・浦光博（2007）．恋愛関係は関係外部からのソーシャル・サポート取得を抑制するか——サポート取得の排他性に及ぼす関係性の違いと一般的信頼感の影響—— 実験社会心理学研究, *46,* 13-25.

相馬敏彦・山内隆久・浦光博（2003）．恋愛・結婚関係における排他性がそのパートナーとの葛藤時の対処行動選択に与える影響 実験社会心理学研究, *43,* 75-84.

Sternberg, R. J. (1986). A triangular theory of love. *Psychological Review, 93,* 119-135.

Sternberg, R. J. (1997). Construct validation of a triangular love scale. *European Journal of Social Psychology, 27,* 313-335.

高木修・竹村和久（編）（2015）．無縁社会のゆくえ——人々の絆はなぜなくなるの？—— 誠信書房

谷口弘一・浦光博（2003）．児童・生徒のサポートの互恵性と精神的健康との関連に関する縦断的研究 心理学研究, *74,* 51-56.

Twenge, J. M., Baumeister, R. F., Tice, D. M., & Stucke, T. S. (2001). If you can't join them, beat them: Effects of social exclusion on aggressive behavior. *Journal of Personality and Social Psychology, 81,* 1058-1069.

Walster, E., Aronson, V., Abrahams, D., & Rottman, L. (1966). Importance of physical attractiveness in dating behavior. *Journal of Personality and Social Psychology, 4,* 508-516.

Williams, K. D. (2007). Ostracism. *Annual Review of Psychology, 58,* 425-452.

Zajonc, R. B. (1968). Attitudinal effects of mere exposure. *Journal of Personality and Social Psychology, Monograph Supplement, 9,* 1-27.

第5章 対人コミュニケーション
——伝えること・伝わること の再考

コミュニケーションという言葉は，普段からよく見聞きするものです。学校や家庭で他者と対面でのやりとりをする，友人とメールのやりとりをする，テレビなどのマス・メディアからの情報に接する，というように，私たちの生活はコミュニケーションであふれています。以上に挙げた例はすべてコミュニケーションです。本章では，これらの中でも，対人関係におけるコミュニケーションである「対人コミュニケーション」に焦点を当てることを通して，人の心について考えていきたいと思います。

1 コミュニケーションとは

コミュニケーション (communication) という語の語源は何でしょうか。中島・寺澤 (1970) は，communication の動詞である communicate の語源はラテン語の communicatus (communicare の過去分詞) であり，その意味は「多くの人に共通のものとすること，他者と共有すること」と説明しています。「共通のもの」は common の訳，「共有する」は share の訳です。この語源のことを念頭に置きながら，コミュニケーションについて考えていきたいと思います。

1-1 コードモデル
コミュニケーションの古典的説明

コミュニケーションについて解説してある書籍では，コミュニケーションとは何か，といった説明とともに，図5-1のような図が掲載されていることが多

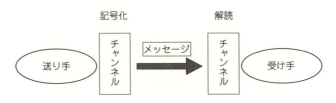

図 5-1　コミュニケーションの古典的な説明

いと思います。それらの図を最大公約数的に表現すると図 5-1 のようになるで
しょう。

　この図は，送り手から受け手に，チャンネルを通してメッセージが伝達され
ることを示しています。多くの説明に共通しているのは，コミュニケーション
の場において，何らかの情報の流れを想定しているところです。流れ＝矢印が
記載されない図はまずみかけません。情報の流れがコミュニケーションの必須
要件になっているということです。

　ここでまず，図 5-1 に記載されているコミュニケーションの要素について説
明しておきます（こうした説明もまた古典的です）。まず，**送り手**とは，メッセー
ジを送信する側，**受け手**はそれを受ける側，です。**チャンネル**とはメッセージ
の通り道のことを指します。たとえば，送り手が怒って，怒りの表情を見せる，
という状況を考えましょう。「見せる」ということですから，視覚的なチャン
ネルを通して怒りのメッセージを伝え，それに対して受け手もまた，視覚的チ
ャンネルを通して（つまり見ることを通して）それが怒りであることを認識しま
す。なお，コミュニケーションの場において，送り手と受け手が必ずしも同一
のチャンネルに意識を向けているとは限りません。たとえば，ほぼ無言で怒り
の表情を見せている送り手に対して，受け手の側は，その顔を見ずに荒い鼻息
をキャッチする，つまり聴覚的チャンネルを用いる場合もあるでしょう。また，
この場合，送り手の怒りを，「怒りの表情」という，受け手が理解できる形に加
工して発信することを**記号化**といい，それを受け手の方で「相手が怒ってい
る」というように解釈することを**解読**といいます。もちろん，解読は送り手の
意図する通りになされるとは限りません。そして，送り手によって記号化され

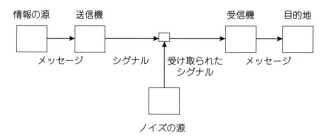

図5-2 シャノンとウィーバーのモデル
（出所）Shannon & Weaver（1949）

表出された全体がメッセージです。怒りの表情という視覚的要素に加え，鼻息の荒さといった聴覚的要素，怒りの言葉も同時に伝達されるでしょうから，そうした意味で「全体」ということです。

コードモデル

こうした図の源流には，**コードモデル**（コード-メッセージモデル）と呼ばれるよく知られたシャノンとウィーバーのモデル（Shannon & Weaver, 1949）がありますが（図5-2），図にはコードという語がありません。コードとは，メッセージを理解するために必要な共有の文法の知識などを指します。私たちは，基本的には文法などのルールにのっとってコミュニケーションを営んでいます。

シャノン他は，このモデルを人間に限定しているわけではありませんが，モデルの説明の中で，「話す」ことを例に挙げています。話す場合，「情報の源」は脳，「送信機」は声を出すメカニズム（送信機がメッセージを記号化します），「シグナル」は音圧の変化，チャンネルは空気であり，空気を通してシグナルが伝わり，相手の耳，神経が「受信機」であると述べています（原図には記載はないのですが，真ん中の小さい四角が「チャンネル」です）。この図5-2に対して，後世の人がそれぞれに味付けをしていると考えられます。すべては，この親モデルからの派生といっても過言ではないでしょう。

1-2 コードモデルを超えて

コミュニケーションのとらえ方

　以上のような古典的説明を，筆者自身も事典でしています（村井，2007）。一方，筆者（村井，2015）は，ビーブ他（Beebe, Beebe, & Redmond, 2008）の論考をもとに，コミュニケーションのモデルの歴史的な変遷についてもみています（図5-3）。図5-1のような，送り手Aから受け手Bへのメッセージの流れという一方向性を含意するモデルから始まり（図5-3a），メッセージに対してメッセージが返されるというモデル（図5-3b），そして，送り手Aが受け手Bにメッセージを発することで，BのみならずA自身にも影響するという**トランザクションモデル**（transactional model）（図5-3c）です。たとえば，送り手Aが受け手Bに好意を寄せ口説くという状況では，AはA自身が発する言葉に対するBの反応をつぶさに観察し，言うセリフや態度をその都度微調整するでしょう。コミュニケーションはときにキャッチボールにたとえられますが，キャッチボールをイメージしてしまうと，AがBにボールを投げ，その後そのボールがBからAに投げられる，という単方向のやりとりの連鎖をイメージしてしまいます。ですが，現実世界では，いろいろなことが一気に生起しコミュニケーションが進み，メッセージがつねに形を変えながら創造されていくのです。

A ━━━━━━━━▶ B

a　行為としてのコミュニケーション：メッセージの伝達

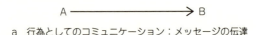

b　相互作用としてのコミュニケーション：メッセージの交換

c　トランザクションとしてのコミュニケーション：メッセージの創造

図5-3　コミュニケーションのモデル

（出所）Beebe et al.（2008）

　しかし，じつはシャノンとウィーバー自身も，けっして図5-3aのようなコミュニケーションを考えていたわけではなかったのです。表面上，図5-2は図5-3a的ではありますが，原典（Shannon & Weaver, 1949）では「コミュニケーションという語は，非常に広い意味で用いられ，ある心が別の心に影響する手続きのすべてを含む」と述べているのです。さらに広い定義として「あるメカニズムが別のメカニズムに影響することによる手続き」とも述べています。その例として，航空機を追跡しその後の位置を予想する自動装置（「あるメカニズム」）が，この航空機を追跡する誘導ミサイル（「別のメカニズム」）に影響する，というものを挙げています。航空機を追跡することで着々と更新される情報をもとに，誘導ミサイルはその都度軌道を修正しつつ航空機に近づくわけで，普段のコミュニケーションでも，私たちは，時々刻々と変化する話し相手から得られる情報をもとに自身の振る舞いを調整し，相手に理解してもらおう，相手を理解しよう，などの「目的地」に向かいます（必ずしもそういった明確な目的がないコミュニケーションもあります）。以上の航空機の例では，その結末は「撃墜」ではありますが，コミュニケーションの現場では，「撃墜」をたとえば「理解」に置き換えることができるでしょう。

受け手の推論

　一方で，コードモデルは，図5-2にあるようにノイズを想定しているとはいっても，基本的には，バケツリレーのように，同じもの（情報）が（図5-2でいえば）左から右へと流れていくということを考えています。送り手が伝えたいことが，そのまま受け手に伝わるということです。日本語話者の対面での会話を想定すれば，コード，ここでは日本語文法が，送り手，受け手の双方に備わっていれば，問題なく，「送り手の伝えたいこと」イコール「受け手の理解」になります。しかし実際には，両者がイコールということはなく，バケツの水が途中でこぼれたり，伝達対象がいつの間にかバケツではなくなったりするわけです。また，送り手の発したメッセージに対し，受け手の側では，額面どおりではなく，文脈を踏まえて様々な解釈をしたりします。つまり推論を用いるわけですが，こうしたモデルを**推論モデル**といいます。松井（2008）は，自閉症

の人たちは，「ご飯を食べに行こう」というと「お米だけ食べておかずは食べないのかな」と字義どおりに解釈するというように，コードモデル型のコミュニケーションをとることがある，と述べています。推論を用いた字義どおりではない解釈が，普段のコミュニケーションにおいていかに重要な機能をもっているかについて示す例ですね。冒頭で，communication という語の語源に「共通」「共有」があることを述べましたが，送り手の「ご飯を食べよう」に対して受け手の理解が「お米だけ」では，「共有」は達成されておらず，コミュニケーションが成立していないことになります。

　もちろん，ご飯＝お米，の意味になる状況もあります。石川（2012）は「辞書にはひとつの見出し語に対していくつもの説明が書かれているが，どの意味がどの状況で使用されるかは書かれていない」と述べています。コードモデルで言えば，人間のもつ「受信機」は，たんなる辞書のようなものではないことがわかります。インターネットのサイトで外国語の自動翻訳を試みた結果，おかしな日本語が出てくるという経験をした方は多いと思いますが，石川（2012）は，翻訳は単語の置き換えと文法の組み換えだけでは済まないものであり，人間的な意味作用の重要さを指摘しています。人間の普段の何気ないコミュニケーションにおいても，受け手の解読という，コンピュータには容易に達成できない能動的な働きが関与しているのです。

1-3　コミュニケーション観

　以上の説明から，普段何気なく営んでいるコミュニケーションにも，いろいろと考えるポイントがあるということがわかると思います。コミュニケーションは，たんなる情報のやりとり以上の，とても広い現象を指すのです。たとえば，送り手の送信の仕方，受け手の理解，受け手の人となり，コミュニケーションの状況，など，いくつものポイントが思い当たるでしょう。ですから，「私の専門はコミュニケーションです」「私はコミュニケーションを研究しています」と言うと，それは結局のところ何も指していないに等しいということにもなります。皆さんは誰しも，コミュニケーションの従事者です。学術の世界で

表5-1　伝統的なコミュニケーション観に共通する原理

（ⅰ）情報伝達を前提とする
（ⅱ）意図を前提とする
（ⅲ）共在を前提とする
（ⅳ）行動を前提とする

（出所）定延（2015）

呈示されるコミュニケーションのモデルも，どれも一つの説明にすぎないわけですから，皆さんも，皆さん自身の普段のコミュニケーションを振り返り，オリジナルのコミュニケーションのモデルを考え，友人同士で比較してみると面白いかもしれません。そのモデルには，皆さん自身のコミュニケーション観が表れていることでしょう。コミュニケーション観を意識することで，新たな気づきが得られるかもしれません。定延（2015）は，表5-1のように，これまでの伝統的なコミュニケーション観に多かれ少なかれ共通する原理として四つを挙げています。これらはすべて，私たちが当たり前に考えているコミュニケーションの原理だと思います。そうした点について，定延（2015）は疑問を呈しています。こうした論点はつまり，「コミュニケーションとはそもそも何か」ということについて考えることです。ですが，心理学では，じつのところ，この点について深掘りすることはあまりありません。そこで，「コミュニケーションとは何か」という点については，ひとまずかっこに入れた上で，以下，主に心理学における対人コミュニケーション研究についてみていきたいと思います。

上記1で説明された内容について，どの程度「あるある」「なるほど」と思ったか，評価してみよう。

とてもそう思った（5）〜まったくそう思わなかった（1）

1．あるある　　5　　4　　3　　2　　1
2．なるほど　　5　　4　　3　　2　　1

以上の評価を踏まえ，上記1を参考に「コミュニケーション」に関する自分なりの定義を書いてみよう。

---

2 言葉による対人コミュニケーション・
　言葉によらない対人コミュニケーション

　以上では，コミュニケーション全般について述べてきました。とはいっても，実質的には対人コミュニケーションについて取り上げています。以降では，より明示的に，対人コミュニケーションについてみていきたいと思います。

　対人コミュニケーションとは，対人関係におけるコミュニケーションであり，個人と個人との間で展開されるコミュニケーションのことです（必ずしも二人でなくてもかまいません）。それでは，テレビなどのマス・メディアはどうでしょうか。第6章で述べられる**マス・コミュニケーション**は，「マス・メディアから発信された情報が受け手に伝播し，影響を及ぼす過程」（小城，2004）です。対人コミュニケーションとマス・コミュニケーションはともにコミュニケーションですが，スケールの違いがあるわけです。コミュニケーション研究は，対人コミュニケーション研究，マス・コミュニケーション研究に大別され，加えて組織の中のコミュニケーション研究が多少ある，という構図になっています（池田，2008）。組織の中のコミュニケーションとは，たとえば，学級の中の生徒相互のコミュニケーションだったり，会社内の社員相互のコミュニケーションだったりと，対人コミュニケーションのスケールをやや広げたものです。組織内コミュニケーション，あるいは文脈によっては集団内コミュニケーションとも呼ばれます。対して，組織と組織の間のコミュニケーションは組織間コミュニケーション，文脈によっては集団間コミュニケーションとも呼ばれます。たとえば，会社間のコミュニケーション，国家間のコミュニケーション，など様々あります。以上は主に，組織心理学，集団心理学の対象です。これらのコミュニケーションを下支えするのが，コミュニケーションの最小単位ともいえる対人コミュニケーションなのです。

　さて，以下では対人コミュニケーションに関して，主に言語・非言語の観点からみていくことにしましょう。なお，用語の使用なのですが，「コミュニケーション」という語に逐一「対人」の語を冠するのも煩雑ですので，以下，原

則として,「対人コミュニケーション」を指して「コミュニケーション」と表記することにします。

2-1 言語的コミュニケーション・非言語的コミュニケーション

伝達される様々なメッセージ

先に,怒りを例に,怒りの表情,鼻息の荒さ,怒りの言葉,という3種類が,送り手から受け手に伝達される例を出しました。怒りの表情は視覚的要素,鼻息の荒さは主に聴覚的要素,一方,怒りの言葉には言葉そのもの,つまり言葉の意味内容もあれば,言葉に付随する声の高さや話す速度もあります。言葉に付随するものとしては,間のとり方などもそうでしょう。これら様々なものが対面場面において伝達される可能性があります。このように,伝達されるメッセージには様々な種類があります。どんな種類があるか,具体的にみていきましょう。

図5-4は,エリスとビーティ(Ellis & Beattie, 1986)の図を簡略化したものです(原典では図ではなく表。より詳しい説明は原典,または村井(2005)を参照)。エリスとビーティは,人間のコミュニケーションを,言語,韻律,パラ言語,動作,静的特徴の五つに分け,それらはさらに言語と非言語に分かれるとしています。この種の図はいろいろな本にあるのですが,この図はシンプルでよいと思います。

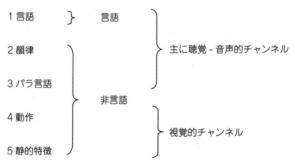

図 5-4 人間のコミュニケーションのシステム
(出所)Ellis & Beattie(1986)を一部改変

言語とは文字通り，話された言葉です。韻律とは，「語尾を上げる」など，言語学的に規定される，リズム，抑揚などです（プロソディと呼ばれることもあります）。パラ言語とは，フィラー（「えっと」「うーんと」などの，いわゆる「つなぎ言葉」）や話すときの明るいトーンなど，言語学的に規定されない，言葉に付随するものです（近言語と呼ばれることもあります）。韻律とパラ言語とは，社会心理学ではまとめて「パラ言語」とされることが多いですが，エリスとビーティは使い分けています。動作とは文字通り，体の各部分の動きであり，静的特徴とは，年齢，衣服など，静的＝「固定」されているものです。これらのうち，「言語」以外の，「韻律」から「静的特徴」までが非言語です。そして，言語，韻律，パラ言語は，「聞く」わけですから，主に聴覚-音声的チャンネルを通って伝達され，動作，静的特徴は，「見る」わけですから，視覚的チャンネルを通って伝達されます。

言語と非言語

人間は，様々な言語的行動，非言語的行動を示しますが，それらがコミュニケーション場面で表出された場合が，言語的コミュニケーション，非言語的コミュニケーションです。つまり人間は，対面のコミュニケーションでは，身振り手振りを交えてしゃべるというように，言語的コミュニケーション，非言語的コミュニケーションの双方に同時に従事していることがほとんどです。しかしながら，社会心理学で多く研究されているのは，非言語的コミュニケーションです。「言語ではわからないことが非言語に現れる」という信念が広く浸透しており，それに沿う形の研究数になっていることと思われます。とはいえ，私たちの普段のコミュニケーションが主として言語でなされることからしても，言語的コミュニケーションについての研究も大切であることに疑いないのですが，ここでは文献を挙げるにとどめたいと思います。岡本（2010, 2013）が，この分野の重要な邦語文献になっています。言語に関する社会心理学，すなわち言語社会心理学といわれる分野です。

2-2　視線行動と嘘

嘘つきは目が泳ぐのか

　非言語と一口に言っても，たくさんの行動があります。ここでは**視線行動**を取り上げてみましょう。視線に関する研究は，非言語研究の中でもとくに多いです。私たちが普段から視線の影響力を強いものと感じていることが一因でしょう。実際，「目は口ほどに物を言う」といわれます。

　さて，視線行動といっても，どんな文脈での視線行動なのか，という点があります。恋愛関係にある二人がどのような視線行動を示すのか，初対面時の視線行動がどのような様相なのか，など，様々な視線行動がありますが，ここでは，「目は口ほどに物を言う」に関連して，嘘と視線行動についての研究を紹介しましょう。

　人は嘘をついているときに目が泳ぐものだ，とよくいわれます。目が泳ぐ，ですから，視線行動ですね。はたして，本当に目が泳ぐのでしょうか。結論からいえば，泳ぎません。目を見れば嘘をついているかどうかわかる，というのは誤った信念です。

　ヴライ（Vrij, 2008 太幡・佐藤・菊地監訳 2016）は，嘘と視線の関係を検討した諸研究をまとめていますが，その多くにおいて，嘘をついている人とそうでない人の視線行動に差がないことを見出しています。また，ヴライは，同書で，嘘と非言語的行動の関連について検討した多くの先行研究を振り返る中で，「二つの特筆すべき知見」を挙げているのですが，そのうちの一つが視線行動についてです。すなわち，「視線行動と嘘とは関係がない」という結果です。これは，「目は口ほどに物を言う」に対立する考え方なので，特筆すべきものなのです。視線行動と嘘とは関係がないことの理由が二つ挙げられており，第一に，視線はコミュニケーションで利用価値が高いため利用に慣れている，したがってコントロール可能であるため，第二に，視線は嘘と関連しない多くの要因（好きな人とのアイコンタクトなど）と関連するため，としています（視線は意図的に変えることができますし，視線が関係するのは何も嘘だけではありません）。世界中の多くの人が「嘘は目を見ればわかる」と考えていること（The Global

表5-2 嘘と視線の方向性の関連

	真実条件	嘘条件
左上凝視	0.012	0.007
左上チラ見	0.040	0.029
右上凝視	0.019	0.017
右上チラ見	0.044	0.047

（注）表中の数値は1秒あたりの平均回数。
（出所）Wiseman et al.（2012）のTable1を一部改変

Deception Research Team, 2006）からしても，この「常識」を打ち砕く研究結果は興味深いです。たった一つの研究に依拠した結論ではなく，多くの先行研究を全体的にみた上での結論というのも重要な点です。相手が嘘をついているかどうかについて，目だけを見て判断してはいけません。無用な誤解は対人関係を崩壊させます。

嘘と視線の方向に関連はあるのか

　以上は，嘘と視線行動全般の関連ですが，嘘と視線の関係については，より細かいことをいわれることがあります。これも誤った信念なのですが，「左上をみている＝思い出している＝本当」「右上をみている＝話を作っている＝嘘」という信念が流布しているようです。ヴライ（Vrij, 2008 太幡他監訳 2016）はこの考えについても，もちろん否定していますし，直接的にこの点について検討している研究もあります。ワイズマン他（Wiseman et al., 2012）は三つの実験を行っているのですが，表5-2はそのうちの一つ，実験1の結果です。表の数字は1秒あたりの平均回数ですが，嘘をついている場合と真実を話している場合とで，数値にほとんど差がないことがわかります。このように，差がないことを示すのも立派な研究です。差があることの立証ばかりに研究の意義を見出すのは誤りです。差がある研究もあれば，差がない研究もある，それらをともに世に出さないと，人間理解に支障が出てしまいます。ともあれ，現時点での心理学研究が明らかにするところとしては，嘘と視線行動には関係がない，ということになります。

2-3　対人コミュニケーションにまつわる思い込み

クリティカルシンキング

　以上のワイズマン他の研究はもちろん一つの結果であり，先に引用したヴラ

イのように数多くの研究結果を全体的にみているものではないですが，一般に流布している考えに一石を投じるものです。何が何でも科学というわけではありませんが，常識を疑い，それを科学的に検証するというのは重要なことです。

　以上のような研究結果があるものの，「左上を見ている＝本当」「右上を見ている＝嘘」という情報は，インターネット上に多くみられます。このように，この件に限らず，関係がないのに関係あると思われていることは多いのですが，インターネットの影響力は絶大です。誤った情報であっても，正しい情報であっても，ともにネット上で広がっていくのです。インターネットでのコミュニケーションにおける受け手の側の解読には，**クリティカルシンキング**（何事も無批判に信じ込んでしまうのではなく，問題点を探し出して批評し，判断すること（道田・宮元・秋月，1999））が要求されます。よく吟味しないといけない，ということです。

条件を無視することの怖さ

　非言語的行動に関連して一つ例を挙げましょう。『人は見た目が9割』というとてもよく売れた本があります（竹内，2005）。そこには，

「アメリカの心理学者アルバート・マレービアン博士は人が他人から受けとる情報（感情や態度など）の割合について次のような実験結果を発表している。

○顔の表情　55％
○声の質（高低），大きさ，テンポ　38％
○話す言葉の内容　7％

　話す言葉の内容は7％に過ぎない。残りの93％は，顔の表情や声の質だというのである。」

と書かれています。この内容は，印象的な書名とともに，多くの人に知られるところになったと思います。この内容の源はメラビアン（Mehrabian, 1971, 1972）でしょう。原著（Mehrabian, 1972）をみてみますと，たしかにこれらの数値は書かれているのですが（過去の複数の研究から導出された値です），該当箇所

の見出しには「矛盾したメッセージの解釈」とあります。つまりこの「55, 38, 7」という割合は, 送り手から発せられるメッセージが矛盾するとき限定の話なのです。実際に原著で挙がっている例は,「たとえ言葉がポジティブであっても, ネガティブな声がメッセージの全体的な意味を規定する」ですが, これは言葉と声が矛盾するケースです。「矛盾したメッセージの解釈」という大事な前提条件が取り払われて, 数字だけが一人歩きしてしまっているのが現状なのです。ギロビッチ (Gilovich, 1991 守・守訳 1993) は, 人間が付帯条件を無視する傾向にあることについて述べていますが, まさにその通り, 小さな条件が除外され, せっかくの知見が間違った形で流布してしまったのです。もはや火消しはできないでしょう。研究の遂行, 研究の紹介には社会的責任が伴うのです。極端な話, 自他ともに認めるルックスのよい学生が, 同書を読み「話す内容など関係ないのから, ゼミの今度の発表は, 事前の準備などしてもしょうがない」などと考えたら, 大変です。

　条件を無視してしまう問題は, 研究結果の説明に限ったことではなく, コミュニケーションにおいても重要です。Aさんに「Bさんがこれこれと言った」と説明する場合に,「Bさんがどのような状況でそう言ったのか」という条件は「はしょる」傾向にあると思いますが, こうした文脈から切り離された発言は, ときに誤解のもとになります。しかし, 実際のコミュニケーションでは, その場の流れというものがありますから, 逐一詳しく説明することもまた叶わないという現実もあります。

嘘を見破ることはできない

　話を嘘に戻して, 本節の最後に, そもそも嘘は見破ることはできないということに触れておきましょう。嘘を見破る正確さについて繰り返しいわれることなのですが, 多くの先行研究を概観すると, 人は嘘を見破ることが不得手で正答率は50%を少し超える程度です (Bond & DePaulo, 2006)。嘘は視線からは見破ることができない, そしてそもそも嘘は見破ることはできないというのが, 人間なのです。

　なお, 本節では最初にコミュニケーション全般について述べましたが, 以上

みてきたように，コミュニケーション＞非言語的行動＞視線行動＞視線の方向，というように，範囲がどんどん狭まっていったことがおわかりいただけたと思います。実際の研究では，コミュニケーションに限らず，このようにターゲットを絞って検討するのです。

　上記2で説明された内容について，どの程度「あるある」「なるほど」と思ったか，評価してみよう。

とてもそう思った（5）〜まったくそう思わなかった（1）

1．あるある　　　5　　4　　3　　2　　1
2．なるほど　　　5　　4　　3　　2　　1

　以上の評価を踏まえ，上記2を参考に，相手が嘘をついていると強く感じた経験を思い出し，なぜそう感じたのかについて，考えてみよう。

---

3 対人コミュニケーションの実態

　前節では，言語・非言語という，コミュニケーションにおけるよく知られたトピックについて説明しましたが，本節では，ややマイナーでありつつも，普段の生活で実際に経験すると思われる現象について説明していきます。

3-1　対人コミュニケーションにおける参加者相互の影響

コミュニケーション調節理論

　先に，コミュニケーションはたんなるキャッチボールではないということに言及しましたが，コミュニケーションのダイナミックな様相を示す例として，**コミュニケーション調節理論**について述べましょう。以下，村井（2005），岡本（2010）をもとに説明していきます。なお，岡本（2010）は**話体調節理論**，池田・唐沢・工藤・村本（2010）は**話体応化理論**という表現を用いていますが，これらは speech communication theory（Giles & Powesland, 1975）の訳語です。話体調節理論は，その後，コミュニケーション調節理論へと発展しますので

表 5-3 コミュニケーション調節理論の概念

収束	個人が，相互作用の相手に似るように，言語的・パラ言語的・非言語的特徴を適合させたり修正したりする方略
分離	自分と他者の話し方・非言語的行動の違いを強調するために利用する方略
維持	相互作用の相手が調節するように働きかけても，自分のもともとの話し方のスタイルを続けるという，収束でも分離でもない方略

図 5-5 コミュニケーション調節理論における収束・分離・維持のイメージ図

(Shepard, Giles, & Le Poire, 2001)，もっとも包括的な名称はコミュニケーション調節理論だと思われます（村井（2005）は総称として「調節理論」の語を用いています）。もっとも，本項で説明したいのは本理論の核となる概念のみですので，どの名称を用いても大きな支障はありません。

普段のコミュニケーションで，相手の話し方がうつったり，あるいはまた，あえて相手の話し方から遠ざかったりということがあると思います。恋人同士であれば，関係が進展するにつれ，自然と口調が似てくることはあるでしょうし，出身地への想いが強い人が上京した際に，生まれた土地の方言をことさらに強調して話す局面もあるでしょう。このように，コミュニケーションにおける話し方がどのように修正されていくかについて説明する理論がコミュニケーション調節理論です。

コミュニケーション調節理論における重要な概念として，**収束**，**分離**，**維持**，があります（表5-3）。順に，相手に似てくる，相手から遠ざかる，変わらない，というものです（図5-5）。

収束，分離，維持はいずれも，**客観的調節**です。表に現れる，実際の行動ということです。一方で，**主観的調節**もあります。たとえば，コミュニケーショ

ンの参加者同士で，意図が似てくる，
あるいは遠ざかるといった，表に現れ
ない場合です。客観的調節と主観的調
節をクロスさせた場合について，ジャ
イルス他（Giles, Coupland, & Coupland,
1991）は表5-4に示される四つのケー

表 5-4　主観的・客観的次元からみた調節

		主観的調節	
		収束	分離
客観的調節	収束	A	B
	分離	C	D

（出所）Giles et al.（1991）

スについて述べており，四つのセルA〜Dについて，AとDは送り手の信念
（主観）が客観と調和しているが，Cについては誤帰属が生じているとしていま
す。すなわち，移民が話す言葉を例に挙げながら，送り手の言葉が客観的には
（母語から）分離していても（移住先の言葉を話していても），それを聞く受け手
の人（もともと現地にいる人）にはそうは思えず，別の方言に収束していると認
知されるケースがあると述べています（ちなみに，セルBについてはまだ実証研
究がないとしています）。ジャイルス他（Giles et al., 1991）はこの点についてステ
レオタイプの関与を示唆しています。なお，これらは，収束と分離というよう
に，「真逆」のケースですが，そこまでいかなくとも，調節が過剰であったり
（過剰調節），逆に不十分であったり（過小調節）すること（Shepard et al., 2001）
は多いと思います。関西の人は，関東出身の人がネイティブ関西人と同じよう
に話しているつもりの関西弁に中途半端さ，すなわち過小調節を感じることが
あるのではないでしょうか。

会話の中で互いに影響し合う

　コミュニケーション調節理論を出さずとも，コミュニケーションの参加者間
において様々なレベルで互いに影響し合っていることは，普段のコミュニケー
ションを振り返ると了解可能だと思います。たとえば，会話の内容を例に挙げ
ると，小川（2008）は，初対面の女性二人の会話において，一方が自己開示を
行うと他方も自己開示を行うというパターン（自己開示の返報性）を見出し，そ
れがセッションの進行とともに増加するという知見を得ています（第1章参照）。

　コミュニケーションにおいて，会話内容，話し方，などがお互いに影響する
わけですから，たとえば，収束・分離・維持の様子をモニターしながら，コミ

ュニケーションの場で何が起こっているのか，ときに俯瞰的視点をもつ必要も
あると思います。たとえば，会話の中で，自分の話し方のテンポと相手のそれ
が何となく似てきたのであれば，ある種の心の通じ合いを認識することになる
でしょう。もちろん，つねに俯瞰的視点でコミュニケーションを営んでいては
相手に失礼ですし，何よりコミュニケーションが楽しめません。普段のコミュ
ニケーションの基本は「楽しむ」ということだと思います。ですから，あくま
でときどき俯瞰してみましょうということです。そうした視点の確保は，コミ
ュニケーションにおける困った事態の打破に寄与するかもしれません。

　「困った事態」についていくつか例を挙げてみましょう。話の長い人，まく
し立てて話すような人にどう対処したらよいでしょうか。イライラするあまり
自分もまくし立てるように話してしまうと，相手はその話し方に収束して，さ
らにまくし立ててくるかもしれませんね。これでは火に油です。そんなときは，
一呼吸置いて，あえてゆっくり話してみるのはどうでしょうか。

　英会話に苦手意識をもっている人が，ネイティブと話すとき，どのようにし
たらよいでしょうか。英語の苦手な人は，苦手意識ゆえ，焦って速く話してし
まうことがあります。その場合，ネイティブもそれに収束し，ますます速く話
し出し，なおいっそう英語が理解できなくなるという悪循環に陥ってしまうか
もしれません。ここでもやはり一呼吸でしょう。

　なお，以上の二つの例は，同調傾向，同調，同期，シンクロニーといった現
象として扱われることもあります。**同調傾向**とは「相互作用の過程で相互作用
者のコミュニケーション行動が互いに同期したり，類似化したりすること」
（中村・長岡，2009）であり，各種研究において，様々な状況，チャンネルにつ
いて検討されています。

3-2　ミス・コミュニケーション

誤　解

　先に引用した岡本のある著書（岡本，2013）のメインタイトルは『言語の社会
心理学』で，副題は「伝えたいことは伝わるか」です。日々のコミュニケーシ

表5-5　誤解のタイプ

誤解のタイプ	例
聞き間違いによる誤解	「まつお」さんを「ますお」さんと聞き間違い
意味や概念の取り違え	「ICレコーダー」と聞いて「MDレコーダー」と取り違え
数量に関する誤解	「ちょっと砂糖を入れて」の「ちょっと」の量の誤解
指示語等に関する誤解	「それ取って」と言って，異なるものを手渡される
推意に関する誤解	「お金がない」と言い，行きたくない飲み会を断るも「おごるから」と言われる
対人配慮に関する誤解	本気で褒めたのに皮肉と受け取られる

（出所）岡本（2013）

ョンでは，伝えたいことは伝わっているでしょうか。もちろん，伝わることもあるでしょうし，伝わらないこともあるでしょう。コミュニケーションについての説明は，しばしばコードモデルなどをもとになされるわけですが，そこでは「伝わる」ということを暗黙裡に仮定していることの方が多いように思います。あるいは，そう仮定していなくとも，コードモデルの図そのものが，伝わるというニュアンスを醸し出している，ということはあるでしょう。しかしながら，実生活では，むしろ伝わらないことの方が多いかもしれません。

　まず，**誤解**について考えてみましょう。岡本（2013）は，表5-5のように，誤解のタイプを挙げています。これらは，冒頭に述べたコミュニケーションの語源にある要素である「共通」「共有」の妨げになりますね。皆さん自身が経験した誤解についても，友人同士で話してみると面白いでしょう。

ミス・コミュニケーションとコミュニケーションの包含関係

　以上は，誤解という局所的な視点でしたが，「誤り」のスケールを広げてみましょう。ミス・コミュニケーションです。

　ミス・コミュニケーションとは，表5-6のような諸問題を含むコミュニケーションです。たんなる聞き違いから何から，様々な広がりを含む概念であることがわかるでしょう。似た用語としてディスコミュニケーションがありますが，これは，言語的相互作用のたんなる失敗や食い違いではなく，何らかの「あるべき状態」からのズレに焦点化した和製英語です（山本・高木，2011）。

表5-6　ミス・コミュニケーション

A. 送り手が伝えようと意図したふうには受け手に伝わらなかった：歪んで伝わった，伝えるつもりのことが伝わらなかった，また，伝えるつもりがないのに伝わった。
B. 事態が実際とは異なった形で受け手に認識された。
C. 送り手の伝えたことが，意図的にせよそうでないにせよ，受け手への配慮を欠いた。
D. 送り手，受け手の感情が損なわれた。一時的な対立が生じた。
E. 送り手の意図した効果（説明，勧誘，説得など）が受け手に及ばなかった。
F. 課題の遂行に支障が出た（遅滞した，まちがいが生じた）。
G. 事故が起きて人的被害が生じた。
H. 故障等の物質的被害が生じた。
I. 対人関係が悪化，さらには崩壊した。
J. 集団の士気が低下した。
K. 集団の生産性が損なわれた。

（出所）岡本（2011）より作成

　私たちは，日々，多くのミス・コミュニケーションを経験しています。ヴァイガント（Weigand, 1999）は，誤解，ミス・コミュニケーションは，逸脱したものとみなされがちだが，それとは反対の見方があり，言語使用とは本来問題を含むものであり，ミス・コミュニケーションは，コミュニケーション行為の誤りというよりも一部分であるという見方がある，と述べています。これを図にすると，図5-6aのようになるでしょう。しかし，実生活をよくよく考えてみると，むしろ「共通」「共有」が成立したといえるコミュニケーションは少数かもしれません。もちろん，状況にもよります。たとえば，食卓で「醬油とって」と言って醬油が回ってきた，という場合は，「共通」「共有」が成立しています。しかしながら，そうした事務的な局面以外に，考えや感情を伝え合う，といった場面では，はたしてどの程度正確に送り手の考えや感情が受け手に伝わっているでしょうか。少なくとも，「醬油」ほどには正確に伝わっていないと思います。筆者の経験でいえば，普段の授業で話したことが，いかに不正確に伝わっているかを思い知らされることがあります。これはもちろん，話を聞く場合についてもいえることで，たとえば筆者が講演の一聴衆だった場合，講演者のいいたいことを正確に理解できる自信など，まったくありません。となると，むしろ私たちが「コミュニケーション」と称しているものは，その実，多くはミス・コミュニケーションなのではないでしょうか。すると話は逆にな

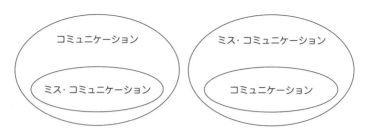

a：ミス・コミュニケーションは
　　コミュニケーションの一形態
　　とみなす場合

b：コミュニケーションは
　　ミス・コミュニケーショ
　　ンの一形態とみなす場合

**図5-6　コミュニケーションとミス・コミュニケーションの包含関係に
　　関する概念図**

ります。まずミス・コミュニケーションがあり，運よく，奇跡的に送り手，受け手の相互理解が成立したときのみがコミュニケーションという構図です。これが図5-6b です。

　このように，逆転の発想をしてみることは有効だと思います。図5-6a と図5-6b のどちらかが正しいということではありません。どちらも一つのコミュニケーションの見方です。たまには常識を疑ってみて，あなた自身のコミュニケーション観の転換をはかってみるのもよいかもしれません。

　上記３で説明された内容について，どの程度「あるある」「なるほど」と思ったか，評価してみよう。

　とてもそう思った（5）〜まったくそう思わなかった（1）

　1．あるある　　　5　　　4　　　3　　　2　　　1
　2．なるほど　　　5　　　4　　　3　　　2　　　1

　以上の評価を踏まえ，上記３を参考に，普段のコミュニケーションでしばしば困っていることについて考えてみよう。

---

4 コミュニケーション再考

4-1 「絶対に伝わる」ことはない

　これまで，コミュニケーションについていくつかの観点からみてきました。本章の最後に，以上を踏まえつつコミュニケーションについて論じていきます。

　コミュニケーションの大きな目的は何かを伝えることですが，伝えるというのは並大抵のことではありません。思いがあれば必ず伝わる，絶対伝わる，という人もいるかもしれませんが，はたしてそうでしょうか。そもそも，人間の心にかかわることで「絶対」ということはありません（本書の書名にある「絶対」の意味するところについては，監修者あとがきを読んでください）。そして，前述したように，コミュニケーションではいろいろなミスが生じうる，つまりコミュニケーションを阻む多くの要因があるのです。コードモデルではノイズがありました（図5-2）。これに加えて，受け手の要因もあります。

　もちろん，「絶対に伝わる」という信念をもつことは重要ですが，その信念がコミュニケーションの邪魔をすることもあります。伝わると信じすぎるがあまり，相手の状況に配慮が行き届かないといったケースです。つまり，コミュニケーションに対する熱意が，あろうことかノイズとして機能してしまうこともあるのではないかということです。

4-2 「納得すること」の難しさ

　送り手のメッセージを理解するというのは，しばしば困難です。とくに，勉学の場面，送り手の気持ちを理解する場面などにおいて，「理解した」「わかった」といえる状態というのは，どの程度達成できるのでしょうか。勉学でいえば，「わかること」と「納得すること」は違います（佐伯, 1995）。一応わかってもなぜだかしっくりこないこと，皆さんも経験されたことはあるのではないでしょうか。

　以上の点について二つ例を挙げましょう。かなりの英会話能力のあるAさんがネイティブ何人かに囲まれて会話をしている状況を考えます。Aさん以外の

ネイティブたちが，あるネイティブの発言について爆笑したとします。でも，Aさんはどこがおかしいのか皆目見当がつきません。Aさんはネイティブの話をすべて聞き取ることができ，わかっているにもかかわらず，笑うポイントがわからないのです。Aさんには，当該の発話を解釈するために必要な背景知識が十分に備わっていなかったということが，笑えない原因でしょう。前提となっている何かを知っていてはじめて笑える，ということは多々あります。そうした知識は，日常のニュースであったり，その国の伝統であったりと，生活を通して獲得されるものです。以上の例では，「笑う」ことができてはじめて「納得した」ということになります。別の例を挙げましょう。医師が患者に治療法を説明する際，医師にとっては何度も何度も繰り返している説明なので，平板で流れるような説明がなされることがあります。しかしそれを聞く患者にとってははじめての説明であることがほとんどです。仮にその治療法を「理解」したとしても，ほかならぬ自分にその治療法が適用されるという「納得」のレベルには，すぐには到達できないと思います。

　以上，どこまでをもって「伝わる」とみなすかにもよりますが，敷居を上げて「納得すること」をゴールとすると，普段のコミュニケーションは，まさにミス・コミュニケーションという大きな枠組みの一部，それも図5-6bに示した以上に小さな一部になるでしょう。

4-3　「伝わらなかった」経験に学ぶ

　当然のことながら，普段のコミュニケーションでは伝わることもあるし伝わらないこともあります。嘘について先述しましたが，エクマン（Ekman, 1985 工藤訳編 1992）は，その著の締めに「われわれは嘘をつけるし，真実を語りもする。また，欺瞞を見抜き，見落したりもする。ごまかされたり，真実を知りもするのである。われわれにはいろいろな側面がある。これこそが人間の真の姿なのである」と述べています。この文章は嘘について述べたものですが，コミュニケーション一般についても同様に当てはまるでしょう。伝わることもあれば伝わらないこともあります。ですが，伝わることの方が多いと必要以上

　本章はコミュニケーションの章なので，必然的にコミュニケーションに大きな比重が置かれていますが，逆に，コミュニケーションをしないことの意義についても考える必要があります。今の世の中ではコミュニケーションの重要性が声高にいわれますが，何が何でもコミュニケーションというわけではありません。ときには，コミュニケーションを絶って閉じこもることにも意義があります。土井（2014）は，「つながり過剰症候群」という概念を提起し，その社会的背景などについて述べていますが，SNS などをはじめ，つながりを過度に重視している世の中であるがゆえに，かえって閉じこもることの効用は大きいでしょう。あるタレントは，「友だちなんかいらない。どんどん友だちを切っていく」と，ある作家は「友だちはいらない」といいます。これらは極端な例かもしれませんが，つながらないことへの志向についても考えてみる必要があると思います。

に思われているのではないかと思います。対人コミュニケーションでも，国家間でのコミュニケーションなどでも同様です。国家間の様々な軋轢がありますが，「伝わる」という信念自体が，解決を阻んでいる面はあるでしょう。対人コミュニケーションでは，受け手がたとえ仲のよい人であってもそもそも違う人間であり，国家間のコミュニケーションでは，受け手（相手国）は違う文化を担った国なのです。コミュニケーションの受け手を，自分と同じ地平で考えないことも必要なのではないかと思います。そのためには，「伝わった」という成功経験よりもむしろ，「どうしても伝わらなかった」という負の経験の方が重要になるでしょう。先に筆者自身の授業の例を挙げましたが，「ここがわかりません」という意見の情報価は高いのです。

4-4　正しいフィードバック

　以上の説明は，送り手側の視点に偏っている面がありますので，受け手の側から少し述べてみましょう。受け手として気をつける必要があるのは，送り手へのフィードバックをできるだけ正確にするということでしょう。先に例に挙げたように，普段の生活で話の長い人に悩まされる人は多いと思いますが，とくに目上の人には「話が長いです」と正しいフィードバックを送ることは難し

いです。この点について，ギロビッチ（Gilovich, 1991 守・守訳 1993）は，自身の義父が話の長い人で，それに対して「話が長い」という正しいフィードバックを（意を決して）本人に送ったところ，「話が長いか皆に聞いても，皆，いえいえお続け下さいと言った」という返事が返ってきたと述べています。いかにもありそうな例かもしれませんが，正しいフィードバックがなされないことの弊害を示す例です。一方，繁桝（2010）は，自身の祖父が生前「何か悪いところがあったら言ってほしい」としばしば話していたというエピソードを紹介しています。正しいフィードバックを受けることにつねに開かれている，という状態を心がけることは，コミュニケーションの参加者すべてに求められていると思います。

　とはいえ，正しいフィードバックはじつに難しいです。たとえば，Radical Honesty という運動（Blanton, 2005）が主張するように，嘘は有害なので徹底的に排斥すべきであって，上記のギロビッチのケースで言えば「話が長いので，やめてほしい」とすぐに直球を投げるべきである，というのも極端すぎると思います。要はさじ加減ということにはなります。

　しかし，誰も正しいフィードバックを与えなければ，事態は改善しないのです。普段のコミュニケーションで，できるだけ勇気と配慮をもって，正しいフィードバックを提供できるように心がけるだけでも，コミュニケーションは改善されると思います。もちろん，言うは易く行うは難しですが。

　本章の内容は，社会心理学におけるコミュニケーションの解説としては，やや偏っているということを申し添えたいと思います。オーソドックスな書き方をしている本は，いろいろとありますので，そちらもあわせて参照していただければと思います。

　上記4で説明された内容について，どの程度「あるある」「なるほど」と思ったか，評価してみよう。

　とてもそう思った（5）〜まったくそう思わなかった（1）

　1．あるある　　　5　　　4　　　3　　　2　　　1
　2．なるほど　　　5　　　4　　　3　　　2　　　1

> 以上の評価を踏まえ，上記 4 を参考に，自分の伝えたいことが相手に伝わった
> と実感した経験を思い出し，そのときのコミュニケーションの特徴について思い
> 出してみよう。

もっと詳しく知りたい人のための文献紹介

深田博己 (1998)．インターパーソナル・コミュニケーション——対人コミュニ
ケーションの心理学—— 北大路書房
　⇨対人コミュニケーションにはいろいろな側面があります。基礎的解説から始
まり，対人コミュニケーションのいろいろな側面について，社会心理学の立
場からの説明がなされています。

岡本真一郎 (2010)．ことばの社会心理学［第 4 版］ ナカニシヤ出版
　⇨普段何気なく交わされる言葉を用いたコミュニケーションについて考える素
材がいろいろとつまっています。

引用文献

Beebe, S. A., Beebe, S. J., & Redmond, M. V. (2008). *Interpersonal communication: Relating to others* (5th ed.). Boston, MA: Allyn and Bacon.

Blanton, B. (2005). *Radical Honesty: How to transform your life by telling the truth.* Stanley, Virginia: Sparrowhawk Publications.

Bond, C. F., Jr., & DePaulo, B. M. (2006). Accuracy of deception judgments. *Personality and Social Psychology Review, 10,* 214-234.

土井隆義 (2014)．つながりを煽られる子どもたち——ネット依存といじめ問題
を考える—— 岩波ブックレット

Ekman, P. (1985). *Telling lies: Clues to deceit in the marketplace, politics, and marriage.* New York: W. W. Norton & Company.
(エクマン，P. 工藤力 (訳編) (1992)．暴かれる嘘——虚偽を見破る対人学
—— 誠信書房)

Ellis, A., & Beattie, G. (1986). *The psychology of language & communication.* New York: The Guilford Press.

Giles, H., Coupland, N., & Coupland, J. (1991). *Accommodation theory: Communication, context, and consequence.* In H. Giles, N. Coupland & J. Coupland (Eds.), *Contexts of accommodation: Developments in applied linguistics* (pp. 1-68). Cambridge: Cambridge University Press.

Giles, H., & Powesland, P. F. (1975). *Speech style and social evaluation*. London: Academic Press.

Gilovich, T. (1991). *How we know what isn't so: The fallibility of human reason in everyday life*. New York, NY: The Free Press.

（ギロビッチ, T. 守一雄・守秀子（訳）(1993). 人間この信じやすきもの ——迷信・誤信はどうして生まれるか—— 新曜社）

The Global Deception Research Team (2006). A world of lies. *Journal of Cross-cultural Psychology, 37*(1), 60-74.

池田謙一（2008）. 共有を意図的に進めるコミュニケーション——「寛容性」を育むことの大切さ—— *BERD, 11*, 2-6.

池田謙一・唐沢穣・工藤恵理子・村本由紀子（2010）. 社会心理学 有斐閣

石川幹人（2012）. 人間とはどういう生物か——心・脳・意識のふしぎを解く—— ちくま新書

小城英子（2004）. 『劇場型犯罪』とマス・コミュニケーション ナカニシヤ出版

松井智子（2008）. 「語用論」から見たコミュニケーション教育——言葉の裏にある話し手の意図の理解—— *BERD, 11*, 28-32.

Mehrabian, A. (1971). *Silent messages*. Belmont, CA: Wadsworth.

Mehrabian, A. (1972). *Nonverbal communication*. Chicago, IL: Aldine-Atherton.

道田泰司・宮元博章・秋月りす（1999）. クリティカル進化（シンカー）論—— 「OL進化論」で学ぶ思考の技法—— 北大路書房

村井潤一郎（2005）. 出会う 和田実（編著） 男と女の対人心理学（pp. 1-17） 北大路書房

村井潤一郎（2007）. 対人コミュニケーション 日本応用心理学会（編） 応用心理学事典（pp. 420-421） 丸善出版

村井潤一郎（2015）. 心と社会——社会心理学—— 村井潤一郎（編著） 心理学の視点——躍動する心の学問——（pp. 161-184） サイエンス社

中島文雄・寺澤芳雄（1970）. 英語語源小辞典 研究社

中村敏枝・長岡千賀（2009）. 相互コミュニケーションにおける同調傾向 大坊郁夫・永瀬治郎（編） 講座社会言語科学3 関係とコミュニケーション（pp. 80-99） ひつじ書房

小川一美（2008）. 会話セッションの進展に伴う発話の変化——Verbal Response Modesの観点から—— 社会心理学研究, *23*(3), 269-280.

岡本真一郎 (2010). ことばの社会心理学 [第4版] ナカニシヤ出版

岡本真一郎 (2011). ミス・コミュニケーション――なぜ生ずるか どう防ぐか―― ナカニシヤ出版

岡本真一郎 (2013). 言語の社会心理学――伝えたいことは伝わるのか―― 中公新書

定延利之 (2015). コミュニケーション原理――言語研究からの眺め―― 電子情報通信学会 基礎・境界ソサイエティ *Fundamentals Review, 8,* 276-291.

佐伯胖 (1995). 「わかる」ということの意味 [新版] 岩波書店

Shannon, C. E., & Weaver, W. (1949). *The mathematical theory of communication.* Urbana, IL: University of Illinois Press.

Shepard, C. A., Giles, H., & Le Poire, B. A. (2001). Communication accommodation theory. In W. P. Robinson & H. Giles (Eds.), *The new handbook of language and social psychology* (pp. 33-56). Chichester: John Wiley & Sons.

繁桝江里 (2010). ダメ出しコミュニケーションの社会心理――対人関係におけるネガティブ・フィードバックの効果―― 誠信書房

竹内一郎 (2005). 人は見た目が9割 新潮新書

Vrij, A. (2008). *Detecting lies and deceit: Pitfalls and opportunities* (2nd ed.). Chichester, UK: John Wiley & Sons.
（ヴライ，A. 太幡直也・佐藤拓・菊地史倫 (監訳) (2016). 嘘と欺瞞の心理学――対人関係から犯罪捜査まで 虚偽検出に関する真実―― 福村出版）

Weigand, E. (1999). Misunderstanding: The standard case. *Journal of Pragmatics, 31,* 763-785.

Wiseman, R., Watt, C., ten Brinke, L., Porter, S., Couper, S.-L., & Rankin, C. (2012). The eyes don't have it: Lie detection and Neuro-Linguistic Programming. *PLoS ONE, 7*(7), e40259. doi: 10.1371/journal.pone.0040259

山本登志哉・高木光太郎 (編) (2011). ディスコミュニケーションの心理学――ズレを生きる私たち―― 東京大学出版会

第6章 マス・コミュニケーション
──メディアと社会現象を追う

本章ではマス・コミュニケーションについて，まず古典的な理論を概括し，次にそれらの理論を応用して，様々な社会現象を読み解きます。マス・コミュニケーションの研究はもともとジャーナリズム機能に重点を置いており，世論への影響力検証が研究の出発点となっていることや，調査が計画できることなどから選挙報道を題材としたものが多いのですが，社会心理学の研究では，流行，犯罪，うわさなどの社会現象を幅広く研究対象としています。ここでは後者についても研究例をご紹介します。

なお，本章では情報の送り手を指す場合に「マス・メディア」，オーディエンスに与える影響過程まで含んだ概念を指す場合には「マス・コミュニケーション」の用語を用いることにします。

1 マス・コミュニケーションの古典的理論

マス・メディアが発達したことによって世論を動かすようになりました。マス・メディアの影響力の強さを主張する立場を**強力効果論**，一方で，私たちオーディエンスは一方的に影響されるだけの存在ではなく，主体的にメディアを利用しており，その影響力は限定されるとする立場を**限定効果論**といいます。こうした能動性や主体性を踏まえて，昨今のマス・コミュニケーション研究では「受け手」ではなく，「**オーディエンス**」という言い方をしています。本章も，原則としてこの用法に倣います。

1-1 送り手の影響力

議題設定効果

議題設定効果とは,「ある話題や争点がマス・メディアで強調されるにつれて,公衆の認知におけるそれらの話題や争点の重要度・目立ちやすさ(salience,顕出性)も増大する」という理論です(McCombs & Shaw, 1972)(図6-1)。すなわち,ニュースには多くの争点がありますが,マス・メディアが積極的に取り上げ,強調した争点(図6-1の棒の長さ)はオーディエンスの重要度認知(図6-1の文字の大きさ)が高くなるというものです。

プライミング効果

プライミング効果とは,もともと認知心理学の用語で,先行刺激が後続する情報処理に影響することを指しますが(第2章参照),議題設定機能の研究から発展したものとして位置づけられることもあります。たとえば,テレビのニュースが取り上げたエピソードが,後に選挙の際の大統領に対する評価を左右するといった現象のことで,判断や選択をするとき,先行するニュースが判断基準のウエイトを変えてしまうことが指摘されています(Berkowitz & Rogers, 1986;Iyenger & Kinder, 1987など)。

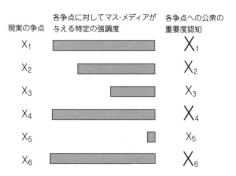

図6-1 マス・メディアの議題設定効果モデルの概念図

(注) 中央の棒グラフが報道の強調度,右側の文字
の大きさが重要度認知を表している。

(出所) マクウェール, D., & ウィンダール, S.
(1981) にもとづき平林 (2003a) が作成

培養効果

　テレビと暴力の研究から**培養効果**が導き出されています。培養効果とは，テレビの暴力描写に焦点を置き，テレビの視聴時間の長いオーディエンスは，現実の世界もテレビで描かれているのと同じように認識しているというものです（Gerbner & Gross, 1976 一色訳 1980）。その説明としては，「**主流形成**」と「**共鳴現象**」が挙げられています。「主流形成」とは，テレビの長時間視聴が多様な価値観の違いを消して均質化してしまう現象のことです。「共鳴現象」とは，マス・メディアの主流形成と，それを促進するような他の条件が共鳴し，より強力に主流を形成することを指します（児島, 1996）。

　日本のテレビを分析した研究では，ドラマよりも報道番組で殺人事件等の暴力が多く扱われていること，ワイドショーでその傾向が顕著であることが示されていますが，そこで報道される頻度は実際の殺人件数の生起頻度とは大きく乖離しており，オーディエンスの**リスク認知**にバイアスを与える可能性が指摘されています（中村, 1999）。

フレーミング効果

　フレーミング効果とは，同じニュースであっても，伝える際の枠組み（フレーム）によって，オーディエンスの認識や**責任帰属**が左右されることを指します。アイエンガー（Iyenger, 1991）は，貧困というトピックを設定し，トピック全体について「国家貧困」や「高失業率」といった統計資料などを用いて伝えるテーマ型フレームと，「ホームレス」や「失業者」といった特定の人物をクローズアップして伝えるエピソード型フレームによってオーディエンスの責任帰属が異なることを実証しています。テーマ型フレームでは重大な社会問題という認識は高まりますが，感情移入や個人的関心は低くなります。逆に，エピソード型フレームの場合には情緒的インパクトは強く，オーディエンスを引きつける効果をもっていますが，事例に特有の事情なども混在しますので，個人に対する責任帰属が強くなり，社会問題という認識が薄くなることが指摘されています（Iyenger, 1991）。

第三者効果

　第三者効果とは、「自分はマス・メディアに影響されないが、他者は影響されるだろう」と他者への影響力を過大に見積もる傾向のことです（Davison, 1983）。反社会的なメッセージや商業広告など、影響を受けて同調することがネガティブにとらえられるトピックの場合、当該トピックへの関与の度合いが高かったり、自分は専門的知識を有していると認識していると、想定している「他者」が身近な人ではなく社会的距離の遠い人の場合や集団サイズが大きい場合などに、「自分よりも他者の方が影響されるだろう」という第三者効果が生起することが示されています（安野, 2007）。

イグゼンプラー効果

　イグゼンプラー効果とは、街頭インタビューや識者のコメントなどの具体例がオーディエンスの世論認知や態度に与える影響のことです（斉藤, 2001）。

　放送法では「政治的に公平であること」「意見が対立している問題については、できるだけ多くの角度から論点を明らかにすること」（第4章（国内放送等の放送番組の編集等））、日本新聞協会の新聞倫理綱領では「報道は正確かつ公正でなければならず、記者個人の立場や信条に左右されてはならない」と明記されており、これに倣えばテレビも新聞も賛否が分かれているトピックについては両方の情報を提供しなければなりません。そのときの賛否の割合や、インタビューを受けた人やコメンテーターの話し方などの情報の質によって、オーディエンスが受ける影響が異なることが明らかにされています。

　たとえば、あるトピックについて賛成7割、反対3割が実際の世論分布だった場合を考えてみましょう。忠実に7：3の割合で紹介するべきですが、テレビや新聞には時間や紙面の限界がありますから、賛否のコメントを1件ずつ紹介するにとどめるかもしれません。1：1の場合、賛否があることは伝えられますが、その割合においては意味が大きく異なってきます。

1-2　パーソナル・コミュニケーションとオーディエンスの能動性

沈黙の螺旋理論

　沈黙の螺旋理論（Noelle-Neumann, 1993 池田・安野訳 2013）は，選挙報道の研究を通じて，多数派の意見が積極的に表明され，少数派が孤立を恐れて沈黙することが繰り返された結果，多数派がさらに勢力を増していき，少数派が小さく見積もられるという世論形成のモデルです（図6-2）。図6-2には，当初は小さかった賛成と反対の差（螺旋の大きさ）が時間の経過とともに次第に大きくなっていることが示されています。このとき，マス・メディアは多数派と少数派の割合を知らせる役割をします。

　ここには同調の心理がかかわっています。私たちは，孤立を恐れて，または自分の判断に自信がないとき，多数派に同調する傾向がありますが（Asch, 1951），沈黙した少数派はあたかも多数派に属しているようにみえます。こうした集団心理がマス・メディアを巻き込んで社会レベルで発生するのが沈黙の螺旋理論といえます。

利用と満足研究

　オーディエンス側からマス・コミュニケーションの過程に着目したのが**利用と満足研究**（Lazarsfeld, Berelson, & Gaudet, 1944 有吉訳 1987；McQuail, Blumler, & Brown, 1972 時野訳 1979）で，オーディエンスがメディアから得ている充足

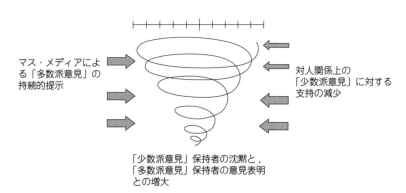

図6-2　世論形成の「沈黙の螺旋状過程」モデルの概念図

（出所）マクウェール, D., ・ウィンダール, S. (1981) にもとづき平林 (2003b) が作成

表 6-1　マス・メディアの利用による満足の類型

類型	内容
気晴らし	①日常生活のさまざまな制約からの逃避：魅力的で一時的に熱中できる空想の世界にひたる ②苦労や悩みからの逃避：番組に夢中になることで気分転換する ③情緒的解放：笑ったり泣いたり叫んだりすることで，気分的な満足を味わう
人間関係	①登場人物への親近感：番組に出てくる司会者やタレントなどとの疑似的な交流を強く感じる ②社会関係にとっての効用：身近な人たちとの日常的な相互作用を円滑にする上で役に立つ
自己確認	①自己内省：自分の置かれている状況や生き方などについて番組を見ることによって明らかになったり，示唆を受けたりする ②現実の探求：自分が現実に抱えている問題の対応策について示唆を受ける ③価値の強化：自分が信じている行動や考え方を補強する
環境の監視	公共の出来事に関する情報や意見を獲得する

（出所）McQuail et al.（1972 時野訳 1979）を引用している高橋（2003），竹下（1998）より作成

の類型は，「気晴らし」「人間関係」「自己確認」「環境の監視」の四つにまとめられています（表6-1）。利用と満足研究については様々な追試が行われており，調査対象や文化的背景によって多少の違いはあるものの，大枠では普遍的な構造と考えられています（竹下，1998）。

　上記1で説明された内容について，どの程度「あるある」「なるほど」と思ったか，評価してみよう。

　とてもそう思った（5）〜まったくそう思わなかった（1）

　　1．あるある　　　5　　　4　　　3　　　2　　　1
　　2．なるほど　　　5　　　4　　　3　　　2　　　1

　以上の評価を踏まえ，具体的な時事問題について上記1で説明された内容のいずれかの部分を当てはめて分析してみよう。

---

2 テレビドラマの心理学

　ドラマは，ドキュメンタリーやニュース番組と異なり，起承転結が計算され

たストーリーを俳優が演じるというフィクションですが，フィクションだからこそ，非現実的な設定や，時間軸を遡って歴史を舞台にしたストーリーが可能です。

2-1　ドラマの利用と満足

先行研究（小城・菅原・薊，2011；河津，2009；島村，2007；林，2005；Hobson，2003；岩男，2000など）を整理すると，ドラマの魅力はおおよそ以下の4点に集約されます。

第一に**代理参加**です。一人の人間が実際に経験できる人生は一つだけですが，ドラマでは数多くの人生が描かれており，登場人物に自分を投影して別の人生を代理的に体験することができます。ドラマの中では大統領にもシェフにも武将にも，さらには宇宙人や未来人にさえもなることができますし，犯罪や不倫といった現実には許されないような逸脱行為も自由です。アメリカや韓国のドラマの魅力を分析した小城・菅原他（2011）の研究では，オーディエンスが日頃の自分の志向性や価値観とは正反対のストーリーも好むことが見出されており，現実では不可能な生き方をドラマの中で楽しんでいるのかもしれません。

第二に**情緒的解放**です。恋愛ドラマであれ，ホームドラマであれ，サスペンスドラマであれ，世の悪や不条理に怒り，被害者や弱者に心を寄せ，恋のときめきに酔い，悲劇に絶望し，恐怖に怯え，親心や仲間の絆に涙するなど，感情を動かされる体験をします。フィクションのドラマでは，こうした情緒に訴えかけるストーリーが計算されていますので，ノンフィクションよりもオーディエンスの感情の振れ幅が大きいといえます。

第三に**環境監視**と**自己確認**です。ドラマの中から様々な情報を収集して社会を知ると同時に，同じ場面で自分だったらどうするだろうか，あるいは自分の属性や価値観がドラマの中ではマジョリティなのかマイノリティなのか，といった観点から自分の立ち位置を推測したり，自分の価値観が妥当であることを確認したりします。

第四に**社会的共有**です。イギリスのソープ・オペラ（昼ドラ）を分析したホ

ブソン（Hobson, 2003）の研究では，オーディエンスはドラマを能動的に解釈し，その解釈を含めてドラマの感想を職場で語り合うことを楽しんでいると報告されています。日本でも，かつてテレビが一家団欒の中心にあった時代にみられたお茶の間で家族とドラマの感想を共有する行動は，インターネット時代になってもバーチャルに拡張して存続しています（第4節参照）。社会的共有は，同時に自己確認でもあります。自分の解釈の妥当性を，他者との議論を通じて確認しているともいえます。

2-2　ヒットドラマは世相を映す

テレビドラマの変遷

　先行研究（小城, 2017；市原, 2012；岩男, 2000；西野, 1998；佐田, 1983）の指摘を総合すると，ドラマの歴史は大まかに以下の8区分に分けられます（表6-2）。実際の変化はじわじわとグラデーションで推移していますので，年代で明確な境界線を引くのは難しいのですが，おおよそヒットドラマは家族形態や就労形態の変化を反映していることがわかります。

　三世代同居や見合い結婚が中心で，経済が急成長していた時代（1960年代ごろ）は大家族の和やかなホームドラマがヒットしていますが，高度経済成長の終焉（1970年代），都市化や核家族化が進んでくると不倫や疑似家族といった病理の側面へと焦点が移っていき，同時にこうした家族の問題から目を背けるかのように，家族不在で登場人物を若者に絞り込んだ青春群像や恋愛ドラマがオーディエンスの心をつかむようになっていきます。そして，恋愛結婚が右肩上がりで増加する時代に突入しますが（1980年代），まだ**伝統的性役割観**は色濃く残っていて20代半ばで結婚して専業主婦になるのが女性の平均的な**ライフコース**だった社会背景を反映して，結婚をゴールとした若い男女の恋愛ドラマが一世を風靡します。しかし，1990年代に入ると，ライフコースの多様化とともに画一的な恋愛ドラマも終焉を迎えます。

　このように日常の延長を描くホームドラマや恋愛ドラマにはその時代の家族・就労形態が反映されますが，一方で，刑事ドラマなどのミステリーや時代

表6-2　ドラマの変遷

ドラマ区分	ドラマの特徴	家族形態・労働の状況
ドラマ黎明期 (1950年代前半)	・1953年テレビ放送開始。国産でドラマを制作する技術・設備・人材が不足 ・急増した放送枠を埋めるためにアメリカドラマの輸入に依存	
ホームドラマ開始期 (1960年代)	・国産のドラマ制作開始 ・アメリカのホームドラマをモチーフとした、健康的で明るい家族像を描く	・見合い結婚が半数 ・高度経済成長
ホームドラマ発展期 (1960年代後半)	・伝統的な父親の権威中心の大家族がテーマ ・裕福な家庭を舞台に、中心となる祖父や父親が家族のもめごとをまるく収めるストーリー	・1960年代半ばに見合い結婚と恋愛結婚の割合が逆転
ホームドラマ全盛期 (1970年代前半)	・父親不在、母子家庭が舞台 ・母親を中心に据えた家族像	・核家族の増加 ・1973年オイルショック、高度経済成長終焉
ホームドラマ終焉期/恋愛ドラマ黎明期 (1970年代後半～1980年代前半)	・不倫や疑似家族など病理へとテーマが変化 ・家族から切り離し、若者にフォーカスした青春群像	・「男性が外で働き、女性が家事・育児」という伝統的な性役割観が中心
恋愛ドラマ全盛期 (1980年代後半)	・若者の恋愛に焦点を当てたトレンディドラマのブーム ・様々な恋愛のマニュアルを提供 ・流行の発信源としても機能	・恋愛結婚増加 ・女性の就業増加
恋愛ドラマ終焉期 (1990年代)	・ライフコースの多様化に伴って画一的な恋愛ドラマは衰退 ・性的なタブー、不倫、マザコンなど、リアリティよりも刺激を希求するようなアブノーマルドラマのブーム	・1990年代前半にバブル崩壊、不況 ・離婚／シングル親の増加 ・単身世帯の増加
ドラマ多様化 (2000年代～)	・普遍的に万人が関心をもつミステリードラマ、職業ドラマが安定的に支持される ・恋愛ドラマは、セクシュアルマイノリティ、恋愛難民など、多様性に焦点	・初婚年齢の高齢化と分散化 ・非正規雇用の増加 ・女性の管理職の増加、専業主婦の減少

（出所）小城 (2017), 市原 (2012), 岩男 (2000), 西野 (2000), 佐田 (1998) より作成。家族形態・労働の状況は、「家族類型別世帯数および割合」「夫婦が出会ったきっかけ」等（国立社会保障・人口問題研究所ホームページ）のデータをもとにした筆者の解釈による。

劇は時代の変化に影響されにくく，いつの時代にも安定的に放送されているという特徴があります（岩男，2000）。これらの時代の変化に影響されにくいジャンルは，ライフコースや社会的属性にかかわらず知識獲得や情緒的解放といった普遍的な魅力があります。

ドラマの集合的記憶とバンプ現象

集合的記憶とは，集団や社会全体に共有されている記憶のこと（Halbwachs, 1950 小関訳 1989）で，メディアと密接なかかわりがあります（小城，2013）。各世代が挙げた「もう一度見たい番組」（複数回答，調査時に放送されていた番組を含む）を数量化Ⅲ類によってプロットしたものが図6-3です（小城・萩原他，2010）。2009年に行われた調査ですが，各世代にとって情緒的関与の高い番組が近いところに布置しています。10代は「ドラえもん」などの子ども向けアニメ番組とバラエティ番組のみ，20代は「ガンダム」などやや大人に支持層の多いアニメ番組や，90～2000年代のドラマが挙げられています。30・40代はテレビ全盛期に児童期～青年期を過ごした層で，他の世代に比べるとこの世代では多くの人が「もう一度見たい番組」を挙げており，テレビに対する情緒的関与がとくに高いことがわかります。そして，50代は60～70年代のアメリカのホームドラマ，60代はNHKのバラエティ番組が挙げられています。どの年代のオーディエンスも，自身が10～30代の若年だったころに視聴していた番組に対して関与が高く，それ以外の時代の番組に対しては関心が低いという特徴があります。このように，若年層のときの記憶がとくに鮮明に刻まれていることをバンプ現象（Rubin, Wetzler, & Nebes, 1986）といいます。

ところで，50代には少し異なる点があります。50代においてはこの世代が若年だったころによく放送されていたアメリカのホームドラマへの憧憬が強い点ではバンプ現象が認められますが，90～2000年代に放送された「冬のソナタ」「渡る世間は鬼ばかり」に対しても情緒的関与が高いのです。このように，最近の出来事の記憶が鮮明に想起されることを**新近性効果**（O'Connor et al., 2000）といいます。

では，なぜ50代だけ新近性効果が認められるのでしょうか。ドラマの内容を

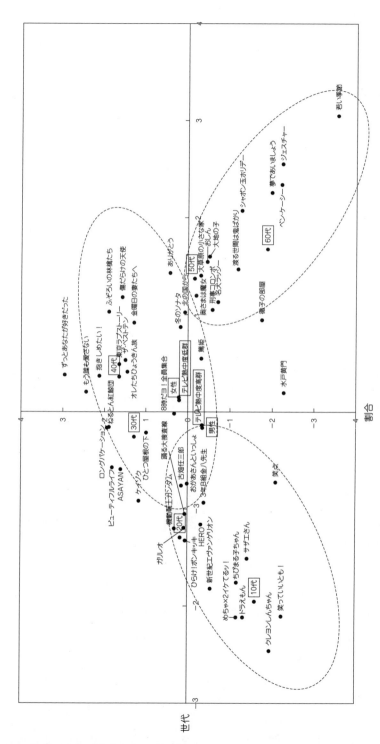

図 6-3　もう一度見たい番組の数量化Ⅲ類プロット

(注)　横軸は世代，縦軸は「もう一度見たい番組」として挙げられた割合と考えられる。性別，テレビ熱中度は中央に布置しており，「もう一度見たい番組」とはあまり関連していなかった。

(出所)　小城・萩原他 (2010) を一部改変

みてみると，「冬のソナタ」は，舞台こそ現代の韓国ですが，ストーリー構成や描写は70年代の日本で放送されていた純愛ドラマのフレームワークにあてはまりますし（林，2005など），「渡る世間は鬼ばかり」は60〜70年代に全盛だったホームドラマの再来です。すなわち，どちらも純粋な新近性効果というよりバンプ現象の再体験と考えられます。新近性効果は，バンプ現象との類似性が高い場合において生起するのかもしれません。

> 　上記2で説明された内容について，どの程度「あるある」「なるほど」と思ったか，評価してみよう。
>
> 　とてもそう思った（5）〜まったくそう思わなかった（1）
>
> 　　1．あるある　　5　　4　　3　　2　　1
> 　　2．なるほど　　5　　4　　3　　2　　1
>
> 　以上の評価を踏まえ，上記2を参考に具体的なドラマを挙げて，利用と満足の観点から魅力を分析してみよう。

3 スキャンダルの心理学

　スキャンダルの報道，とくに有名人の不倫など，本来ならば当事者の問題であるはずのスキャンダルが物議を醸しながらも大々的に報道され，ネットにも拡散してバッシングを受けるのはなぜでしょうか。ここでは，芸能界の勢力関係といった報道側の事情は横に置いて，オーディエンスがスキャンダルを求める心理を考えてみます。

3-1　スキャンダルの定義

　スキャンダルとは「よくない噂。醜聞。また，みにくい事件」（岩波国語辞典第七版），「原則的に個人の公序良俗に反する行為・行動」（佐藤，1987），「隠されていた醜聞が明るみに出ること」（梨元，2001）などと説明されています。すなわち，スキャンダルとは，「モラルや規範，秩序といった一定の枠組みから

逸脱したネガティブな行為や行動」と定義することができます。

　スキャンダルの具体的な内容には，「犯罪・暴力的要素」「金銭的要素」「性的要素」の三つの要素がありますが（大井，1993），いずれの要素もネガティブ性をもっています。「犯罪・暴力的要素」は，それ自体がすでに平和や正義から逸脱した，ネガティブな内容であり，非日常です。「金銭的要素」は，借金や贈収賄事件などが該当します。「性的要素」は，生殖本能による自然な関心ではあるものの，一般生活においては性的関心をオープンにすることははしたないとされていることや，既婚者が婚外で性的行動をとることは逸脱とみなされるスタンダードが存在していることから，性愛や不倫もスキャンダルとして扱われやすいといえるでしょう。[1]

　この3要素がスキャンダルとして高視聴率をとるのは，あらゆる属性や職業や社会的地位を超えて人間生活に共通する関心事のため，万人が興味をもちやすいからです。

3-2　スキャンダルを求める心理

ネガティブ性とギャップ

　肯定的要素は面白味に欠けますが，否定的要素はオーディエンスが興味をもつような情報的価値を高めるという特徴があります（Kapferer, 1989）。さらに，そこへ「期待を裏切られる」「驚き」というギャップ要素が加わると，もっとも情報的価値が高まります。

→1　「犯罪・暴力的要素」「金銭的要素」「性的要素」の3要素は，いずれもネガティブ性という共通項はあるものの，厳密には性質が異なっています。たとえば，法的には暴行や収賄，薬物使用などは刑事事件ですが，不倫は民事事件であり，あくまでも当事者間の問題です。また，「犯罪・暴力的要素」の中でも，収賄や詐欺などは「金銭的要素」も含み，物品・金銭を返還すれば形式上はニュートラルに戻すことは可能ですが，暴行は身体に直接的なダメージを与える犯罪です。さらには「犯罪・暴力的要素」の中でも薬物使用は自身の身体や精神を蝕むものですが，他者に直接的な被害をもたらすものではありません。このように，スキャンダルといっても，法的な定義，修復可能性，被害対象といった観点では区別されていることに留意する必要があります。

表6-3　人物と行為の組み合わせによる
　　　　情報的価値

		行為	
		よい	悪い
人物	よい	×	◎
	悪い	△	○

　具体的に，人物と行為を「よい-悪い」の組み合わせで考えてみましょう（表6-3）。「よい人がよいことをしていた」という話は一番面白くありませんし，そもそもネガティブ性がないのでスキャンダルではありません。「悪い人が悪いことをしていた」「悪い人がよいことをしていた」という話は，それぞれネガティブ性とギャップのどちらかまたは両方をもっていますので多少の情報的価値はありますが，この場合の「悪い人がよいことをしていた」というギャップは結論がポジティブに転換されていて，情報価値が下がります。表6-3の中では，「よい人が悪いことをしていた」という組み合わせがもっとも情報価値が高く，インパクトがあります。

カタルシス効果と攻撃の正当化

　では，「よい人が悪いことをしていた」というスキャンダルに対して，オーディエンスはどのような気持ちを抱くのでしょうか。一般のオーディエンスは，社会的地位が高い人物，権威ある人物，表6-3でいえば「よい人」に対して，多かれ少なかれ，嫉妬や羨望の気持ちがあります（川上，1997）。スキャンダルによってこうした人物が地位や権威を失い，転落していく過程を高みで見物するのは，日頃の嫉妬や羨望を解消し，溜飲を下げるという**カタルシス効果**をもたらします。そこには，「陰で悪いことをしていながら，よい人を演じて世間を欺いていた」という罪も上乗せされますので，ネガティブ性はさらに高まります。こうした「犯罪者」に対しては正義の名の下に攻撃が正当化され，バッシングが加速することになります（海野，2000；中野，1987）。

3-3　スキャンダルとファン心理

　スキャンダルを求める心理について説明してきましたが，地位や権威の失墜を楽しむのは，オーディエンス自身がスキャンダルの当事者と無関係で，第三者の立場から対岸の火事を眺めている場合の話です。もし，スキャンダルの当事者が日頃から応援しているアイドルや，自分の生活に深く入り込んでいるアーティストやミュージシャンだとしたら，ファンは強い**認知的不協和**(Festinger, 1957 末永監訳 1965)（第1章参照）に陥ることでしょう。認知的不協和を解消する行動パターンには，大別してファンを離脱するかスキャンダルを容認するかの二択がありますが (Heider, 1958 大橋訳 1978)，コアファンほどファンを離脱することは難しく，といって重篤なスキャンダルであれば容認することもできず，葛藤することになります。

　小城・薊・小野 (2010) は，「不倫」「麻薬」「暴行」「脱税」の4場面を想定法で提示して，ファンの感情や行動を分析しています。この4場面のスキャンダルは，まず，刑事事件と民事事件に大別されます。刑事事件に該当する「麻薬」「暴行」「脱税」のうち，「暴行」「脱税」は正当防衛など事情によっては受容可能だったり，追徴課税などで修復可能だったりすることから，ファンは許容する傾向がありますが，「麻薬」は致命的ダメージで，ファン離れが決定的でした。一方，民事事件の「不倫」はスキャンダル前後でファン心理にもファン行動にも差がなく，ほとんどダメージがありませんでした。犯罪の法的な線引きは大きいようです。さらに，ファンの側からみてみると，作品を評価しているファン，本人への情緒的関与の高いファン，すなわちコアファンはスキャンダルを許容し，ブームに乗っただけの関与の低いファンはファンであることを離脱する傾向がありました。

コラム 6-1：有名人の不倫スキャンダルについて考える

　麻薬や暴行や脱税は刑法に抵触する犯罪で，どのような事情があったとしても批判は避けられず，ネガティブな烙印を押されます。一方，不倫は逸脱行為ではあるものの，法的には当事者同士の問題ですので，第三者に制裁を科す権利はありません。それにもかかわらず，なぜ，有名人の不倫がバッシングされるのでしょうか。また，有名人でも不倫が容認される人と，いつまでもバッシングされ続ける人がいるのはなぜでしょうか。事務所の圧力といった芸能界の事情はわかりませんが，ファン心理の観点からは以下のような説明ができます。

　小城の研究（2004, 2005）では，ファン心理として 8 因子が抽出されていますが，これらは大別して「仕事」「本人」「社会的共有」の 3 側面にまとめることができます（図 6-4）。「仕事」はミュージシャンなら歌唱や楽曲，俳優なら演技，スポーツ選手ならプレーというように，生み出された作品が高く評価されていることを指します。歌舞伎や落語などの伝統芸能家，作家などもこの魅力が高いと考えられます。「本人」は，本人の生き方や性格などを尊敬していたり，外見が好みだったり，疑似恋人として恋愛感情を抱いていたりすることで，歌唱や演技といった仕事よりも本人自身の魅力を指しています。「本人」の魅力のうち，疑似恋愛感情はアイドルに特徴的ですが，スポーツ選手は勤勉や努力などの面で，ミュージシャンは才能の点で尊敬・憧れを集める傾向があります。「社会的共有」はファン同士で魅力を語り合ったり，一緒に応援したりする楽しみのことです（「流行への反発・独占」は「社会的共有」の負のベクトルと考えられます）。この三つのどの側面にタレント価値があるかによって，不倫スキャンダルの影響が変わります。

　もっともタレント生命を絶たれやすいのは，「仕事」よりも，イメージやキャラなど「本人」が主な魅力となっていた場合です。清楚，品行方正，真面目，勤勉，奥手といったイメージで売っていたとしたら，そのイメージの対極にある不倫スキャンダルは致命的です。もともと歌唱や演技といった「仕事」で評価されているわけではないので，「本人」の魅力を失ってしまったらタレント価値はゼロになる上に，「嘘のイメージで世間を欺いていた」という罪が上乗せされ，元の地位を回復するのは難しいでしょう。

　一方，もっとも不倫スキャンダルの影響を受けにくいのは，「仕事」の評価が高い場合です。ファンはもともとプライベートには関心が薄く，疑似恋愛感情などもほとんどないため，不倫が発覚してもプロの仕事さえしていればプライベートでのスキャンダルは不問に付す傾向があります。仕事と本人とを切り離すこと

図6-4　ファン心理の構造
（出所）小城（2004，2005）

が容易で，さしたる**葛藤**もなく認知的不協和を解消できるからです。舞台やコンサートや寄席など，基本的に「仕事」のファンが多い場を主戦場としていれば，なおのことダメージは小さいでしょう。

　しかし，「仕事」の評価が高い場合でも，不特定多数に向けたCMにおいては別です。CMに有名人を起用するのは，注目を集めてCM内容に誘導するだけでなく，その有名人がもつポジティブなイメージとセットにすることで商品の好感度も上がることを期待しているからです。これを**意味移転モデル**（坂本，2009；McCracken, 1989）といいますが，「本人」の好感度に万人向けの広告効果を期待して起用されているわけですから，当のタレントが不倫スキャンダルを起こせば致命傷となります。CMを見るたびにオーディエンスはスキャンダルを想起しますが，スキャンダルのネガティブイメージと商品が連結するのはスポンサー側にとってはもっとも避けたい事態だからです。

　一言でまとめると，第一に不倫スキャンダルで打撃を受けるのはイメージだけが売りの場合，第二に実力があれば不倫スキャンダルは乗り越えられるが，イメージが重要なCMは降板せざるをえない，ということになるでしょう。

上記3で説明された内容について，どの程度「あるある」「なるほど」と思った
か，評価してみよう。

とてもそう思った（5）〜まったくそう思わなかった（1）

1．あるある　　5　　4　　3　　2　　1
2．なるほど　　5　　4　　3　　2　　1

以上の評価を踏まえ，上記3を参考に具体的なスキャンダルの事例を挙げて，
その経緯の背景などについて考えてみよう。

4 SNSは何を変えたか

　メディアの発達によって，かつては物理的に不可能だったことが可能になり，
それによってコミュニケーションのあり方や対人関係も変化してきました。し
かし，その根底にあるオーディエンスの欲求はずっと変わっておらず，「利用
と満足」の類型（第1節参照）がおおむね適用されます。社会で何が起きている
かをチェックしておきたい，新しい情報を知りたい，興味を追究したい，自分
の感想を誰かと共有したい，世間がどう反応しているか知りたい，気分転換や
暇つぶしにちょっと面白いものを見たい，といった利用と満足研究の知見は，
メディアが移り変わっても，普遍的に一貫しています。

　一方で，SNSは身近な人との頻繁なメッセージ交換や写真・動画の共有とい
ったコミュニケーションでも積極的に活用されています。対面していなくても，
バーチャルな世界で対人関係を構築しているという点では，SNS研究は対人研
究でもあります。Face to Face Communication と Computer Mediated Com-
munication の両方にまたがっていることがSNS研究の最大の特徴といえます。

4-1　対人関係と SNS

SNS の機能

　SNS の利用目的は，「情報の呈示動機」「自己表現動機」「コミュニケーショ
ン動機」の 3 側面に大別されます（池田・柴内，2000）。

　第一の「情報の呈示動機」は，自身のもつ情報を広く公開したいという動機
です。これは，インターネット上で情報発信を行うことで満たされる動機で，
日々の写真や動画，感想やつぶやき，自己の経歴や趣味の紹介など幅広くいろ
いろな投稿が該当します。

　第二の「自己表現動機」は他者からの評価や反応が返ってくることを期待し
て，自身の気持ちや評論，または趣味の作品などを公開したいという動機で，
他者の存在を意識している度合が「情報の呈示動機」よりも強いところが特徴
です。そこには，対面ではできない素直な本音の吐露と，逆に自身をよく見せ
ようとする誇張表現の両方が含まれます（中村，2017）。

　第三の「コミュニケーション動機」は，身近な人々とのコミュニケーション
を目的としてメッセージの交換や写真・動画の共有などを行うものです。自身
の日記を発信したり，友人，知人の発信に対してコメントをしたり，「いい
ね！」機能などを利用して情報のやりとりを行うことで，良好な関係を維持，
構築でき，孤独感を解消するとされています。ここには，他者から肯定的な評
価を獲得したい**賞賛獲得欲求**と，他者から否定されることを避けるために頻繁
に友人や知人の発信に対してコメントをしたり，「いいね！」機能を利用した
りする**拒否回避欲求**が関連しています（加藤，2014）。

自己顕示と賞賛獲得——炎上してでも注目されたい

　自分をよく見せようとして誇張した自己を SNS 上に提示するだけでなく，
他者への誹謗・中傷，個人情報の暴露，悪ふざけ，反社会的行為など，不適切
な投稿をして「炎上」するケースが相次いでいます。その結果として，莫大な
金額の損害賠償を請求されたり，就職内定を取り消されたり，実名や住所など
の個人情報がインターネット上に掲載されたりといった社会的制裁を受けます
が，それにもかかわらず，こうした不適切な投稿は一向になくなる気配があり

ません。「炎上」する事例が後を絶たないのはなぜでしょうか。

　その第一の要因は**リスク認知**の甘さです（小城，2015）。日ごろから SNS を親しい人間関係のコミュニケーションツールとして活用していると，そこには自分たちしか存在していないような感覚に陥りがちで，仲間内だけの面白話のつもりで投稿したことが全世界に発信されていたというケースです。投稿者自身はこうした投稿が望ましくないという**規範**はもっており，騒動後に猛省するパターンです。

　第二の要因は，注目されたい，世間を驚かせたいという**自己顕示**や**賞賛獲得**です（小島・太田・菅原，2003）。ノーベル賞受賞やオリンピック優勝といった偉業や功績でこれらの欲求を満たすのは容易ではありませんが，逸脱行為や反社会的行為ならば一般人でもてっとり早く注目を浴びることができます。このタイプがやっかいなのは，自分の投稿が拡散して炎上することを意図していることで，炎上すればするほど満足感が高いという点です。

SNS 疲れと拒否回避

　SNS の発達によってコミュニケーションは時間と空間の束縛から解放されました。いつでも，どこでも，誰かとつながることができるようになったのです。それは，物理的に離れていても親密な対人関係を築くことができる一方で，一人になりたいときでもつねに誰かからコンタクトが来る，つながりたくない人ともつながっているという「SNS 疲れ」（伊藤・山本，2009など）も引き起こすことになりました。

　SNS 疲れの要因は，SNS 側の要因として①ネガティブな投稿，②規範の束縛，③対人関係の侵害，ユーザー側のパーソナリティ要因として④対人不安傾向があります。①ネガティブな投稿とは，他者への誹謗・中傷，不満や愚痴，自己卑下など（大沼・木村・佐々木・武川，2012），②規範の束縛とは，投稿に対して返信や評価などのリアクションをとらなければならないといった規範のプレッシャー（伊藤・山本，2009；松尾・安田，2007；川浦・三浦・森尾，2009など），③対人関係の侵害とは，職場の上司や取引先の関係者などの心理的距離の遠い他者がプライベートなコミュニティに侵入してくること（読売新聞，2015）です。

一方，④対人不安傾向とは，対人場面で不安を感じるユーザー自身の特性（伊藤・山本，2009；西村，2005）で，対人関係から外れたくないという**拒否回避欲求**（笹川・猪口，2012；小島他，2003）とも関連があります。すなわち，リアル世界でも対人関係に緊張しやすい人が，SNS上でも対人関係に疲れているといえるでしょう。

4-2　テレビとSNS

　1970年代から80年代にかけては，テレビ制作能力が充実してきたこと，物心ついたときからテレビに親しんでいる世代が青年期に上がってきたことから，テレビ黄金期でしたが，1990年代以降，テレビ視聴率は下がっていきます。

　この理由として，よくインターネットの普及が挙げられます。それも一つの理由ではありますが，テレビオーディエンスがそっくりそのままインターネットユーザーに鞍替えしたというのは少々粗い論理で，実態にはもっといろいろな要因が絡んでいます。

テレビ視聴の多様化

　録画機能の普及によってリアルタイム視聴の必要がなくなり，放送時間に合わせて行動するのではなく，自分の行動にテレビ番組を合わせるという視聴が多くなったこと，ワンセグ放送や動画配信，オンデマンド放送など視聴形態が多様化したことなど，テレビ視聴の実態がリアルタイム視聴では測定できなくなりました。

　もともと視聴率とは**広告効果**測定のために導入された制度で，番組本編よりも間のCMがどれだけ多くの人に見られていたかの方に重点があります（嶋村，2000）。そのため，CMをスキップする録画視聴や，CMの入らない動画配信などは基本的に視聴率調査の関心の対象外で，視聴していたとしても視聴率には反映されていませんので，CMの視聴を指標とするならばたしかにテレビ離れは急速に進んでいるといえます。

　しかし，総務省（2017）のデータでは，インターネット利用は増加していますが，テレビのリアルタイム視聴や録画視聴は必ずしもそれと反比例している

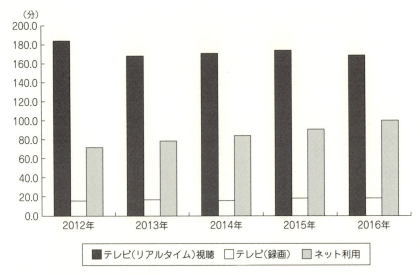

図 6-5　テレビ視聴とネット利用（全世代，平日１日の平均利用時間）
（出所）総務省（2017）より一部抜粋して作成

わけではありません（図 6-5）。大学生のテレビ視聴行動に質的に追った調査（志岐，2013）では，テレビを見ながらインターネットで番組内容の実況中継をしたり，SNS で感想を共有したりするなど，複数のメディアを同時に並行する視聴行動を報告していますので，テレビのオーディエンスがそのままインターネットユーザーに移行したという単純な変化ではなく，メディアの多様化とともにオーディエンスのテレビ視聴行動も多様化し，表面的な視聴率では視聴の実態が測定できなくなったといえるのではないでしょうか。

SNS とテレビの共存

　テレビはマス（大衆）を対象としたメディアで，同時に多数のオーディエンスに同一の情報を伝えるには適していますが，反面，少数のオーディエンスしか求めていないような番組は作りにくいという制限があります。しかし，現代では「放送時間に自分を合わせるのではなく，見たい番組を見たいときに見る」「自分だけのマニアックなニーズを満たしたい」というオーディエンス主体の視聴行動が中心になり，多様化・個別化するオーディエンスのニーズにテ

レビが対応できなくなってきています。これらの多様化したニーズは，ゲームやインターネット動画といったテレビ以外のメディアが請け負うようになり，テレビから離れるオーディエンスは増えつつあります。

　では，テレビはこれから衰退していくのでしょうか。答えは YES でもあり，NO でもあります。第一に，バラエティなどの娯楽的な機能や，趣味などのマニアックな情報機能，ユーザー同士のコミュニケーションといった側面では，テレビはインターネットや SNS の利便性にははるかに及ばないでしょう。しかし，ジャーナリズム機能においては，新聞とともにテレビの優位性はある程度残されると思われます。政治・経済の問題，戦争やテロ，災害といった時事問題に対しては，ニュースソースにアクセスできる人間，すなわち情報の発信側に回る人間が限られており，メディアの環境監視機能を果たせるのは主に従来型の新聞やテレビだからです。インターネットで議論が沸いていても，その前提となっている情報の多くがテレビや新聞を論拠としていることを踏まえれば，議論の「軸」において従来型メディアの存在感は大きいといえるでしょう。

　第二に，様々な情報を収集して客観的にとらえている知識層（小城他，2012；小城・萩原他，2011），または徹底的に娯楽性を追求する層（北村・佐々木・河井，2016；小寺，2012など）は，いずれもメディアを積極的に活用し，あらゆるソースから情報を得ようとしており，その際にメディアを区別していないことがわかっています。言い換えれば，情報に対してアクティブな層は，従来のテレビや新聞と新しいインターネットや SNS のそれぞれからしか得られない情報を吸収して全体を広く網羅しつつ，同時に両者から得られる情報については俯瞰的にメディアの違いを比較していて，豊富な情報と客観的な視点をもっているのです。

　そして，こうしたメディアの利用における年代差や世代差が次第に小さくなりつつあり，個人差が大きくなってきていることも注目されます。たしかに全体的な統計では高年層に比べて若年層が新しいメディアに親和的ですが，個別にみていくと高年層でもアクティブなユーザーはインターネットや SNS を駆使していますし，若年層でもメディアをほとんど利用しない人は情報から取り

残されていて社会に無関心というのが現状です（小城・萩原他，2011；小城，2014など）。これからの社会は，メディアの多様化とともに個人差がますます大きくなっていくと考えられます。

　本章ではマス・コミュニケーションについて取り上げましたが，メディアが多様化した現代のマス・コミュニケーション研究はじつに多種多様な切り口で行われており，媒体の比較もあれば，コンテンツの分析もあれば，オーディエンスに与える影響やオーディエンスの利用と満足の研究もあり，多岐にわたっています。本章でご紹介したものは筆者の関心にかなり偏っていることをお断りしておきます。

　筆者自身は理論を追究していく**トップダウン**の研究よりも，スキャンダルや流行やファン心理といったリアルな社会現象を分析する**ボトムアップ**の研究の方が性に合っており，目まぐるしく移り変わっていく社会現象の最先端を追いかけていくところに社会心理学の面白さがあると考えています。一見すると世俗的に思える切り口でも，アカデミックに追究していけば，そこに現代社会のありようが垣間見え，ときにはそれが古典的な理論に一石を投じることもあります。日常生活のあちこちに散らばっている研究の萌芽を探してみてください。

　上記4で説明された内容について，どの程度「あるある」「なるほど」と思ったか，評価してみよう。

　とてもそう思った（5）〜まったくそう思わなかった（1）

　　1．あるある　　　5　　　4　　　3　　　2　　　1
　　2．なるほど　　　5　　　4　　　3　　　2　　　1

　以上の評価を踏まえ，上記4を参考にSNSが社会や個人にもたらす影響について，研究テーマを探してみよう。

もっと詳しく知りたい人のための文献紹介

田崎篤郎・児島和人（編著）（2003）．マス・コミュニケーション効果研究の展開

北樹出版

⇨古典的な効果論が網羅されていて，基礎を学ぶ教科書としておすすめです。

李光鎬・渋谷明子（編著）鈴木万希枝・李津娥・志岐裕子（著）（2017）．メディア・オーディエンスの社会心理学　新曜社

⇨ニュースだけでなく，スポーツ，広告，ゲーム，ドラマやホラーなど，多様なメディアを扱っています。

萩原滋（編）（2013）．テレビという記憶——テレビ視聴の社会史——　新曜社

⇨社会の中でテレビが果たしてきた役割，現代のテレビ視聴の実態などを紹介していて，テレビの過去・現在・未来を俯瞰できます。

引用文献

Asch, S. E.（1951）. Effects of group pressure on the modification and distortion of judgments. In. H. Guetzknow（Ed.）, *Groups, leadership and men*（pp. 177-190）. Pittsburgh, PA: Carnegie Press.

Berkowitz, L., & Rogers, K. H.（1986）. A priming effect analysis of media influences. In J. Bryant & D. Zillmann（Eds.）, *Perspectives on media effects*（pp. 57-81）. Hillsdale, N. J.: Lawrence Erlbaum Associates.

Davison, W. P.（1983）. The third-person effect in communication. *Public opinion quarterly, 47*, 1-15.

Gerbner, G., & Gross, L.（1976）. The scary world of TV's heavy viewer. *Psychology Today, 9*(11), 41-45, 89.

（ガーブナー，G.・グロス，L. 一色留実（訳）（1980）．テレビ暴力番組　高根正昭（編）変動する社会と人間2　情報社会とマス・メディア　現代のエスプリ別冊（pp. 148-158）　至文堂

Festinger, L.（1957）. *A theory of cognitive dissonance.* Stanford, CA: Stanford University Press.

（フェスティンガー，L. 末永俊郎（監訳）（1965）．認知的不協和の理論——社会心理学序説——　誠信書房）

Halbwachs, M.（1950）. *La mémorie collective.* Paris: Presses Universitaires de France.

（アルバックス，M. 小関藤一郎（訳）（1989）．集合的記憶　行路社）

林香里（2005）．「冬ソナ」にハマった私たち——純愛，涙，マスコミ…そして韓国——　文藝春秋

Heider, F. (1958). *The psychology of interpersonal relations.* New York: Wiley. (ハイダー, F. 大橋正夫（訳）(1978). 対人関係の心理学　誠信書房)

平林紀子（2003a）. 第4章　新効果論　第1節　マス・メディアの「議題設定機能」仮説　田崎篤郎・児島和人（編著）マス・コミュニケーション効果研究の展開（pp. 66-75）北樹出版

平林紀子（2003b）. 第4章　新効果論　第2節　「沈黙の螺旋状過程」——世論形成過程におけるマス・コミュニケーションの役割　田崎篤郎・児島和人（編著）マス・コミュニケーション効果研究の展開（pp. 111-122）北樹出版

Hobson, D. (2003). *Soap Opera.* UK: Polity Press.

市原咲絵（2012）. ヒットドラマと時代の関係　*Aura, 207,* 14-21.

池田謙一・柴内康文（2000）. 電子メディアにおける"受動的"情報発信のコミュニケーション論的意味づけ——WWW上のホームページ所有者の実証調査——　1998年度大川情報通信基金研究助成報告書

伊藤大河・山本利一（2009）. コミュニケーション能力育成を目指したSNSの効果的な活用　日本教育情報学会第25回年会（pp. 282-283）

岩男寿美子（2000）. テレビドラマのメッセージ——社会心理学的分析——　勁草書房

Iyenger, S. (1991). *Is anyone responsible? How television frames political issues.* Chicago: University of Chicago Press.

Iyenger, S., & Kinder, D. (1987). *News that matters: Television and American opinion.* Chicago: University of Chicago Press.

Kapferer, J. N. (1989). A mass poisoning rumor in Europe. *Public Opinion Quarterly, 53,* 467-481.

加藤千枝（2014）. 賞賛獲得欲求と拒否回避欲求からみた青少年のSNS利用　北陸学院大学・北陸学院大学短期大学部研究紀要, *7,* 315-323.

川上善郎（1997）. うわさが走る——情報伝播の社会心理——　サイエンス社

川浦康至・三浦麻子・森尾博昭（2009）. 日本のインターネット心理学研究の歴史　三浦麻子・森尾博昭・川浦康至（編）インターネット心理学のフロンティア——個人・集団・社会——（pp. 1-15）誠信書房

河津孝宏（2009）. 彼女たちの「Sex and the City」——海外ドラマ視聴のエスノグラフィ——　せりか書房

北村智・佐々木裕一・河井大介（2016）. ツイッターの心理学——情報環境と利用者行動——　誠信書房

小寺敦之（2012）．動画共有サイト「YouTube」の「利用と満足」　社会情報学研究：日本社会情報学会誌，*16*，1-14.

児島和人（1996）．新効果論——培養分析——　田崎篤郎・児島和人（編著）マス・コミュニケーション効果研究の展開（pp.111-122）　北樹出版

小島弥生・太田恵子・菅原健介（2003）．賞賛獲得欲求・拒否回避欲求尺度作成の試み　性格心理学研究，*11*，86-98.

国立社会保障・人口問題研究所ホームページ　Retrieved from http://www.ipss.go.jp/（2018年4月20日）

小城英子（2004）．ファン心理の構造（1）ファン心理とファン行動の分類　関西大学大学院『人間科学』——社会学・心理学研究——，*61*，191-205.

小城英子（2005）．ファン心理の構造（2）ファン対象の職業によるファン心理およびファン行動の比較　関西大学大学院『人間科学』——社会学・心理学研究——，*62*，139-151.

小城英子（2013）．テレビが構築する集合的記憶——番組・アイドルの共有——　萩原滋（編）　テレビという記憶——テレビ視聴の社会史——（pp.40-56）新曜社

小城英子（2014）．テレビに対する態度と番組視聴　聖心女子大学論叢，*124*，27-90.

小城英子（2015）．SNSと共存する社会へ——聖心女子大学におけるソーシャル・メディアのガイドライン——　国民生活，2015年1月号，25-27.

小城英子（2017）．第5章 マス・コミュニケーション　第2節 マス・メディアの送り手とオーディエンスの社会性　太田信夫（監修）大坊郁夫（編集）社会心理学　シリーズ心理学と仕事10（pp.93-100）　北大路書房

小城英子・薊理津子・小野茜（2010）．スキャンダルとファン心理　聖心女子大学論叢，*114*，111-133.

小城英子・萩原滋・村山陽・大坪寛子・渋谷明子・志岐裕子（2010）．集合的記憶とテレビ——ウェブ・モニター調査（2009年2月）の報告（2）——　メディア・コミュニケーション，*60*，29-47.

小城英子・萩原滋・渋谷明子・志岐裕子・李光鎬・上瀬由美子（2012）．テレビが構築する社会的出来事・音楽番組・アイドルの集合的記憶——ウェブ・モニター調査（2011年2月）の報告（3）——　メディア・コミュニケーション，*62*，79-105.

小城英子・萩原滋・テー シャオブン・上瀬由美子・李光鎬・渋谷明子（2011）．

　　外国に関する集合的記憶とテレビ——ウェブ・モニター調査（2010年2月）
　　の報告（3）—— メディア・コミュニケーション, *61*, 127-148.

小城英子・菅原健介・薊理津子（2011）. 海外ドラマの魅力に関する探索的研究
　　聖心女子大学論叢, *116*, 57-79.

Lazarsfeld, P. F., Berelson, B., & Gaudet, H, (1944). *The people's choice.* New
　　York: Columbia University Press.

　　（ラザーズフェルド, P. F.・ベレルソン, B.・ゴーデット, H. 有吉広介
　　（訳）（1987）. ピープルズ・チョイス　芦書房）

松尾豊・安田雪（2007）. SNS における関係形成——mixi のデータ分析—— 人
　　工知能学会論文誌, *22*, 531-541.

McCombs, M. E., & Shaw, D. L. (1972). The agenda setting function of mass
　　media. *Public Opinion Quarterly, 36*, 176-187.

McCracken, G. (1989). Who is the celebrity endorser?　Cultural foundations of
　　the endorsement process. *Journal of Consumer Research, 16*, 310-321.

McQuail, D., Blumler, J. G., & Brown, J. (1972). The television audience: A re-
　　vised perspective. In D. McQuail (Ed.), *Sociology of mass communication*
　　(pp. 135-165). Middlesex, England: Penguin.

　　（マクウェール, D.・ブルナー, J.・ブラウン, J. 時野谷浩（訳）（1979）.
　　マス・メディアの受け手分析 (pp. 20-57)　誠信書房

中村功（1999）. テレビにおける暴力——その実態と培養効果—— マス・コミ
　　ュニケーション研究, *55*, 186-201.

中村信次（2017）. 大学生における SNS 利用と自己表出傾向との関連　日本福祉
　　大学全学教育センター紀要, *5*, 1-12.

中野収（1987）.「スキャンダル」の記号論　講談社

梨元勝（2001）. 噂を学ぶ——学問としてのスキャンダル—— 角川書店

西村洋一（2005）. コミュニケーション時の状態不安および不安生起に関連する
　　要因の検討——異なるコミュニケーションメディアを用いた比較—— パー
　　ソナリティ研究, *13*(2), 183-196.

西野知成（1998）. ホームドラマよ　どこへ行く——ブラウン管に映し出された
　　家族の変遷とその背景—— 学文社

Noelle-Neumann, E. (1993). *The spiral of silence: Public opinion-our social
　　skin* (2nd ed.). Chicago: University of Chicago Press.

　　（ノエル・ノイマン, E. 池田謙一・安野智子（訳）（2013）. 沈黙の螺旋理論

——世論形成過程の社会心理学——　改訂復刻版　北大路書房）

O'Connor, M. G., Sieggreen, M. A., Bachna, K., Kaplan, B., Cermak, L. S., & Ransil, B. J. (2000). Long-term retention of transient news event. *Journal of the International Neuropsychological Society*, *6*, 44-51.

大井眞二 (1993). センセーショナリズムを考える——アメリカ・ジャーナリズム史の文脈から——　マス・コミュニケーション研究, *43*, 45-62.

大沼美由紀・木村敦・佐々木寛紀・武川直樹 (2012). SNS は友人関係を悪化させるか——若者を対象とした SNS 利用における既存友人との対人トラブル実態調査——　電子情報通信学会技術研究報告信学技報, *112*(45), 155-160.

Rubin, D. C., Wetzler, S. E., & Nebes, R. D. (1986). Autobiographical memory across the adult lifespan. In D. C. Rubin (Ed.), *Autobiographical memory* (pp. 202-221). Cambridge, England: Cambridge University Press.

佐田一彦 (1983). テレビ輸入番組　川竹和夫（編著）　テレビのなかの外国文化 (pp. 24-54)　NHK 出版

斉藤慎一 (2001). 7章　ニュース報道の機能分析　萩原滋（編著）　変容するメディアとニュース報道 (pp. 169-199)　丸善

坂本真樹 (2009). タレントの特性を活かした広告コミュニケーションの可能性について　広告科学, *51*, 17-31.

笹川智子・猪口浩伸 (2012). 賞賛獲得欲求と拒否回避欲求が対人不安に及ぼす影響　目白大学心理学研究, *8*, 15-22.

佐藤友之 (1987). 虚構の報道——犯罪報道の実態——　三一書房

志岐裕子 (2013). 第8章　インターネット世代のテレビ・コミュニティ——大学生のテレビ視聴——　萩原滋（編）テレビという記憶——テレビ視聴の社会史—— (pp. 158-176)　新曜社

嶋村和恵 (2000). 4章　広告計画の構造と調査　岸志津江・田中洋・嶋村和恵　現代広告論 (pp. 87-104)　有斐閣

島村麻里 (2007). ロマンチックウイルス——ときめき感染症の女たち——　集英社

総務省 (2017). 平成29年版　情報通信白書　Retrieved from http://www.soumu.go.jp/johotsusintokei/whitepaper/ja/h29/（2018年4月20日）

高橋利枝 (2003). 初期効果研究に対する批判と展開　田崎篤郎・児島和人（編著）　マス・コミュニケーション効果研究の展開　改訂新版 (pp. 48-65)　北樹出版

竹下俊郎 (1998). マス・メディアの利用と効果　竹内郁郎・児島和人・橋元良明 (編著)　メディア・コミュニケーション論 (pp. 159-175)　北樹出版

海野弘 (2000). スキャンダルの時代　集英社

安野智子 (2007). 第三者効果　山田一成・北村英哉・結城雅樹 (編著)　よくわかる社会心理学 (pp. 142-145)　ミネルヴァ書房

読売新聞社 (2015). 上司から「友達申請」嫌56%　SNS使う新入社員　産業能率大調査　読売新聞　7月15日東京本社朝刊, 19.

第7章 文　化
──文化で成り立つ健康な心

異文化交流やグローバル化など，現代に生きる私たちは，多くの異なる「文化」を跨いで生活する時代に暮らしています。楽しい留学生活から，終わりの見えない戦争など，多くの異なる文化が出会う場所では様々な利益と不利益が生じます。日本では，1950年に比べて2017年には外国人人口が4.5倍の247万人（法務省，2017）に増加し，減少する若齢人口とは反対の推移を見せています。私たちは，ますます自分とは異なった文化と出会う時代に生きています。本章では，文化が人の心にもたらす影響について主要な知見を紹介し，いかに普段の私たちの心の健康にとって文化が必要なものであるかを論じます。

1　文化とは

1-1　なぜ文化を比較するのか

心理学における「比較」

心理学は科学的な手法（例：実験など）で心と行動の説明・予測・制御をしています。たとえば，人を急がせた場合，そうでない場合に比べ，道の途中でうずくまる人に遭遇しても助ける人が少なくなるという実験などを行います。この場合，原因である時間的切迫の操作，すなわち，急がせたグループ（実験群）と急がせないグループ（統制群）が生んだ援助行動の差は，他に群の違いを生み出す原因が考えられなければ，時間的切迫によって生じたと考えます。

比較文化心理学における「比較」

心や行動に対する文化の効果を試す実験はできるのでしょうか。じつは，文

コラム 7-1：文化差を研究する心構え

　読者の中には，「文化など気にせず，目の前の個人としっかり付き合っていけばよい」とお考えの方もいるかもしれません。たしかに，異なる集団に対する固定観念を解消するためには，個人と付き合うことが重要です。しかし，文化は，私たちの認識の及ばぬところで物事の考え方から感じ方まで左右する，暗黙で根深いものです（Haidt, 2012）。それゆえ，下手に気にしないようにすると，いざ文化差に直面した際，それを個人のせいにしてしまう危険すらあります。人間は，しばしば人の行為の原因を，その人の性格や態度など個人の内面に直観的に求めてしまう思考の癖ももっています。このことに留意した上で，文化と心の真の関係について，実証的に積まれた知見から理解したいと思います。

化の研究は，因果関係を証明するための「完全な実験」を行うことが事実上不可能です。前述の実験では，原因を実験者が参加者に施す，つまり「操作する」ことができました。原因を実験者の都合によってオン（実験群）とオフ（統制群）にでき，他の説明による影響も，実験者が知る限りにおいては意図的にオフ（統制）できたわけです。しかし，文化の研究では，これまでどの文化の影響もまったく受けていない人々を無作為にA文化とB文化に振り分けることは不可能です。文化を心と行動の原因だと言い切るための「完全な実験」ができません。

　では，心と行動に対する文化の影響は科学的に研究できないのか，というと，そうではありません。心理学では文化のように直接操作が難しい原因については，研究の切り口を少しずつ変え，多数の観察を重ねることで，それらの背後に共通の「要因（事例を束ねる共通項）」が存在することのもっともらしさを高める研究を重ねてきました。こうすることで，多くの国や地域，人種の違いに通底する，本質的な文化的要因を特定してきました。

1-2　文化とは何か

　「文化」とは具体的に何でしょうか。社会の人々が創り上げた物品や言語，伝統的な服装などが「文化」でしょうか。少し考えるだけでも難しいこの問い

は，100年ほど前に北米を中心に発展した文化人類学や，伝統的に社会現象とその法則を社会単位で扱う社会学で議論されました。クルーバーとクラックホーン（Kroeber & Kluckhohn, 1963）によると，20世紀前半までに文化の定義は160個以上も存在していたため，彼らはその本質を探りました。その結果，文化は，「象徴によって獲得され，伝達される，人間集団で異なる明示・暗黙両方にわたる行為のパターン」であり，その中核には「歴史的に生じ，選択されてきた伝統的な考えとそれに付与された価値づけ」があり，「文化の体系はこれら行為の産物であると同時に，さらなる行為を条件づける要素である」としました。

　これらはとても堅苦しい表現なのであえて卑近な例を挙げます。「象徴」とは，多くの人がある対象や物事に対して行う共通の意味づけのことです。たとえば，この本を手にした読者の多くが，この本を心理学でもっとも権威のある教典だと「意味づけ」した場合，この本に書かれた内容に沿って人々は心理学の知識を「獲得」し，この本に書かれていないことを誤りだと批判し，この本は10年後も書店に並び，内容は時を越えて「伝達」されるでしょう。社会の様々な物事や社会的行為には，なんらかの意味づけが共有されているとすると（例：神社は汚れのない場所である，先生が言うことは必ず正解である，など），同集団に所属する人々は，これら象徴を介してコミュニケーションを円滑にできる（疫病を防ぐために集まろうとする，試験勉強のために互いのノートを確認し合う）だけでなく，個々人で行っては制御しきれないほど複雑な「行為のパターン」を全員で整然と繰り返すことが可能になります（毎年お祭りをする，試験対策ノートを作る）。そして，ある行為のパターンが伝統として伝えられている集団や場（お祭りの伝統がある町や，試験対策ノートが出回っている大学）で生まれたり，生活したりすると，これらの行為が日常という繰り返しの中で条件づけられ（お祭りの支度をすると褒められる，試験対策ノートを使わないと落第する），結果として，個人のレベルで，その行為のパターンを担う一人になるというわけです。

　ただし，これらの例が示す通り，必ずしもある文化の影響下にいる全員が均等に文化的な学習を行うわけではないので，どの文化にも，必ず個人差が存在

します。また，生まれてからずっとお祭りに参加することを当たり前と思って
いた人は，お祭りが盛んでない場所に行ったり，お祭りをしない人と自分を比
べたりしない限り，お祭りに関して普段意識することはあまりないでしょう。
つまり，文化的な行為のパターンは，必ずしも全員が均一にかかわり，意識的
にアクセスできる概念として存在しているとは限りません。

　さらに，最初に挙げた「なんらかの意味づけ」自体が，そもそもなぜ生じた
のかについては，前世代から残っている制度（神社，学校）や，環境や生活のた
めの必須条件（自然環境など）が歴史的に先行する原因となります。人類の歴
史を省みると，私たち人間とその祖先は，これまで地球のどこに居を定めよう
とも，ある程度多くの人数が揃って集団生活ができたからこそ生存してきたと
考えられる事例が，考古学や人類学の分野で多数見つかっています。文化は，
そのような何万年もの時の流れの中で，私たちの集団生活を効率化し，生存に
有利に働く基盤を与える働きがあったと考えられています。

1-3　心理学で比較される文化の次元

　心理学では20世紀の後半中ごろより，重要な文化的要因，すなわち「**文化の
次元**」がいくつか注目され，様々な心と行動がこの次元上で異なる文化集団の
間で比較されてきました。上記のように文化の定義の核となる部分には，まず
「価値」があったため，**価値観**（人が重要とする考え）の研究が文化比較に応用
され，国際調査データから国の価値観の違いを測定する研究が行われました
(Hofstede, 2001；Schwartz, 1994)。また，**信念**（人が世の中について信じている事
柄；Bond et al., 2004）や，**規範**（人々に「こうすべき」とされていること；Gelfand
et al., 2011）の比較文化研究も行われています。これらが示すのは，文化は複数
の意味で比較できるということです。近年の社会心理学では，価値観や信念と
いった文化の「内容」ではなく，このあと第3節で説明する，その内容を生み
出した社会生態学的要因の比較も行われています。

> 　上記1で説明された内容について，どの程度「あるある」「なるほど」と思った
> か，評価してみよう。
>
> 　とてもそう思った（5）〜まったくそう思わなかった（1）
>
> 　　1．あるある　　5　　4　　3　　2　　1
> 　　2．なるほど　　5　　4　　3　　2　　1
>
> 　以上の評価を踏まえ，上記1で説明された「文化」の具体的な一例を，日常生
> 活から考えてみよう。

2　文化的な自己のあり方

2-1　独立した自己・協調した自己──文化的自己観

　ここでは，価値観や信念，規範と関連をもちながら，人間の社会的な行動を
左右する文化的な要因として，マーカスと北山（Markus & Kitayama, 1991）が
提唱した文化的自己観を取り上げます。**文化的自己観**は，心理学の諸分野が共
通して孕む，ある問題に答えるために作られた「自己観」の文化の次元です。

　実証的な心理学の研究には参加者が必須ですが，心理学ではじつに95％の参
加者が北米，英語圏，欧州から選ばれています（Arnett, 2008）。意図的にそう
したわけではなく，心理学の父であるヴント，心理学の母と呼ばれたジェーム
ズ，行動主義のワトソンやスキナー，欧州から北米に渡った社会心理学のレヴ
ィン，パーソナリティ心理学のオルポートなど，データを重視する心理学の萌
芽期より心理学研究のメッカは欧米圏であり，現在でも北米は心理学の牽引国
です。研究者がデータを集めようと思ったなら，世界人類のリストから無作為
に実験室へ呼べることは事実上ないわけで，北米や欧米圏に偏ります。

　結果として，北米から得られた知見が人類全体の特徴をうまく表しているの
かといえば，そうではないのです。90年代初頭，人間の自己観（**自己スキーマ**；
第2章参照）の研究をしていたマーカスと北山は，文化は自己のあり方（自分と
はどういう存在で，どのようにあるべきか，といった自己観の社会的意味づけ）を左

■独立的な文化における自己観
・自分の面倒は自分でみることが
　できる
・人と違って個性的である
・自分が他者に影響を与えること
　ができる
・自由である
・（平等だが）自分は素晴らしい
　存在である

■協調的な文化における自己観
・（内集団の）他者との人間関係
　を保つ
・自分は（内集団の）他者たち並
・（内集団の）他者に求められる
　ことに対して自分を合わせる
・内集団に根付いている
・内集団の序列に従おうとする

図7-1　文化的自己観の概念図

（出所）Markus & Conner（2013）を参考に作成

右し，北米や欧米文化が奨励する自己のあり方は，人類の中でも特殊なもので
あると主張しました。具体的には図7-1のように，それは自分の面倒は自分で
みることができ，人と違って個性的であり，自分が他者に影響を与えることが
でき，自由であり，平等を重んじつつも自分は素晴らしい存在である，という
意味づけをもつものであるとしました。

　マーカスと北山の主張は，研究上，北米とは異なると考えられる文化―日本
―との比較で主張されました。マーカスと北山によれば，具体的には図7-1の
ように，日本で育まれる人の自己のあり方とは，自分が一員である集団におけ
る他者との人間関係を保ち，それらの他者たち並であろうとし，それら他者に
求められることに対して自らを合わせ，それゆえに集団に根付いており，集団
の序列に従おうとする意味づけをもつものであるとしました。また，このよう
な自己のあり方が日本のみならず，広く東アジア諸国でも優勢であると主張し
ました。北米で優勢な自己のあり方は「（相互）**独立的自己観**」，日本で優勢な
自己のあり方は「（相互）**協調的自己観**」と呼ばれます（Markus & Conner, 2013
も参照）。

2-2　文化的な自己のあり方に由来する行動

文化と原因帰属

　電車の車内の遠いところで見かけた知人が，席を年配者に譲った現場を目撃したとしたら，「あの人はやさしい人だ」と考えるでしょう。しかし，もしかしたらその知人は自分が座っていた席の周囲の人たちからの非難の目に耐えきれずに，その年配者へ席を譲っただけなのかもしれません。それでも，直観的に「やさしい人」だと考えられてしまうのは，私たちには，情報が決定的に不足していても，人の行為の原因が何であるかを推論する思考があるためです。これは社会心理学で**原因帰属**と呼ばれる現象です。この例の場合，不足した情報は，「行為する以上は行為者個人がもっている性格や考えに沿った自由な判断を行ったはずだ」という，独立した自由な行為者としての人間の見方で補っているわけです。では，原因帰属の方法には文化差があるのでしょうか。

　独立的文化の場合，ある人がとった行動は，多かれ少なかれ，その人の自由な意思決定や，性格や態度といったその人の中にあって変わりにくい内的要因から生み出されると考えられがちです。たとえば，新聞に掲載された犯人の犯行意図に関する記述に使われた内容を数えると，「犯人は悪意をもって」「犯人は常々このような性格であった」と，内的要因から行為をしたのだと報道される傾向があります。興味深いことに，この知見は，日米の新聞に掲載された同一の事件の報道を分析した研究から得られたものであり（Morris & Peng, 1994），日本の新聞では，相対的に「会社が従業員をしっかり監督していないから起きた」等と，まったく内的要因でないものに帰属する傾向がみられました。北米では，台風で逃げ遅れた人々を報道する際にもこれが現れ，実際は貧困層が台風接近を知る情報媒体がなかったために逃げ遅れたことなどもあるはずですが，「その人々は残ることを『選んだ』」と内的要因に帰属されることも起こります（Stephens, Hamedani, Markus, Bergsieker, & Eloul, 2009）。つまり，独立的文化では，行為は「過度に」行為者の内的要因に帰属される傾向があります。

　協調的文化の場合，内的帰属は生じるのですが，外的帰属も多分に行われます。そこでは，ある行為は，行為者が置かれたその場の状況，一緒にいた人，

その場で他者が行為者に何を求めるかといったことも十分行為の原因になりえます。「酒の席ではああ言ったものの」「先輩の前だから，ここは謝っておこう」「教室では私はこういうキャラ（人から期待される人格）だから」などと，対人的な状況に合わせて，まるで別人のように行為を変えます。このような文脈に合わせた行動を繰り返していると，必然的に人の行為は必ずしも内的要因からのみ出て来るものではないと理解されるでしょう。この現象は，パソコンの画面に群れて泳ぐ魚の動画を呈示し，その内の1匹が群れから離れて先へ泳ぐ，もしくは，遅れて後に泳ぐなどの変化をつけた際に，その1匹の行為の理由を説明させた実験（Morris & Peng, 1994）からも示されました。この動画に対し北米の学生は「群れが嫌になったのだろう」と説明しますが，東アジア（中国人）の学生は「群れから除け者にされたのだろう」と説明します。独立的文化で，個人が集団から離れる状況は，個人の内的要因（嫌になった）と，それに続く自由な選択による集団からの離脱であるはずだと考えられる傾向がありますが，協調的文化では，個人と集団との関係に問題が生じたゆえであると考えられる傾向があります。

文化と自尊心

独立的文化では，自分のことは肯定的に評価します。もちろん，基本的に人間はある程度は自分のことを肯定しなければ健康な精神状態ではいられないのですが，とくに独立的文化では，人々は日常的な挨拶のレベルから，自己や他者を肯定する声掛け（例：挨拶程度に「Great!（最高！）」などが使われる）が一般的です。心理学では，自分のことを「これでよい」と思う程度を**自尊心（自尊感情）**と呼んで研究しています（第1章参照）。自尊心を測定する主要な心理尺度にローゼンバーグ（Rosenberg, M.）の自尊心尺度があります。日本とカナダとの間でこの尺度を用いた研究を集めて比較した研究によると（Heine, Lehman, Markus, & Kitayama, 1999），日本では尺度の中点あたりに平均値が重なりますが，カナダでは中点よりも高い平均値になります。カナダは北米のように独立的な自己観が優勢な文化であるため，独立的文化においては自尊心が高いと考えられます。興味深いのは，カナダに移住した東アジアからの移民の得点です。

カナダに移住して間もない移民，移住して年数が経過した移民，アジア系二世の移民，アジア系三世の移民の順番で，自尊心の平均的な高さは，欧州系カナダ人の平均値に近いものになります。

　独立的文化では，挨拶の仕方のように，日常生活でしばしば出会う状況に，人々の自尊心を引き出すような性質があるのかもしれません。心理学では，特定の心が環境にある刺激の性質によって引き出されることをアフォーダンスと呼びますが（第8章参照），いわば**文化的アフォーダンス**と呼べるものが自尊心に働いているかもしれないと考えられます。日常生活の状況を文章にして参加者に呈示し，その状況で自尊心がどのように変化すると思うかを評価させた研究があります。この研究では（Kitayama, Markus, Matsumoto, & Norasakkunkit, 1997），まず日米の学生から，それぞれの日常生活で出会った，自尊心を上げる，もしくは，下げる状況を予備調査で集めました。続く本調査で，両文化の状況を，別の日米学生に呈示し，各状況で自分の自尊心がどれほど変化すると思うか（上がると思うか，下がると思うか）を評定させました。

　その結果，まず，押しなべて日本人より北米人では自尊心が上がると思われやすいことが示されました。これは参加者ら自身に由来する文化差といえます。この効果とは別に，状況の効果に文化差があることもわかりました。すなわち，日本の日常で出会う状況に比べ北米の日常で出会う状況では参加者全員が，自らの自尊心が相対的に高くなると思い，北米の日常で出会う状況に比べ日本の日常で出会う状況は参加者全員が，自らの自尊心が相対的に低くなると思いました。自尊心には，先の挨拶の例のように，状況に引き出されている部分があるといえます。さらに，参加者と状況の組み合わせの効果もみられました。すなわち，北米の参加者が北米の状況に反応する際には自尊心がより高くなると思われ，日本の参加者が日本の状況に反応する際には自尊心がより低くなると思われることがわかりました。つまり，自尊心には，個人と，個人を取り巻く状況との組み合わせに由来する部分もあるということがわかりました。

　では，日本人の自尊心のあり方とはどのようなものなのでしょうか。ある実験では（Heine et al., 2001），カナダ人学生と日本人学生に，創造性のテストと

して，呈示した三つの単語に共通して関連する単語を答える（例：sleep，fantasy，day に共通するのは dream，など）課題を与えました。実験者らは予備調査で難易度の高い単語列と低い単語列をあらかじめ選んでおき，無作為に選んだ半数の参加者にそのいずれかを課題として与えました。課題を行わせてしばらくして，実験者は参加者自身に，他の参加者の回答分布と称して歪めた得点分布を見せ，失敗条件では参加者自身が中央値からずっと低い得点を獲ったことを，成功条件では参加者自身が中央値からずっと高い得点を獲ったことを知らせました[1]。その後，別の課題をコンピュータ上で行うと伝え，画面の前に座らせた際，そのコンピュータが故障したと実験者がうろたえ，修理の助けを呼ぶというので実験室を出ようとします。実験者は，創造性のテストが他に余っているので，実験の一部ではないけれども実験者がコンピュータを修理する間それを行っていてもよいと参加者に伝えます。一人残された参加者が二つ目の課題に従事した時間が，隠しカメラを通して観察し，測定されました。このような教示の下で自ら従事する二つ目の課題とは，しばしば，参加者が自ら課題へ動機づけられて行ったものであるとモティベーションの心理学では考えます。

　実験の結果，カナダ人学生は成功条件で，そして，日本人学生は失敗条件で，より長く二つ目の課題に従事しました。また，課題の後で，行った課題がどれほど創造性のテストとして正確だと思ったかと尋ねると，カナダ人学生は成功条件，日本人学生は失敗条件のもとでより正確なテストだったと答えました。さらに，失敗した後に課題に従事する個人は，別途測定した「能力の可変性に対する信念」の心理尺度の得点が高い個人であることもわかりました。この概念は「人が生まれながらにもっているものは，変えられる」といったように，

→1　なお，実験者は各参加者が成功と失敗いずれの条件なのかを知らされずに実験を行い，参加者は全体の中での自分の得点を知った後，得点分布や結果を記した紙を封筒に入れて実験者へ返却しました。すなわち，参加者は実験者の反応から手がかりを得ることはなく，自分の結果が実験者に知られることを気にする必要はありませんでした。

たとえば努力などをすることで私たちが能力を増大させることができると信じていることを表します。

この結果が示すのは，日本では，自分の能力は向上できるものだと考えて失敗を改善しようとする**自己改善動機**がみられるということです。努力や反省が小学校から会社に至り求められる日本では，「自分はまだまだ（だけど，これからよくなっていける）」という自尊心のあり方があるのかもしれません。

文化と選択

独立的文化では，個性的な**選択**が重視されます。それは，物事を自分の好きなように選択すること（たとえば，ハンバーガー屋で挟む肉の焼き方，ソース，パンなどを選ぶこと，携帯電話のアプリを選ぶことなど，個性的な選択は日常生活に遍在しています）が，趣味や嗜好といった自らの内的な特徴を反映し，自己を表現する発露としてのよい機会であるためです。

アンケート記入のお礼と称し，サンフランシスコ空港にいた東アジア人と欧州系北米人の両群に色の異なる2種類のペンを複数差し出し，その選択の文化差を検討した研究があります（Kim & Markus, 1999）。2種類のペン（オレンジと緑の外見）は，全選択肢5本の中で一方の本数が多く（例：オレンジ4本，もしくは3本），もう一方は少数（緑1本，もしくは2本）しかありませんでした。実験の結果，東アジア人では多数派のペンを，欧州系北米人では少数派のペンを選ぶことが多くみられました。少数派のペンを選ぶことで（アンケートの報酬を選ぶという瑣末な機会とはいえ），個性を表現することにつながる選択を行った，と理解できます。独立的文化の日常生活には，こういった個性的な選択を求められる機会が遍在しています。

この研究ではさらに，北米と韓国の雑誌広告に書かれたメッセージを分類し

→ 2　この結果は，東アジア人が，まだ実験が続くであろう実験者の手元に残るペンがなくなることに配慮して多数派を選択したわけではないと論議されました。もしそうだとすれば，少数派のペンが1本の場合と2本の場合では，前者の場合に「配慮」が後者より強くなるはずですが，この条件間に統計的な差がみられなかったためです。

ています。その結果，前者には「この商品を選ぶことで自由になれる」「この商品で人と違った人間になれる」と，購買によって個性的になれることを謳ったメッセージがより多くみられた一方で，後者には「この商品には500年の伝統がある」「この商品を買えば流行についていける」といった，いわば，購買によって自分より大きな社会的存在，または他者たちと一緒になれることを謳ったメッセージがより多くみられました。日本のファッション雑誌などをみても，「今年は何色」「この春のマスト服は」といった文言で，流行の最先端を走る皆と一緒になれるという意味で人並の選択が奨励されています。

文化と感情の意味づけ

　独立的文化では，個人を特徴づける要素は個人の中に存在する，と理解される傾向があります。個人を特徴づける要素とは様々ありますが，とくに「感情」は，親友にもわかってもらえないことがあるように，基本的には個人のプライベートで主観的な経験であり，抑えられない動機づけを伴い，何者にも束縛されずに自分の内から湧き出てくるように感じられる点で，自分自身を強く意識させる心理現象でもあります。だとすると，独立的文化では，人の感情をより個人的なものととらえるのでしょうか。

　オリンピックで金メダルを獲得した選手は，自国の人々に対して自らの肯定的な感情を話す機会であるヒーロー・インタビューを受けます。インタビューはニュース報道で記録されるので，選手が述べた事柄を科学的に分析することができます。欧州系北米人のメダリストのインタビューを分析すると，この非常に嬉しい感情的場面において，自分の信念（例：自分を信じていたから）や，人とは違う自分の特徴的な成果に関する言及を多くします。日本の選手の場合は，それらは欧州系北米人選手ほどではなく，選手としての自分の背景や支えてくれた恩師，（メダルを獲っているのに）反省に関する言及を多くします。一般の学生に，インタビューで選手が言うであろう事柄を選択させても，選手と同様の文化的特徴がみられました（Markus, Uchida, & Omoregie, 2006）。すなわち，学生から選手に至るまで，メダルを獲得するという肯定的な感情経験の場面において注目すべきと考えられた情報に違いがあったということです。

　協調的文化では，人々は，個人的な感情であっても，自他の関係性を重視した感情経験をします。誰かから何らかの援助を受けた状況で，援助してくれた他者に対して私たちは感謝や，多少の**負債感**（お返しをしなければならないという義務の気持ち）を感じます。日本人学生は北米人学生に比べ，被援助状況に対して感じる負債感が強く，その気持ちには援助者と自分との関係が悪くならないよう懸念する心が伴います（Hitokoto, 2016）。興味深いことに負債感は，欧米の研究では否定的な感情だとされるのですが（Watkins, Scheer, Ovnicek, & Kolts, 2006），日本人を対象にすると，対人的志向性（人付き合いのよさ）を介して精神的健康の一つである心理的ウェル・ビーイングに正の影響をもつことが示されています（鷲巣・内藤・原田，2016）。このように，文化（における感情の意味づけ）を前提として，はじめてその全貌が明らかになる感情もあるのかもしれません。負債感に敏感であることでどういった相手への，どのような形態の返報につながるのか，また，相手の労力を見積もり不和を防ごうとするあまり，必要な状況でも返報や援助を求めない（例：いじめられても助けを呼ばない）ことはあるかなど，文化における感情の意味づけの研究は，日常的な感情のあり方やその問題を理解するよう展開させることが可能です。

2-3　文化が作る心の奥底

文化と認知過程

　文化的自己観は，私たちが日常的に行う心理過程に一定の水路づけとして働きます。この水路づけは，心理学が研究する現象の中でも，とくに個人の意識的なコントロールが効かず，当然のように処理している情報入力の過程に影響があります。認知心理学という心理学の基礎的な分野では，人が外界に適応するためにどのように感覚器官を用いて脳に情報入力を行い，処理・統合しているのかについて研究を行っています。私たちがテレビに映るだまし絵を面白がって家族と共有できるのは，認知過程が個人間で共通であるためです。

　同時に私たちは，この生理的機構を，生まれてからの経験の中で調整し，生活や環境に適応させながら生きています。算盤を幼いころに習った方の中には，

暗算を求められたら頭の中に算盤を思い浮かべて計算する方が少なくないよう
です。「思い浮かべる」ことを心理学では表象するといい，思い浮かべたもの
は認知的表象といいますが，こういった方の場合は，算盤経験によって算盤と
いう認知的表象を獲得し，それを暗算で用いているわけです。つまり，情報処
理の仕方は，経験によって変わります。

　美術館の人物画をご覧になったことはあるでしょうか。過去の有名人（例：
お殿様，偉人など）が描かれているものです。何百点もの人物画を北米と日本お
よび韓国で調査した研究では（Masuda, Gonzalez, Kwan, & Nisbett, 2008），同じ
人物画であるにもかかわらず，北米のそれはカンバスの大部分に人物の顔が描
かれており，日本や韓国では，人物の顔は小さい反面，その人物の服装や持ち
物，部屋といった，背景を描きこむことにカンバスの多くの面積が割かれてい
ます。画家という文化の影響下にある認知者が，対象者である有名人について
視覚的に情報処理を行った結果が人物画であるとすると，絵画にみられる情報
処理の仕方の文化差は何を意味するのでしょうか。

　ある研究では（Kitayama, Duffy, Kawamura, & Larsen, 2003），実験室に呼ばれ
た参加者が，紙に線で描かれた四角形（一辺が 9 cm）と，その上辺から四角の
中央に向かって垂れた垂直線（3 cm）を見せられます。この刺激を伏せられた
後，部屋にある机に座ると，そこには紙と鉛筆が置かれてあり，紙には，先程
の四角形より一回り小さい（一辺が短い；6 cm）四角のみが描かれています。こ
こで，半数の参加者は，最初に見た上辺から垂れた垂直線をそのまま四角内に
再生するよう教示されます。この場合（絶対課題）は，正解は 3 cm の線分を描
くことです。もう半数の参加者は，最初に見た垂直線を，同時に見た四角形に
対する相対的な長さとして四角内に再生するよう教示されます。この場合（相
対課題）は，正解は 2 cm（9 cm に対して 3 cm，すなわち一辺の1/3の長さの垂直線
を描くべきなので，6 cm の辺に対しては 2 cm が正解）の線分を描くことです。参
加者は記憶を頼りに描くので微妙な誤りが生じますが，それでも，最初の刺激
において中央に位置する垂直線を正確に認知し，再生すれば絶対課題の誤りは
少なくなります。一方で，垂直線をその周囲の四角形も含めて相対的に認知し，

再生すれば，相対課題の誤りが少なくなります。興味深いことに，北米では絶対課題で，日本では相対課題で，より誤りが少なくなりました。北米では，視野の中央に位置した対象（線分）を切り出すように認知したのに対し，日本では，対象を背景（枠）の中に位置づけて認知したということです。北米のような認知スタイルは**分析的認知スタイル**，日本のような認知スタイルは**包括的認知スタイル**と呼びます。先に述べた画家の人物画には，このような認知スタイルの特徴がみられていたわけです。

文化と神経的メカニズム

このような認知過程は，私たちの脳，つまり神経機構によって動いています。普段の生活で繰り返し優先的に用いる情報処理があるならば，その学習の結果は，私たちの神経機構にも何らかの変化をもたらしているかもしれません。文化は，神経機構をどのように作るのでしょうか。

協調的文化では，自分の行為は，とくに社会的な状況においてその失敗を正すことが求められます。ある研究では（Park & Kitayama, 2012），実験室で参加者に簡単な失敗を経験させ，そのときの神経活動を測定しました。参加者は東アジア人と欧州系北米人であり，最低限，社会的な状況であることを示す条件と，そうではない統制条件を用意します。最低限の社会的な状況とは，「人の顔」を100ミリ秒以下の一瞬，画面に呈示することで行います。行う課題は，通常であれば正解できるけれどもうっかり失敗してしまうこともある課題で，たとえば「＜＜＞＜＜」のように刺激が呈示され，真ん中の矢印が左右どちらを向いているかを，手元の左右に用意されたボタンで答えるというものです。この例の場合は真ん中の矢印が右を向いているので右ボタンを押すことが正解で，周囲の矢印に騙されてしまった場合は左ボタンを押してしまい失敗となります。この課題はパソコンの画面に呈示されるのですが，人の顔が一瞬呈示されてから課題が呈示される条件，モザイク化された顔（バラバラに分解された顔のため，顔にはみえない）が呈示されてから課題を行う統制条件，および，「家（人の顔でない具体物）」が呈示されてから課題を行う別の統制条件が用意され，これを二つの文化集団の参加者が2時間ほど暗室で行います。この課題は，失敗した

直後に「あちゃ！」という感じで失敗したことがすぐにわかります。この主観的な意識よりさらに早い時点で，前帯状皮質から漏れ出る行為失敗に対する脳の自動的・感情的な反応である**エラー関連陰性電位**（ERN；Error Related Negativity）という脳波があります。これを測定し，人の顔条件においてのみ東アジア人は欧州系よりも強い ERN を起こすことが予想されました。結果は仮説を支持し，東アジア人にとって社会的な状況における失敗が，欧州系北米人よりもより脅威的な意味をもつことを示していました。

　この知見は，神経機構においても文化の影響がみられる可能性を示唆するものです。自動的・感情的な情報処理に文化の影響がみられるということは，コラム 7-1 で述べたように，文化は私たちの意識の及ばぬ心の奥底にまで影響を及ぼしている可能性があるのです。では，そもそも，どうして文化はここまで深く私たちの心に影響を及ぼすのでしょうか。

　上記 2 で説明された内容について，どの程度「あるある」「なるほど」と思ったか，評価してみよう。

とてもそう思った（5）～まったくそう思わなかった（1）

　　1．あるある　　　5　　　4　　　3　　　2　　　1
　　2．なるほど　　　5　　　4　　　3　　　2　　　1

　以上の評価を踏まえ，上記 2 で説明された協調的自己観に由来すると思われる人々の行動について，日常的な例を考えてみよう。

---

3 文化の機能と先行要因

3-1 生存を助けた文化

　人間の心は，私たちが普段思う以上に，先祖の暮らした環境に適応しています。**社会脳仮説**によれば，大脳の新皮質（脳の外側の皺部分であり，その前部は社会生活で必要な自己制御や他者の意図の推測を司る）が大脳全体に占める割合には霊長類の種によって差があります。種ごとの新皮質の割合は，一生涯に接す

る同種他個体の頭数と比例関係にあり，人間は他の霊長類に比べて新皮質の割合が大きいです（Dunbar, 1998）。また，新皮質の割合は，種ごとにみた眼球の白目の部分が露出している程度と相関します（小林・橋彌，2006）。白目が露出していると，私たちは，他個体がどこを見ているかを互いに認識しやすく，たとえば一緒の方向を見るなど，コミュニケーションの効率が高まると考えられます。つまり，協力しながら多くの他個体と生活するという集団生活が自己制御を司る新皮質の大きさと相関するわけです。

　霊長類の新皮質の割合と，個体がかかわる同種他個体の頭数のデータがあれば，人間の新皮質の割合が，どの程度の同種他個体（人間）と付き合うサイズであるのかを逆算することができます。その結果は，およそ「150」でした（Dunbar, 1998）。人類で長い歴史をもつ生業形態である狩猟採集文化などもおよそ150人を中心に一族を形成し（Dunbar, 1998），Twitter の相互フォロー数もおよそ150人程度で関係が安定します（Gonçalves, Perra, & Vespignani, 2011）。ということは，文明社会に生きる人間がもつ新皮質が処理できる人間関係の規模も，小規模の人間関係で生活する環境のそれと大差はないのです。文明を築いた人間は何万人もの人々と社会生活を送っているわけですが，それを支えるには新皮質だけでは足りず，文化的な規則や価値を用いています。

　人の自己制御は，とくに社会的です。動物は他個体が近くにいることによって身体の活性度が高まりますが，人間の場合は他者から評価される状況でさらに活性度が高まります（Markus, 1978）。人は「目」のポスターがあると部屋をきれいに保ち（Ernest-Jones, Nettle, & Bateson, 2011），五大宗教はすべてに共通して「神があなたの行いを見ている」という懲罰的な監視を教えています（Norenzayan, 2013）。これらは，人間にとって自己の行為を他者の評価にもとづいて修正するという心性が非常に基本的なものであることを示唆しています。このように考えると，なぜ私たちの心の文化的な特徴が自動的な認知過程すら形成しうるのかが理解できます。すなわち，自己制御や他者の行為の推測といった心理的メカニズムは，複雑な社会生活を私たちがスムーズに行えるよう進化したものなのです。

3-2　文化を生み出す様々な先行要因

社会生態学的要因

　近年，文化自体を生み出した社会的な要因に注目が集まっています。日本文化や北米文化は，5万年前から現在のように存在したわけではありません。図7-2のように，それぞれの国や地域において，人々が集団で生活していく上で直面した大きな問題が先行要因となって，文化が生じた可能性があります。

　こういった社会的な要因は，**社会生態学的要因**と呼ばれています。具体的には，気候や病原体といった自然環境に加え，都市生活，生業形態や市場経済，流動性（人々が移動すること），辺境における自発的入植の歴史といった，人間が作り出し，その上に生活を成り立たせる社会環境が挙げられます。また，周囲の他者の態度，環境の視覚的複雑さといった，個人に近接した社会的状況なども含まれます。このうちいくつかについて説明します。

社会生態学的要因としての稲作

　人間は，所与の自然環境の上に集団で生きるための生業を営んできました。とくに，大きな社会集団を形成する契機となった農耕生活は，人類の歴史の中でも効率的に炭水化物を生産し，大規模な人数の定住を可能にしたという点で特徴的な生業でした。農耕の中でも**稲作**は，同じ地域に長期的に定住し，季節や水環境の変化に応じた規律的な集団行動をとらないと成り立たない生業です。中国の南部では伝統的に稲作が，北部では麦作が中心であることを利用し，南

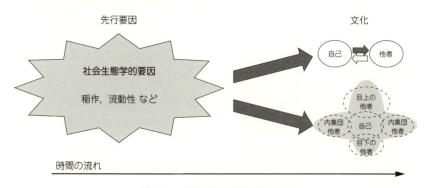

図7-2　社会生態学的要因と文化

部と北部との間で，第2節で述べた認知スタイルの比較を行った研究があります（Talhelm et al., 2014）。その結果，水田が多い地域に住む人々は包括的認知スタイルをもつ傾向があり，水田が少ない（麦作が多い）地域に住む人々は分析的認知スタイルをもつ傾向がありました。類する報告は，トルコの黒海沿岸において生業の異なる町の間でもあり（Uskul, Kitayama, & Nisbett, 2008），農業を営む住人は牧畜を営む住人に比べ，より包括的な認知スタイルを示しました。

社会生態学的要因としての流動性

人類の祖先がアフリカを後にしてから現代に至るまで，人々は移住してきました。社会の多くの人々が移住する流動性が高い環境は，定住と比べれば，同じ人間関係を維持することが難しくなります。同じ人間関係ではないので，他者からの評価なども構成員が入れ替われば変わり，ある人間関係が嫌であれば抜け出て別の人間関係に入ることもしやすい環境です。こういった環境では，これから新しい人間関係をもつ他者に対して自分を売り込む必要も生じ，自分の魅力を自覚して生活する必要も出てくるでしょう。流動性が高い環境では，こういった肯定的な自己をもつ，独立的な自己観が生じると考えられます。

北米国内の研究では（Oishi, Lun, & Sherman, 2007），学生に調査項目が表示される携帯型端末をもたせ，2週間の間に他者との間に生じた交流（顔を合わせての会話，電話，メール，共同活動）の後で，その交流で感じた肯定的感情（幸福と楽しさ），他者が自分の個人的特徴，および，集団的特徴をどれほど理解したと思うかを評定させました。参加者は，これまでの人生で引っ越した回数（具体的には，5歳から大学生までの間に，同じ町以外の場所に引っ越した回数）に個人差がありました。引っ越し回数に応じて，他者と交流する際に自分のもつ個人的特徴と集団的特徴のどちらを他者から認められると嬉しいか（肯定的感情を感じるか）が分析されました。その結果，引っ越し回数が多い参加者ほど他者が個人的特徴を認めたと思った場合にその交流を幸福で楽しいと感じ，引っ越し回数が少ない参加者ほど他者が集団的特徴を認めたと思った場合にその交流を幸福で楽しいと感じていることがわかりました。

社会生態学的要因としての自発的入植

自発的な入植，すなわち，開拓地へ移住することは，自ら環境を統制し，拓いた場所や獲得した物を得て生活していくことを伴います。北米で「フロンティア精神」が重視されてきたことを考えれば，未開拓地へ進むという社会の歴史があると，その独立自尊の精神は，次世代へ受け継がれていくのかもしれません。ここで，北海道という日本の国内の地域は，協調的な日本文化にありながらも，屯田兵と呼ばれた侍たちによって開拓されたフロンティアの歴史をもつ地域です。では，北海道の文化の影響を強く受けた日本人は，その他の地域の日本人よりも，独立的な自己のあり方を共有しているのでしょうか。[3]

ある研究では（Kitayama, Ishii, Imada, Takemura, & Ramaswamy, 2006），北海道出身の北海道大学の学生，本州出身の北海道大学の学生，本州（京都）の日本人大学生，および北米の大学生の四つの群で，幸せの経験頻度と，誇りなどの「**脱関与的肯定的感情**」，および，親しみなどの「**関与的肯定的感情**」の経験頻度を測定しました。四つの群の間で比較されたのは，この2種類の感情経験のいずれが，幸せの経験頻度との間により強い正の相関関係があるかでした。その結果，北米では脱関与的肯定的感情がより強い相関を示し，本州出身の北大生と本州の大学生では関与的肯定的感情がより強い相関を示し，北海道出身の北大生では，脱関与的肯定的感情と関与的肯定的感情の両方が幸せと同程度に相関しました。フロンティア開拓の歴史がある場所（北米や北海道）では，現在の学生でも，過去の歴史で醸成された独立的文化が伝播しているということです。

社会生態学的な要因に着目すると，文化の内容（自己観など）は，実際はその社会に存在する自然環境や歴史，社会全体の特徴が先行要因となって，そこに醸成され，伝播したものであると考えることができます。つまり，文化は，た

→ 3　北米は個人主義の国で，かつ，開拓の歴史があるので，北米のみでこの可能性を検討してもフロンティア開拓の歴史が原因で独立的文化が生まれたと特定することはできません。しかし，北米以外でフロンティア開拓の歴史がある場所でも独立的文化の特徴が見つかる場合はこの疑問に答えることができます。

んに千差万別の社会のあり様というだけではなく，社会レベルで生じた，生存を左右するある原因により，そこに暮らす人々に生じ，受け継がれたものと考えられます。

上記3で説明された内容について，どの程度「あるある」「なるほど」と思ったか，評価してみよう。

とてもそう思った（5）〜まったくそう思わなかった（1）

1．あるある　　5　　4　　3　　2　　1
2．なるほど　　5　　4　　3　　2　　1

以上の評価を踏まえ，上記3で説明された社会生態学的要因のいずれかが大きく異なる地域を挙げ，その地域間の文化の違いについて例を考えてみよう。

4　文化と心の健康

4-1　文化と幸福感

　心の健康には個人の遺伝的要因，生活習慣，家族関係，対人関係といった要因が影響しており，これらを整えることが心の健康を改善・維持します。その一方で，対人関係のあり方，家族の形態，生活習慣の土台となる生活環境，また，遺伝的要因すらも，私たちが暮らす文化の水路づけを受けて形成されている可能性があります。では，心の健康には文化も関係しているのでしょうか。

　世界各国の平均的幸福度を比較した研究では（Diener, Diener, & Diener, 1995），価値観の文化の次元において個人主義の国ほど幸福度が高く，集団主義の国ほど幸福度が低いことが示されています。ところが，前者の北米と後者の日本の幸福度の差が，後者で強い「親の期待に応えられていない」という感覚で説明できるとする報告があります（Oishi & Sullivan, 2005）。社会的状況において自らの失敗に着目する謙虚な自尊心のあり方が共有される協調的文化では，「あなたは幸せですか？」という標準的な幸福度の質問へ回答する際に，他者との関係性，とくにそこにおける懸念材料が意識され，その分幸福度は低くなりま

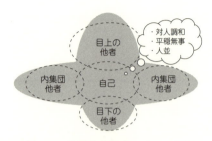

図7-3　協調的幸福感のイメージ図

す。感情の意味づけには文化的自己観（第2節参照）に沿った文化差があり，それは幸福感の評価についても影響を及ぼすと思われます。[4]

4-2　協調的幸福感

　では，関係懸念が伴うような協調的な幸福の意味づけの全貌とは，一体どういったものなのでしょうか。第2節で紹介した協調的自己観を踏まえると，まず，自分の関係性に不調和がないと感じることが何より重要でしょう。自他の間柄に調和が感じられ，個人的な利益があるというよりは心配事がない状態で，身近な他者たちに取り残されていない人並の状態，というような，いわば**協調的幸福感**を想定すれば，協調的な文化における人々の幸福の輪郭をとらえることができるかもしれません。このことをイメージ図として図7-3に示します。

　筆者ら（Hitokoto & Uchida, 2015）は，「協調的幸福感尺度」を作成し，協調的文化のある地域ほど，この尺度の得点の高さが，「幸せ」と単純に答えることと強い正の相関関係にあることを示しました。つまり，協調的文化で人々が「幸せ」と言った場合，それは協調的幸福感をしばしば意味するということです。このように，幸せの意味づけには文化差があり，それゆえに単純な幸福度の比

→ 4　標準的な幸福度の質問を使うことでわかる基本的な事実はありますが（例：民主主義の国ほど幸福，など），じつは文化による機微も考慮にいれた比較と理解を行わないことには，真に活用できる幸福についての知見を積むことはかなわないでしょう。ましてや，幸福度のランキングのみに一喜一憂する昨今の風潮には，多様性に配慮した幸福を追求するという本来の国際比較調査の目的とはかけ離れた，性急で非科学的な熱狂すら感じられます。

較だけでは人々の幸福の意味づけの重要な側面を捨象してしまうことにもつながりかねません。

4-3　なぜ心にとって文化が必要なのか

　文化は，心にとってどのような働きをもつのでしょうか。ある研究では（Proulx, Heine, & Vohs, 2010），文化には「世の中が不合理でないと感じさせる働き」があると考え，不合理な物語（読んでも結論がなく，意味のわからない話）を読ませた条件とそうでない条件で，文化的アイデンティティの重要性（自分の国，国籍，言語がどれほど重要だと思うか）を評価させて比較したところ，前者で後者より高く評価されました。また，意味不明の内容の物語を読ませた条件とそうでない条件で犯罪者を収監するために支払えると思う金額を比べたところ，これも前者で後者より高くなりました。さらに，不合理なモダン・アートを見せた条件とそうでない条件で，ニード・フォー・ストラクチャ尺度（「構造を必要とする欲求」を測定し，項目は"不確実な状況は嫌いだ""予測できない人々と一緒にいたくない"など）の得点が前者で後者より高くなりました。すなわち，不合理に接すると人は既存の文化を守り，不確実なものを排除しようとする，言いかえれば，文化は世の中における確実さを維持する働きがあると考えられます。私たちの心にとって，文化は世の中がどういったものかという確からしさとしての「意味」を与える機能があるといってもよいかもしれません。

　私たちの心にとって「意味」とはそれほど重要なものなのでしょうか。心理的ウェルビーイングという一種の幸福感の研究によれば，「私は意味のある人生を送っている」と感じられる人は身体的にも健康です（Kitayama, Akutsu, Uchida, & Cole, 2016）。具体的には，有害な社会的状況（例：幼年期の孤独や経済的困窮など）を経験すると，病を防ぐ人間の免疫細胞においてCTRA反応（炎症反応に伴う遺伝子転写の亢進とウィルス感染から身を守る遺伝子転写の抑制）が生じてしまいます。しかし，人生に意味を感じている人ほど，このCTRA反応が弱いのです。医学も発達していなかった人間の進化の歴史において，「意味」を創り，共有し，集団で生活することで，私たちの祖先は生き延びる確率を高

めてきたかもしれないのです。このように考えると，多様化する現代において，文化と心の関係を，両者が絡み合ったものとして考えることは，国際交流や語学学習にとどまらず，私たち自身の健康で生きがいある生活のために重要なことだと感じませんか。

　上記4で説明された内容について，どの程度「あるある」「なるほど」と思ったか，評価してみよう。

とてもそう思った（5）〜まったくそう思わなかった（1）

　1．あるある　　　5　　　4　　　3　　　2　　　1
　2．なるほど　　　5　　　4　　　3　　　2　　　1

以上の評価を踏まえ，上記4で説明された文化と健康の関係について，不健康的な例と，健康的な例の両方を考えてみよう。

もっと詳しく知りたい人のための文献紹介

東洋（1994）．日本人のしつけと教育——発達の日米比較にもとづいて——　東京大学出版会
　　⇨発達心理学の観点から，心がどのように文化化するのかを追究し，日米の母子比較研究を牽引した東洋（あずまひろし）先生による書籍です。母親のしつけや義務教育が強化する子どもの心と行動について，実証的比較と細かな考察がなされています。

増田貴彦・山岸俊男（2010）．文化心理学——心がつくる文化，文化がつくる心——（上・下）　培風館
　　⇨文化と認知の研究者である増田貴彦先生と，文化を社会制度の観点からとらえ直した山岸俊男先生が，2000年代までの文化心理学の知見を整理した初学者向けの学術書です。

マツモト，D. 南雅彦・佐藤公代（訳）（2001）．文化と心理学——比較文化心理学入門——　北大路書房
　　⇨感情の研究者であるマツモト先生による初学者向けの学術書の翻訳書です。文化の次元について説明されており，文化を比較することにまつわる研究法の基礎を学ぶことができます。

引用文献

Arnett, J. J. (2008). The neglected 95% : Why American psychology needs to become less American. *American Psychologist, 63*(7), 602-614.

Bond, M. H., Leung, K., Au, A., Tong, K-K., de Carrasquel, S. R., Murakami, F. … Lewis, J. R. (2004). Culture-level dimensions of social axioms and their correlates across 41 cultures. *Journal of Cross-Cultural Psychology, 35*(5), 548-570.

Diener, E., Diener, M., & Diener, C. (1995). Factors predicting the subjective well-being of nations. *Journal of Personality and Social Psychology, 69*(5), 851-864.

Dunbar, R. I. M. (1998). The social brain hypothesis. *Evolutionary Anthropology: Issues, News, and Reviews, 6*(5), 178-190.

Ernest-Jones, M., Nettle, D., & Bateson, M. (2011). Effects of eye images on everyday cooperative behavior: A field experiment. *Evolution and Human Behavior, 32*(3), 172-178.

Gelfand, M. J., Raver, J. L., Nishii, L., Leslie, L. M., Lun, J., Lim, B. C. … Yamaguchi, S. (2011). Differences between tight and loose cultures: A 33-nation study. *Science, 332*(6033), 1100-1104.

Gonçalves, B., Perra, N., & Vespignani, A. (2011). Modeling user's activity on twitter networks: Validation of dunbar's number. *PLoS ONE, 6*(8), e22656. doi: 10.1371/journal.pone.0022656

Haidt, J. (2012). *The righteous mind: Why good people are divided by politics and religion.* NY: Pantheon Books.

Heine, S. J., Kitayama, S., Lehman, D. R., Takata, T., Ide, E., Leung, C., & Matsumoto, H. (2001). Divergent consequences of success and failure in Japan and North America: An investigation of self-improving motivations and malleable selves. *Journal of Personality and Social Psychology, 81*(4), 599-615.

Heine, S. J., Lehman, D. R., Markus, H. R., & Kitayama, S. (1999). Is there a universal need for positive self-regard? *Psychological Review, 106* (4), 766-794.

Hitokoto, H. (2016). Indebtedness in cultural context: The role of culture in the felt obligation to reciprocate. *Asian Journal of Social Psychology, 19* (1),

16-25.

Hitokoto, H., & Uchida, Y. (2015). Interdependent happiness: Theoretical importance and measurement validity. *Journal of Happiness Studies, 16* (1), 211-239.

Hofstede, G. (2001). *Culture's consequences* (2nd ed.). Thousand Oaks, CA: Sage.

法務省 (2017). 報道発表資料：在留外国人数について Retrieved from http://www.moj.go.jp/nyuukokukanri/kouhou/nyuukokukanri04_00068.html (2018年4月8日)

Kim, H., & Markus, H. R. (1999). Deviance or uniqueness, harmony or conformity? A cultural analysis. *Journal of Personality and Social Psychology, 77*(4), 785-800.

Kitayama, S., Akutsu, S., Uchida, Y., & Cole, S. W. (2016). Work, meaning, and gene regulation: Findings from a Japanese information technology firm. *Psychoneuroendocrinology, 72*, 175-181.

Kitayama, S., Duffy, S., Kawamura, T., & Larsen, J. T. (2003). Perceiving an object and its context in different cultures: A cultural look at new look. *Psychological Science, 14*(3), 201-206.

Kitayama, S., Ishii, K., Imada, T., Takemura, K., & Ramaswamy, J. (2006). Voluntary settlement and the spirit of independence: Evidence from Japan's 'northern frontier'. *Journal of Personality and Social Psychology, 91*(3), 369-384.

Kitayama, S., Markus, H. R., Matsumoto, H., & Norasakkunkit, V. (1997). Individual and collective processes in the construction of the self: Self-enhancement in the United States and self-criticism in Japan. *Journal of Personality and Social Psychology, 72*(6), 1245-1267.

小林洋美・橋彌和秀 (2006). コミュニケーション装置としての目の進化 遠藤利彦 (編) 読む目・読まれる目 (pp. 69-91) 東京大学出版会

Kroeber, A. L., & Kluckhohn, C. (1963). *Culture: A critical review of concepts and definitions.* New York: Vintage Books.

Markus, H. (1978). The effect of mere presence on social facilitation: An unobtrusive test. *Journal of Experimental Social Psychology, 14*(4), 389-397.

Markus, H. R., & Conner, A. (2013). *Clash! How to thrive in a multicultural world.* New York: Plume.

Markus, H. R., & Kitayama, S. (1991). Culture and the self: Implications for cognition, emotion, and motivation. *Psychological Review, 98*(2), 224-253.

Markus, H. R., Uchida, Y., & Omoregie, H. (2006). Going for the gold models of agency in Japanese and American contexts. *Psychological Science, 17*(2), 103-112.

Masuda, T., Gonzalez, R., Kwan, L., & Nisbett, R. E. (2008). Culture and aesthetic preference: Comparing the attention to context of East Asians and Americans. *Personality and Social Psychology Bulletin, 34*(9), 1260-1275.

Morris, M. W., & Peng, K. (1994). Culture and cause: American and Chinese attributions for social and physical events. *Journal of Personality and Social Psychology, 67*(6), 949-971.

Norenzayan, A. (2013). *Big Gods: How religion transformed cooperation and conflict*. Princeton, NJ: Princeton University Press.

Oishi, S., & Sullivan, H. W. (2005). The mediating role of parental expectations in culture and well-being. *Journal of Personality, 73*(5), 1267-1294.

Oishi, S., Lun, J., & Sherman, G. D. (2007). Residential mobility, self-concept, and positive affect in social interactions. *Journal of Personality and Social Psychology, 93*(1), 131-141.

Park, J., & Kitayama, S. (2012). Interdependent selves show face-induced facilitation of error processing: Cultural neuroscience of self-threat. *Social Cognitive and Affective Neuroscience, 9*(2), 201-208.

Proulx, T., Heine, S. J., & Vohs, K. D. (2010). When is the unfamiliar the uncanny? Meaning affirmation after exposure to absurdist literature, humor, and art. *Personality and Social Psychology Bulletin, 36*(6), 817-829.

Schwartz, S. H. (1994). Are there universal aspects in the structure and contents of human values? *Journal of Social Issues, 50*(4), 19-45.

Stephens, N. M., Hamedani, M. G., Markus, H. R., Bergsieker, H. B., & Eloul, L. (2009). Why did they "choose" to stay? Perspectives of Hurricane Katrina observers and survivors. *Psychological Science, 20*(7), 878-886.

Talhelm, T., Zhang, X., Oishi, S., Shimin, C., Duan, D., Lan, X., & Kitayama, S. (2014). Large-scale psychological differences within China explained by rice versus wheat agriculture. *Science, 344*(6184), 603-608.

Uskul, A. K., Kitayama, S., & Nisbett, R. E. (2008). Ecocultural basis of cognition: Farmers and fishermen are more holistic than herders. *Proceedings of the National Academy of Sciences, 105*(25), 8552-8556.

鷲巣奈保子・内藤俊史・原田真有 (2016). 感謝, 心理的負債感が対人的志向性および心理的 well-being に与える影響　感情心理学研究, *24*(1), 1-11.

Watkins, P., Scheer, J., Ovnicek, M., & Kolts, R. (2006). The debt of gratitude: Dissociating gratitude and indebtedness. *Cognition & Emotion, 20*(2), 217-241.

第8章 環　境
——環境を知って環境を使う

　人の行動がなぜ行われるのかを考える際には，心と身体だけでなく環境も含めて考える必要があります。たとえば，目の前に丸太が置いてあるとします。そのままでは，それはたんなる丸太というモノです。でも，丸太が立てたときに座るのに適当な高さで，その丸太がテーブルを囲むようにして置いてあったらどうでしょうか。その丸太はイスのように思え，座るのではないかと思います。つまり，ただ座りたいと思った（心）から腰掛ける（身体）のではなく，どういった場所に置いてあるのか，座ることができそうなモノなのかなど，環境に対する判断も人がどのような行動を行うかに影響を与えています。本章では，人の行動に影響を与える「環境」について考えていきたいと思います。

1　環境と人との関係

1-1　パーソナルスペース・クラウディング・プライバシー

心理学における環境とは

　「環境」という言葉を聞くと，地球環境や自然保護を思い浮かべる人が多いかもしれません。しかし，心理学では「環境」は，生育環境，対人的環境，文化的環境といった人を取り巻く社会環境を指します。社会心理学ではさらに建物や都市構造，モノのデザインといった物理的環境も環境に含めます。つまり，心理学における環境とは身の回りすべてです。動物は環境から一方的に影響を受ける場合が多いのですが，人間の場合は，環境から影響を受けるだけではなく，環境に影響を与えることもある双方向の関係です。また，「環境」の中には，

その環境の意味も含まれています。たとえば，同じ「我が家」という環境でも，ポジティブな意味で受け止める人と，ネガティブなイメージを感じる人がいます（畑・羽生，2007）。したがって，環境と人が別々に存在しているというよりは，環境と人は一つの切り離せない単位として考えます（羽生，2008）。

パーソナルスペース

他にも空いている席があるのに，知らない人があなたのすぐ隣に座ったら嫌な気持ちや不安な気持ちになると思います。恐怖を感じることすらあるかもしれません。これはあなたのパーソナルスペースが侵されているからかもしれません。**パーソナルスペース**とは，自分を取り巻く，他人との関係を調整している空間のことです（Sommer, 1969 穐山訳 1972）。駅のベンチ，電車のイス，病院や空港の待合室などでは，席に余裕がある場合は1席空けながら座ります。これはお互いがお互いのパーソナルスペースに侵入しないようにしているからです。パーソナルスペースは自分とともに移動する自分の周りのバリアのような空間のことです。自分とともに移動するので，ある固定された場所を指して「ここが自分のパーソナルスペース」ということはできません。このバリアに侵入された場合にはネガティブな感情が生まれ，拒絶反応や攻撃行動が引き起こされます。ただし，親しい人の場合，パーソナルスペースに侵入されても嫌だとは思いません。家族や恋人，親友などとても親しい人の場合は歓迎されることもあります。自分が親しい友人だと思っていた人が，知り合い程度の距離をあけて座る，あるいは自分が知り合い程度だと思っていた人が近くに座り「あれ？」と思ったことはありませんか。このように，人と人との距離は意思伝達の手段でもあり，相手のことをどう感じているかということが表れます。

身体の向け方にも意味があります。背中合わせになったり，縦一列に並んだりすることを**ソシオフーガル配置**といいます。ソシオフーガル配置は人とコミュニケーションをとりにくい身体の向け方です。病院の待合室や図書館の閲覧室など静けさが望まれる，他人とのコミュニケーションがあまり必要ではない環境では，お互いのパーソナルスペースに入り込みにくいソシオフーガルなイスの配置にした方が，快適に利用できるイスが増えるでしょう。一方，人との

コミュニケーションを促す身体の向け方が**ソシオペタル**配置です。これは，家族と食事をとったり，友だちと話しながら歩く場合のような，お互いの方を向いたり，横に並んだりする身体の向け方です。こうした人との距離や身体の向け方を応用して，長期療養施設ではイスをテーブルを囲むようなソシオペタル配置にすることで，利用者間のコミュニケーションを促進する試みも行われています。

クラウディング

満員電車や混雑したエレベーターでは他者との距離を調節することが困難になり，パーソナルスペースに他者が侵入したままの状態となります。このような場合，相手が親しい人でない限り，身体の向きをソシオフーガル配置にしたり，それもかなわない場合にはせめてお互いの目が合わないようにします。あるいは音楽を聴いたり，目を閉じたりして心理的に距離をおこうとすることもあります。車両自体にも工夫があり，座っている人と立っている人は向き合っていても目が合わないようになっており，液晶画面や宙吊り広告など目のやり場もつくってあります。しかし，それでも電車が満員であれば「混雑している」と感じることが多いと思います。このような主観的に過密であると感じることを**クラウディング**といいます。クラウディングは主観的な経験なので，同じ密度が高い状態でもすべての人が「混雑している」と感じるわけではありません。満員電車でも，立っている人がいれば混雑していると感じる人もいれば，隣の人と触れ合っていなければ混雑していると感じない人もいます。したがって，何平方メートルに何人以上いるとクラウディングを感じるといった指標はありません。

1970年代のアメリカで，大学の寮生を対象として調査が行われました（Valins & Baum, 1973）。大学生が住んでいた寮には二つのタイプがあり，長廊下タイプの建物では，廊下をはさんだ両側に二人部屋の個室が配置されており，一方，ユニットタイプの建物では，2部屋から3部屋の二人部屋がラウンジを囲むように配置されていました。それぞれ一棟当たり約34人の学生が暮らせるようになっており，学生一人当たりに割り当てられた面積は，個室，トイレ，

ラウンジを合わせて，長廊下タイプが一人当たり約11.33 m²で，ユニットタイプが一人当たり約11.06 m²とほぼ同じでした。ちなみに11 m²は約6.5帖で，狭めのワンルーム程度の広さです。そして，同じ広さにもかかわらず，長廊下タイプに住んでいる学生の方が「居住階の住人の数が多すぎる」「居住階で会いたくないときに人に出会うことが多い」とクラウディングを感じている人が多いことがわかりました。つまり，環境の構造によって，同じ密度でも，混雑している感じであるクラウディングは変化します。密度とクラウディングは別のものなのです。

プライバシー

　同じ部屋に他人がもう一人いるだけでも，集中して作業を行いたい場合はクラウディングを感じるかもしれません（羽生，2008）。密度の高いパーティも，楽しければクラウディングは感じず，楽しくなければクラウディングを感じるという場合もあります。こうしたことから，クラウディングを生じさせるのは，思うように行動できない場合とプライバシーが不足している場合である（羽生，2008）と考えられます。社会心理学でいう**プライバシー**は一般的な意味とは違い，自分あるいは自分の所属する集団に対する他者からの接触をコントロールすること（Altman, 1976）であり，必ずしも一人で過ごすことではありません。他者からの接触をコントロールできるかどうかというところが重要な点で，先のアメリカの寮の研究（Valins & Baum, 1973）では，長廊下タイプの寮に住んでいた学生は部屋を出るとすぐ廊下で，自分で人との接触の量をコントロールできなかったため，クラウディングを感じていたのだろうと解釈できます。

　自分が希望するプライバシーの量よりも達成できているプライバシーが少ない場合にはクラウディングを感じます。逆の場合は退屈や孤独を感じます。たとえば，ライブハウスの観客が三人だったら退屈を感じるでしょう。コンサート会場やお祭り，スポーツ観戦をしているときは人がまばらにいるよりもたくさんいる方が「盛り上がる」ので，密度が高い状態であってもクラウディングは感じないことが多いです。

1-2　環境からの刺激

音環境

　スーパーのワインコーナーのBGMとして，フランスの音楽がかかっている
ときにはフランスのワインがよく売れ，ドイツの音楽がかかっているとドイツ
のワインの方が売れたという研究があります（North, Hargreaves, &
McKendrick, 1997）。不思議なようですが，フランスの音楽がフランスを思い起
こさせ，ドイツの音楽がドイツを思い起こさせたからだと考えられています。
ただし，購入者たちにあとでアンケートをとると，BGMには影響されなかっ
たと答える人が多かったそうです。私たちは意識をしていなくても，周りの環
境に影響を受けているのです。

　音楽を**騒音**と感じるかどうかは個人や条件によって異なり，音を出している
人をどの程度知っているかで，同じ音量の音でも騒音と感じたり感じなかった
りということがあります（古沢，1991）。たとえば，お隣の子どもたちのピアノ
の音も，顔も見たことがない子どもたちであればうるさく感じるかもしれませ
んが，よく知っている子どもたちであれば「上手になったなぁ」と思うかもし
れません。

視環境

　教室の壁に貼られた教材の有無と学習の程度について検討した研究（Fisher,
Godwin, & Seltman, 2014）によると，教材が貼っていない教室で学習した方が
学習後にテストの得点が上がりました。貼ってあった教材はアメリカの初等教
育現場ではよく貼られている教材だったのですが，授業を受けている子どもた
ちの気を散らせてしまっていたようです。

　カウンセリングルームの実験（Miwa & Hanyu, 2006）では，カウンセリング
ルームの照明と装飾を変化させた場合の，部屋とカウンセラーへの評価の変化
を検討しました。その結果，直接照明の部屋よりも，間接照明の部屋の方が，
カウンセラー役に対してより好感をもったことが示されました。カウンセラー
役はどの条件の部屋でも同一の人でしたので，照明の違いによって同じ人が好
感をもたれたりもたれなかったりしたということになります。また，直接照明

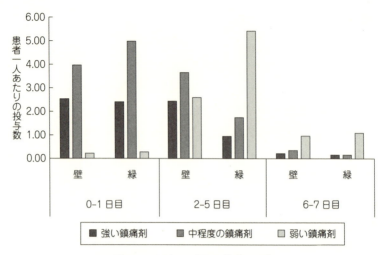

図 8-1　入院した部屋と術後の回復
（出所）Ulrich（1984）より作成

の部屋よりも，間接照明の部屋の方が，クライアントがより長く自分について
語り，総会話時間も長くなりました。

　アルリッチ（Ulrich, 1984）の研究では，外科手術を受けた患者の半分は壁し
か見えない病室，もう半分は緑が見える病室に入院していました。術後の回復
を比べると，入院日数や投与された鎮痛剤に違いがあることがわかりました
（図 8-1）。とくに，手術と退院の中間の期間（図 8-1 の 2 日目から 5 日目）で差が
みられ，緑の見える病室で過ごしていた患者の方が弱い鎮痛剤を使っており，
入院日数も少ないことがわかりました。観葉植物の研究（Bringslimark, Hartig,
& Patil, 2007）では，仕事机の隣に観葉植物がある人や，仕事机から観葉植物が
見える人の方が，病欠することが少ない傾向がみられました。このように，周
りの視環境からも，私たちは意識をしていなくても影響を受けています。

森林浴

　以上の音環境，視環境を包括する環境の一つの例として，森林浴について紹
介しましょう。森や林の中で心身の健康改善をはかる**森林浴**には，森を散策す
る，つまり運動をすること，森の香り（フィトンチッド）を嗅ぐこと，森を見る

こと，鳥の鳴き声やそよ風の音を聞くことなど，様々な要素がかかわっています。森林浴の研究は日本でさかんに行われており，英語でも森林浴の英訳のforest bathing あるいは shinrin yoku とそのまま表記されることがあります。「お疲れサラリーマン」を対象とした研究（Li et al., 2008）では，都内の大手企業に勤める中年サラリーマンに，1日目に2時間，2日目は4時間の森林散策を行ってもらいました。その結果，2日目には免疫力（血中のナチュラルキラー細胞の活性化の程度）が正常値へと回復し，7日間は持続していました。森の中で，森がみえる状態，あるいは森がみえない状態で座ってもらい，血圧や心拍と気分を測った研究（Horiuchi et al., 2014）からは，血圧や心拍は森がみえなくても下がるものの，気分は森がみえていないとよくならないことが明らかになりました。私たちは環境の一つひとつの要素から影響を受けているというわけではなく，全体から影響を受けていると考えられます。

1-3　癒される環境・不安を感じる環境

回復環境

　森林のように，癒される環境のことを**回復環境**と呼びます。カプラン夫妻（Kaplan & Kaplan, 1989）の**注意回復理論**では，精神的疲労（注意力を維持できなくなった状態）から回復できる環境には，「逃避」「魅了」「広がり」「環境・行動間の適合性」の四つの要素があると考えられています。「逃避」は，精神的な疲労の源となっている勉強や仕事から，物理的あるいは心理的に離れることです。「魅了」は，意図的に注目しなくても注意をひかれることです。たとえば，勉強していて目の前に蜘蛛が降りてきたら驚いて注目すると思いますが，そのような注目の仕方ではなく，変わりゆく空の雲のような，他のことを考える余地がある穏やかな注意が回復環境には必要とされています。「広がり」は，まったく違った世界にいるかのような感覚のことです。必ずしも物理的に広い空間である必要はなく，広く感じられる場所のことを指しています。欧米の文献では，狭い空間を広く見せる日本庭園が例として挙げられることが多く，カプラン夫妻他の著書（Kaplan, Kaplan, & Ryan, 1998 羽生監訳 2009）の日本語版読者への

前書きの中にも，小さいけれども豊かな空間である日本庭園について触れられています。「環境・行動間の適合性」は，その場所で行いたいことができることと，行いたいことができることが自然とわかることの両方を満たしていることです。

　回復環境は自然環境である必要はないのですが，自然環境は回復的特性が揃っています。海や山に出かけると，日常のストレッサーから「逃避」することができ，揺れる葉や波が私たちを穏やかに「魅了」します。海や山などの自然環境は，日常とは別世界で「広がり」が感じられ，都市環境などに比べると行動がしやすく「環境と行動が適合」しています。ハーティグ他（Hartig, Mang, & Evans, 1991）の研究では，大学生の実験参加者に，提示された数字を奇数か偶数に分類するような精神的に疲労する課題を40分間行わせた後に，40分間自然環境を散歩する，都市環境を散歩する，もしくは部屋で静かに雑誌を読む，の三つのグループに分けました。そして，回復の程度を測定したところ，自然環境を散歩したグループが他の二つのグループよりも怒りや攻撃性の感情が低く，全体的な幸福感が高いことがわかりました。女性乳がん患者に対して行った実験（Cimprich & Ronis, 2003）では，景色のきれいな場所で散歩をしたり，木や庭が見える窓のそばに座ったり，植物や庭の手入れをしたりするなど自然環境と触れ合う活動を1週間に120分以上行ったグループの方が行わなかったグループよりも，精神的疲労からの回復効果がみられました。

　「逃避」「魅了」「広がり」「環境・行動間の適合性」の四つの特性が揃っていなくても，個人にとってある場所が回復環境となる場合もあります。未就学児を養育中の両親を対象とした調査（Hata, Hanyu, & Kawata, 2014）では，有給の仕事をしていない母親にとっては「魅了」，有給の仕事をしている母親にとっては「逃避」，父親にとっては「環境・行動間の適合性」が自宅を回復環境にするのに重要でした。このように，どのような場所が回復環境となるかは，その人のライフスタイルや社会的な立場，パーソナリティとも関連するため人それぞれという面もあるのです。日本の大学生を対象とした調査（芝田・畑・三輪，2006）では，精神的な疲労を和らげてくれる場所として自然環境（山，川，海，

森林，草原など）も挙げられていましたが，自室・自宅，風呂・トイレ，実家・故郷，友人・知人宅，カラオケ・ライブハウス・クラブ，書店，カフェ・喫茶店なども挙がりました。また，オランダ，スウェーデン，アメリカの大学生を対象とした調査では，誰かと過ごす場合は，回復環境としてショッピングモールが好まれる傾向があり（Staats, Jahncke, Herzog, & Hartig, 2016），一人で過ごすか誰かと過ごすかでも選ばれる場所は異なります。

不安を感じる環境

癒しではなく，不安を感じさせる環境もあります。たとえば，**犯罪不安**は，犯罪遭遇時の感情ではなく，犯罪に遭うことに対して不安になることを意味しており，特定の環境で強く感じることがあります（羽生，2008）。犯罪不安を引き起こす環境の特性として羽生（2008）は，①見通しが利かない場所，②犯罪者が隠れられる場所，③逃げることができない場所，④ひとけがなく助けを求められない場所，⑤暗い場所，陰になっている場所，⑥管理のされていない荒廃した場所，⑦ホームレスなどの社会的に望ましくないとみなされやすい人々が集まる場所を挙げています。実際の駅のホームや改札で行った調査（羽生他，2011）でも，つねにうるさい，周辺に暗すぎるところがあるなどの場合に，犯罪不安が高まる傾向が示されています。ただし，犯罪不安はまったくない方がよいというものではなく，適度に不安を感じてもらうことが防犯においては重要だと考えられています。小学生を対象とした調査（藤井，2010）では，犯罪不安が高まると防犯意識（「なるべく暗くなるまでに家に帰るようにしている」「一人で家にいる時は，家のベルが鳴ってもドアをあけないようにしている」など）も高まることが示されています。

表 8-1 犯罪の発生件数と犯罪不安の関係

		犯罪件数	
		少ない	多い
犯罪不安	高い	不安軽減に注力すべき環境	早急に解決すべき環境
	低い	良好な環境	犯罪をやりやすい環境

（出所）槇（2004）p.141. より作成

槙（2004）は，犯罪不安が高い場所・低い場所と実際の犯罪件数が多い場所・少ない場所の関係を表8-1のように整理しました。同じ犯罪件数が高い場合でも，犯罪不安も高い場合は防犯行動がとられます。そのため，もっとも注意が必要なのは，犯罪不安は感じないけれども，じつは犯罪件数が多い場所ということになります。潜在的な被害者が不安を感じず防犯行動がとられないため，潜在的な犯罪者の立場から考えるともっとも犯罪が行いやすい環境ということになります。

　上記1で説明された内容について，どの程度「あるある」「なるほど」と思ったか，評価してみよう。

とてもそう思った（5）〜まったくそう思わなかった（1）

　1．あるある　　　5　　　4　　　3　　　2　　　1
　2．なるほど　　　5　　　4　　　3　　　2　　　1

　以上の評価を踏まえ，上記1で説明された内容から，自分にとって居心地がよい場所がなぜ居心地がよいのかを考えてみよう。

2　環境のもつ意味

2-1　場所（プレイス）

　ここでの「**場所（プレイス）**」とは，個人的・集団的・文化的な過程を経て意味づけされた環境（Low & Altman, 1992）のことを指します。場所は，たんなる物理的な空間やどこにあるかだけでなく，そこがどのような場所なのか，どのような行動が生起されることが多いのか，誰がその場所にいる可能性が高いのかなどの情報によって意味づけされています。難しいのは，文化や世代，個人にとって場所のとらえ方が違う可能性があるということです。たとえば，平和記念公園や神社・寺で携帯ゲームを行ってもよいか悪いかの判断は，その場所がどのような場所として意味づけられているかと関連しています。筆者が授業中に大学生に聞いてみたところ，「平和記念公園は『公園』だからよい」「神

社やお寺を知るきっかけとなるからよい」「歴史的建造物を身近に感じるのはよいこと」「人のいない場所が活性化するのでよい」と考えている人もいましたし,「神社には神がいる」「人が集まりすぎてしまう」「ゲームをしている人がいると景観が損なわれる」「歴史には敬意を払う必要がある」と考えている人もいて,場所に対する意味づけが人によって異なっていることがわかります。

サードプレイス

サードプレイスとは,自宅（ファーストプレイス）と学校や職場など自分が所属する重要な場所（セカンドプレイス）に続く,第三の居場所のことです（Oldenburg, 1999）。地域コミュニティ内のカフェ,パブ,きさくなレストラン,本屋,スポーツクラブなどです（Oldenburg, 2001）。サードプレイスは,様々な人と出会う情報交換の場として機能します（羽生,2008）。このため,サードプレイスは地域の**社会関係資本**（ソーシャル・キャピタル。ここではいわゆる「ご近所力」（高木,2011））（第 4 章参照）を育むための場所としても重視されています（Eicher & Kawachi, 2011）。

2-2　場所愛着・場所アイデンティティ

場所愛着

場所愛着とは,特定の場所に対して好意と依存心を抱くこと（羽生,2008）です。愛着をもつ場所は個人によって異なりますし,新しい場所に愛着を感じるようになったからといって以前愛着を感じていた場所に対して愛着を感じなくなるというわけではありません。たとえば,大学進学や就職に伴って引っ越し,新しい街や大学に愛着を感じるようになったからといって,故郷や出身高校に対する愛着がなくなるわけではありません。また,場所への愛着は,自宅のみの場合もあれば,マンション全体,コミュニティ全体,市全体などの場合もあり,反対に,自宅の自室のみという場合もあります。また,場所愛着にはそこにいる家族や友人などの人々,そこでの経験なども含まれます（Scannell & Gifford, 2010）。さらに,ある場所で暮らしていれば,あるいはある場所に通学していれば,必ずそこに愛着を感じるということにはなりませんし,引っ越し

た直後から愛着をもつ場合もあります。

特定の集団が愛着をもつ場所もあります。地域住民にとって重要な桜並木，アニメ好きコミュニティにとっての秋葉原，イスラム教徒にとってのメッカなどです。たとえば，エルサルムは，ユダヤ教徒，キリスト教徒，イスラム教徒の聖地ですが，同じ場所に複数の集団の人が愛着を抱くと，ときに対立が起こることがあります。

場所アイデンティティ

場所アイデンティティとは，場所を自分のアイデンティティの一部に取り入れることです。WAI（Who am I）テストというアイデンティティに関する心理テストでは，私は_____と，「私は」に続く文章を20個書いていくのですが，「東京都出身です」「埼玉県に住んでいます」など場所に関するものが記入されることも多く，場所がアイデンティティの一部として取り入れられていることがわかります。

江戸っ子，大阪人，道産子，パリジャン，ニューヨーカーなどは，場所アイデンティティを表現する言葉です。場所アイデンティティにはどのような場所に属したいかも関係しており，自分のアイデンティティに合う場所を選んだり，場所を変えることによって「自分」を変えるなど，場所にはかかわりのある人の自尊心を高めてくれる効果（Twigger-Ross & Uzzell, 1996）もあります。たとえば，丸の内で働く「丸の内 OL」であることや白金エリアに住む「シロガネーゼ」であることが自分に自信を与えてくれるといった場合です。ただし場所とかかわりのあるアイデンティティは必ずしもよいイメージであるとは限りません。地域のアイデンティティは，ある人にレッテルを貼ったり，烙印付けをしてしまう可能性もある（Hummon, 1992）ので，注意が必要です。

2-3　テリトリー

テリトリーはある人が占有する縄張りのことです。パーソナルスペースとは違い，人とともに移動することはないので，特定の場所を指して「ここが自分のテリトリー」ということができます。アルトマン（Altman, 1975）は，テリト

リーを三つのタイプに分類しています。自宅，寝室，職場の個室など個人または家族などによって，長期間独占的に占有されていて，他者もその占有を認めているのが１次テリトリーです。小中高校の教室での自分の席や職場の机，行きつけのカフェのいつもの席など，ある期間占有するものの，他者とも共有していることが多いのが２次テリトリーです。大学の場合，席が決まっていない授業も多いですが，それでも多くの人はいつもの席に座りたがります。これも教室のその席がある程度２次テリトリーとなっているからです。映画館の座席，公園のベンチ，銭湯のシャワーなど，すべての人に開放されている場所で短期間占有するのが**公共テリトリー**です。誰でも使える場所ですが，自分が使っているときに他人が割り込んでくることは許せないと感じます。動物にもテリトリーはあります。しかし，動物の場合は自分のテリトリー（たとえば巣）に他の個体を招き入れることはないですが，人は１次テリトリーである寝室であったとしても，他者を招き入れることがあるという特徴があります（小林，1996）。

テリトリアリティ

テリトリアリティとはテリトリーを守ること（Brown, 1991）です。ある場所が誰かのテリトリーであることを他者に伝えるモノを**テリトリー表示物**といいます。１次テリトリーである自宅の場合には，塀やフェンス，門や表札などが使われます。２次テリトリーや公共テリトリーの場合，何かモノを置くことで，テリトリーを確保することが多くなります。ある観察調査（Sommer, 1969 穐山訳 1972）によると，混み合った図書館で席が確保される時間は，何も置かないと20分，雑誌やペンを乱雑に置くと32分，雑誌やペンをきちんと置くと77分，スポーツジャケットを置いておくと２時間の観察時間中ずっと確保されていたとのことです。つまり，場所の所有者を特定できるようなテリトリー表示物の方が場所の確保には効果的です。

　１次テリトリーや２次テリトリーのようにより長期的に占有するテリトリーの場合，テリトリアリティが活発になると，テリトリーへの他者の侵入を監視したり，テリトリーを飾ったり，維持管理したりするようになります（小林，1992）。テリトリーを飾ったり，自分に合うように造り変えたりすることを，パ

ーソナライゼーションといいます（小俣，1997）。特別養護老人ホームで自室の
パーソナライゼーションの程度が高いと施設への満足度が高い（佐々木・羽
生・長嶋，2005）という関係がみられるように，パーソナライゼーションはそ
の場所への愛着や満足感，所有感とも関連しています。また，日本の大学生の
場合，自室のパーソナライゼーションが多い（自室が自分のパーソナリティを表
している）と心理的に自立しているという関係性も確認されています（Omata,
1995）。

上記2で説明された内容について，どの程度「あるある」「なるほど」と思った
か，評価してみよう。

とてもそう思った（5）～まったくそう思わなかった（1）

  1．あるある　　　5　　　4　　　3　　　2　　　1
  2．なるほど　　　5　　　4　　　3　　　2　　　1

以上の評価を踏まえ，上記2で説明された1次テリトリーと2次テリトリーの
例を考えてみよう。

---

3 「環境と人との関係」「環境のもつ意味」を読み取る・調整する

3-1 環境推論

　テリトリー表示物によってテリトリーを守るという関係が成立するためには，
他者がテリトリー表示物から他人のテリトリーを読み取る必要があります。環
境にある情報から，環境の意味を読み取ることを**環境推論**といいます。環境推
論とは，人が環境に対して意識的もしくは無意識的に働きかけを行って作り上
げた環境，もしくは選択した環境を，別の人が解釈をすること（羽生，1999）です。
　図8-2はB大学心理学科のM先生の研究室の写真です。B大学心理学科に所
属する学部生30人に対して，どの先生の研究室だと思うかを尋ねたところ，正
しく推論することができたのは，すでに訪問済みだった4人を除いた26人中6
人でした（佐久間，2018）。「書類などが多いがしっかり整理されている」「たく

図 8-2　M先生の研究室（撮影者：佐久間遼）

さん研究していそう」「個性的な机の配置」など，手がかりとされていたのは，本の多さや机の置き方でした。

　環境にある情報から正しく推論されない場合もあります。図 8-2 は本書の編著者である村井先生の研究室の写真でしたが，村井先生が執筆した本書の第 5 章あるいは他の文献を読んだときに浮かんだ村井先生の印象通りだったでしょうか。授業を受けていて村井先生のことをよく知っていた26人の学生たちでも

コラム 8-1：環境の手がかり

　桜が咲くとたくさんの人が公園でお花見をします。その際，桜の花の下にレジャーシートを置くだけでなく，図 8-3 のように地面を線で囲って場所取りをしたりします。桜が咲いていない季節に図 8-3 のように，公園の地面が四角く囲ってあっても，それが場所取りであるとはわからないでしょう。桜の花の下であるという環境の手がかりがあるからこそ，ただの「枠」でもお花見のための場所取りで，そこに誰かが来る予定だということがわかるのです。

図 8-3　お花見の場所取り

20人が間違えました（ただし，ほとんどの学生が男性の教員の名前を推論しました）。環境から正しく推論するためには，過去経験，教育，文化などを共有している必要があります。たとえば，家の周りに金網を張り巡らしたアメリカのある地域の写真を日本の大学生に見せると「犬を飼っているのではないか」と答えることがあるのですが，アメリカでは「防犯には取り組んでいるものの，かなり治安が悪い地区」と認識されます（羽生，2008）。鯛焼き屋の看板を見て，魚屋ではなく鯛焼き屋であると推論できること，豆腐屋のラッパの音を聞いて豆腐屋が来たと認識できることなど，環境の情報から推論するためには，過去の経験が重要となります。

3-2　アフォーダンス

　アフォーダンスは，モノの使われ方を決定する，モノの性質と人との間の関係性を意味する用語です（Norman, 2013；アフォーダンスはもともとは知覚心理学の理論ですが，ここではそれをデザインに援用したノーマン（Norman, 2013）の説明を用います）。たとえば，イスは座ることができるので，座ることをアフォードすると考えます。一方，イスを持ち上げることができる人にとってはイスは持ち上げることをアフォードしますが，乳児や高齢者などイスを持ち上げることができない人にとっては持ち上げることはアフォードしないと考えます。また座ることができるのはイスだけではありません。階段などの段差があるとこ

図8-4　座ることをアフォードする階段

ろも座ることをアフォードします。図8-4からは，本来座る場所ではない階段に座る人が多いことがわかります。

アフォーダンスの調整

イスがアフォードするのは座ることだけではありません。イスは寝ることもアフォードする場合があります。しかし，公園や駅のイスで寝転がっている人がいる場合，犯罪不安を引き起こすかもしれません。その場合は，座ることはアフォードするけれども寝ることはアフォードしない環境となるよう調整します（第4節，図8-6参照）。環境のアフォーダンスを調整することによって，望ましい行動を促進させ，望ましくない行動を抑制することができます（羽生，2008）。

たとえば，ポイ捨てされたゴミが集中して捨てられている場所は，①側溝や水たまりなどができるくぼんだ場所（U状部），②ブロック塀の上などの適当な高さがある平らな場所（T状部），③壁ぎわ（L状部），④植え込みの陰や柱の根元（⊥状部）に分類することができます（橋本，2002）。これらの場所の共通点は，散らかした場所が目立ちにくく，ゴミを捨てたいと思っている人に捨てさせてしまう環境であるということです。ゴミのポイ捨てはマナーと考えられがちですが，個人のパーソナリティや考え方だけでなく，環境も含めて考える必要があることがわかります。

シグニファイア

どのような行動をしてほしいのかを伝えるためには，シグニファイア（Norman, 2013）を提示することが必要となります。シグニファイアは，その場所でのふさわしい行動を伝える特徴やサインであり，人がもっている知識を引き出す手がかりとなります（Norman, 2013）。たとえば，ドアを押すのか引くのかを示すようなドアノブの特徴や「押す」「引く」と書かれ

図 8-5　置き方が伝わっていないシグニファイア

た張り紙を指します。ただし，シグニファイアの理解は，経験と知識によって育っていくこともあるため，子どもには意味がわからないが大人ならわかるといった発達段階も考慮する必要があります。また，意図したようには伝わらない場合もあります。図 8-5 には横に並べてほしいという意図が伝わっていない線（シグニファイア）が示されています。

3-3　場所スキーマとナッジ

場所スキーマ

　過去の経験は，場所スキーマも作りあげます。**場所スキーマ**とは，環境における典型的な情報やイメージ（表象）です（**スキーマ**については第 2 章参照）。たとえば，駅のコインロッカーなら「改札外の空間的に細長い場所にあるだろう」といった知識が場所スキーマです（羽生・野中，2013）。熊田・北島（2015）の認知機能が低下した高齢者が駅の案内板を見ずに，コインロッカーは改札外にあると思い込んで外に出てしまったために，コインロッカーを見つけられなかったという実験結果も，場所スキーマの影響があると考えられます。視認性の高い，わかりやすいはずの案内板でも見られないことがあり，その場合は人の場所スキーマと整合するように公共空間内の配置を行うと，自然と人の利用を誘導することができると考えられます。反対に人の場所スキーマと整合していないと行動しづらいということになります。

ナッジ・仕掛け

　ナッジとは，強制的ではない方法によって，あまり考えなくても「正しい」もしくは「損をしない」選択がなされるようにすること（Thaler & Sunstein, 2008 遠藤訳 2009）を指します。たとえばゴミ箱までの道のりに足跡のシールを貼り，探さなくてもゴミ箱を見つけられるようにすることです（Jespersen, 2012）。ナッジと似た考え方に**仕掛け**があります。仕掛けは，あまり考えなくても選ばれるというよりも意識的により魅力的な選択肢へと誘うきっかけとなるものを指します（松村，2016）。「世界一深いゴミ箱」という深くまで捨てているような効果音がするゴミ箱が，The Fun Theory プロジェクトという社会問

題を楽しく解決する提案を募集しているサイトに載っています（The world's deepest bin で検索してください）。公開されている動画では，ゴミが手元にない場合は，周りのゴミを拾ってきてまで捨てている様子を見ることができます。筆者の授業で大学生が考えた「ついきちんと捨ててしまう」アイディアには，秋葉原でゴミを捨てるとアイドルの声で「また捨ててね！」と言ってくれ，幼稚園や保育園の近くのゴミ箱ではアニメキャラクターや戦隊ヒーローが「ありがとう！」と言ってくれるという案がありました。

上記3で説明された内容について，どの程度「あるある」「なるほど」と思ったか，評価してみよう。

とてもそう思った（5）〜まったくそう思わなかった（1）

1．あるある　　　5　　　4　　　3　　　2　　　1

2．なるほど　　　5　　　4　　　3　　　2　　　1

以上の評価を踏まえ，上記3で説明された場所スキーマの例を考えてみよう。

---

4 環境を使う

最後に，これまでに学んだ環境と人についての知見が，実際の問題解決のために応用されている例をみていきましょう。

4-1 犯罪の予防

割れ窓理論（Wilson & Kelling, 1982）では，落書きのような重大ではないけれども違法な行為があると，潜在的な犯罪者が「ここでは咎められないのだ」と感じ，より重大な犯罪がおきやすい環境となってしまうと考えられています。そこでまずは，重大ではないけれども違法な行為を防ぐことを考えましょう。中俣・阿部（2016）は，先行するゴミがないことや，花畑であることがゴミのポイ捨てをしにくくすることを見出しました。中俣・阿部（2016）はシグニファイアという用語は使っていないものの，環境の美化や花壇を設置することが

図8-6　座ることはアフォードするが寝ること
　　　 はアフォードしないイス

ゴミのポイ捨てを抑制するシグニファイアとして有効であることが考えられます。花壇はテリトリー表示物としても，そこを手入れしている人がいることを暗示させます。各地で犯罪予防のために落書き消しやフラワーポット活動（住民が屋外に花壇や鉢植えを置く活動）が行われているのはこうした理由からです。また，犯罪不安を感じる場所が実際に犯罪が起こる場所とは限らないですが，犯罪不安を減らすための工夫として，イスのアフォーダンスを調整し，区切りをつけたり，細長くしたり，波打たせたりして，座ることはアフォードするけれども寝ることはアフォードしない環境もつくられています（図8-6）。

　神社のもつ「神聖な場所」という意味を用いて，不法投棄を防止するために小さな鳥居を設置する試みも行われています。ただし，神社が神聖な場所であると意味づけられていないといけないので，たとえば，文化が違う外国人などに対しては効果はありません。また，オランダの研究（Keizer, Lindenberg, & Steg, 2008）では，「落書き禁止」と書かれている駐輪場に停めてある自転車のハンドルにチラシを貼り付けて，どのくらいの人がチラシをポイ捨てするかを観察しました。この研究では，「落書き禁止」の指示通り落書きのないきれい

な壁の場合と、「落書き禁止」と書いてあるのに落書きがある壁の二つの環境が用意されていました。その結果、「落書き禁止」と書かれているのに壁に落書きがある駐輪場では69％と多くの人がチラシをポイ捨てし、きれいな駐輪場でチラシをポイ捨てした人は33％でした。落書き禁止と書いてあるのに落書きが許されていることで、咎められないだろうと思わせてしまうので、禁止するのなら、環境も一致させないといけません。またフラワーポットの花が枯れていれば、そこは関与している人がいないということを暗示させてしまうので、フラワーポット活動も置くだけでなく、枯れないよう管理する必要があります。

　さらに、地域を守ろうとする気持ちや地域に対する場所愛着があると、ゴミのポイ捨てや落書きなどに関心をもって対応しようとします。そして、地域への愛着が高いと、テリトリアリティが活発となり、自分の占有する空間に誇りをもち、望まない他者の侵入に敏感になります（小林、1992）。地域に対して愛着をもってもらうために、地域でお祭りを行うことなどが考えられます。こうした行事やサードプレイスとなりやすい場所の設置などを通して、ご近所力（地域の社会関係資本）が育まれます。首都圏でのアンケート調査では、居住している地域での協力行動（街区に住んでいる人たちの自治会と地域清掃への参加の程度の平均値）が高いことが、その地域での空き巣と車上ねらいの被害を抑制することが認められていて、地域の社会関係資本の犯罪を抑制する効果が確認されています（高木・辻・池田、2010）。

4-2　ストレス状態からの回復

　回復環境は「逃避」「魅了」「広がり」「環境・行動間の適合性」が満たされている環境ですが、海で「心が洗われる」人、東京ディズニーリゾートのような非日常環境で「すっきりする」人、あるいは旅行に行って「リフレッシュする」人などがいるように、回復環境が具体的にどこかは人によって異なっていると考えられます。その人が気に入っている場所に滞在することで回復することを「気に入った場所処方箋」と名づけて、心身の健康のために、日常的な環境に気に入った場所を一つあるいは複数探すようにとの提案もあります（Korpela,

Ylén, Tyrväinen, & Silvennoinen, 2008)。

　ただ，いつでも回復環境に出かけられるわけではありません。時間が限られている場合は，身近な場所を回復環境として選択する必要性が生じるので，自宅を回復環境として選択する傾向が強くなる（Scopelliti & Giuliani, 2004）こともわかっています。また，入院患者や施設入所者など，簡単に外に出かけられない人もいます。その場合，窓の外の景色を見るだけでも回復効果がありますが，その景色は自然の風景である方がよいことがわかっています（Kaplan, 2001）。入院患者の研究（Ulrich, 1984）でも示されていましたが（第1節参照），ストレス状態にある際に見る窓の外には，緑が見えることが重要です。

　緑が多いところに住んでいることと心の健康に関連があることもわかっています（Sugiyama, Leslie, Giles-Corti, & Owen, 2008）。特別な庭を設ける病院も増えてきています。そうした庭は入院患者のためだけでなく，職員や患者の家族も回復できる場としてデザインされています。認知症患者用の庭の場合，わかりやすい形状であったり，口に入れても害のない植物が植えてあったりと，特別な配慮がされています（Hartig & Cooper Marcus, 2006）。

　窓の外に緑が見えない場合は，観葉植物を置くことも考えられます。また，実際の風景でなくても，絵でもよいことがわかっています。4枚のポスターが貼ってある部屋で，意味不明な指令が出てきたり，嫌な音が鳴り続けたりするような怒りやストレスを引き起こすコンピュータ課題を行ってもらった実験（Kweon, Ulrich, Walker, & Tassinary, 2008）では，自然画と抽象画の割合が変化させてありました。協力者にはとくにポスターを見るようにとは言わなかったのですが，自然のポスターがあると，ストレスのレベ

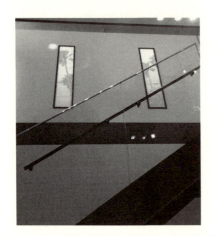

図8-7　ある店舗の擬似窓（撮影者：高山範理）

ルも怒りのレベルも下がる傾向がみられました。窓の代わりに擬似窓を設置・投影（図8-7）したり，窓があるかのような絵画を描く試みも行われています。

4-3　健康の促進

　森林浴にストレス状態からの回復効果があると第1節で書きましたが，植物や庭の手入れをすることであるガーデニング・園芸にも心身を癒す効果があると考えられています（恵紙・石橋・北尾，2002）。その理由の一つは，身体を動かすことにあります。運動にはうつを予防する効果があることがわかっています（青柳，2015）。したがって，歩きたくなる，動きたくなることが心身の健康にとって重要であり，ガーデニングには適度な運動を促す効果があるということになります。

　この考えを応用すると，エレベーターやエスカレーターではなく，階段を使ってもらえるように，ナッジや仕掛けの考え方を用い，階段を目立つ場所に設置する，あるいは，エレベーターやエスカレーターを目立たないところに設置することも考えられるでしょう。実際，消費カロリーやメッセージが書いてある階段（図8-8）や，ピアノの音が出る階段などの登りたくなるような階段も

図 8-8　登りたくなる階段

設置されています。反対に，エレベーターの速度をあえて遅くすることで，階段を魅力的に見せるといった案も考えられています（Chance, Ravi, Hatzis, & Huskey, 2015）。

　小学校の校庭を芝生化すると，子どもたちの歩数が増えたことも報告されています（福田・手塚・鈴木, 2009）。また，海外では子どもたちの運動量を増やし，肥満を防止するためにはどのような環境にしたらよいかが研究されています。そこで重要なのは，保護者が子どもが犯罪や交通事故にあう不安を感じないことで，たとえば，家の前の道路で安全に遊ばせることができない場合，外で遊ぶ時間がないという子どもが多くいるのに対し，家の前の道路で遊べる場合，外で遊ぶ時間がないという子どもはいませんでした（Hüttenmoser, 1995）。

　さらに，よい食事をとるようにさせる環境も考えられています。たとえば，仕事をしている机から手が届きやすいところにアメを置いておくと一日に 9 個，手は届きやすいものの蓋をつけて置いておくと一日に 7 個，見えやすいものの1.8m 離して置いておくと一日に 4 個，引き出しの中に入れておくと一日に 3 個アメを食べたそうです（Wansink, 2014）。また，買い物客が買った60％のものが，目の高さにあったものであることが報告されている（Wansink, 2014）ことから，健康によい商品を目の高さに置いておくことや，冷蔵庫やキッチンの目のつくところには果物を置いておくことなどが提案されています。

　人は動物と違って環境を変えることができるので，環境と行動の関連性を知ることで，自分で環境を変え，自分の行動を変え，より健康に生活できるようにすることが可能だと考えられます。

　上記 4 で説明された内容について，どの程度「あるある」「なるほど」と思ったか，評価してみよう。

　とてもそう思った（5）〜まったくそう思わなかった（1）

1．あるある	5	4	3	2	1
2．なるほど	5	4	3	2	1

以上の評価を踏まえ，上記 4 で説明された内容から，自分の身の回りの環境を変えるとしたらどのように変えるかを考えてみよう。

もっと詳しく知りたい人のための文献紹介

羽生和紀（2008）．環境心理学　サイエンス社
　　⇨社会心理学の中でもとくに「環境」を重視する分野は「環境心理学」と呼ばれています。環境心理学は学際的な領域で，建築学，地理学，造園学，都市計画など様々な分野と研究領域が重なっていますが，この本は心理学者によって書かれた入門書なので，心理学の一領域として「環境」を重視した場合の主要なトピックについて，詳しく学ぶことができます。

警視庁犯罪抑止対策本部（2017）．警視庁子ども・女性の安全対策に関する有識者研究会提言書（http://www.keishicho.metro.tokyo.jp/kurashi/anzen/anshin/kodomo_josei_anzen.files/all.pdf）（2018年 7 月17日閲覧）
　　⇨犯罪やその前兆事案がどこで起こっているのかを実際の犯罪データを用いて分析しています。そのうえで，パトロールの仕方や住宅の防犯対策など，環境を変化させることでの安全対策についても提言がされており，わかりやすくまとめられています。環境と人についての様々な研究成果が実際の問題解決に応用されている実例を知ることができます。

引用文献

Altman, I.（1975）. *The environment and social behavior: Privacy, personal space, territory, crowding.* Boston: Brooks/Cole.

Altman, I.（1976）. Privacy: A conceptual analysis. *Environment and Behavior, 8*, 7-29.

青柳幸利（2015）．中之条研究——高齢者の日常身体活動と健康に関する学際的研究——　医学のあゆみ，*253*(9)，793-798.

Bringslimark, T., Hartig, T., & Patil, G. G.（2007）. Psychological benefits of indoor plants in workplaces: Putting experimental results into context. *HortScience, 42*, 581-587.

Brown, B. B.（1991）. Territoriality. In D. Stokols & I. Altman（Eds.）, *Handbook of environmental psychology*（pp. 505-531）. Florida: Krieger Publishing Company.

Chance, Z., Ravi, D., Hatzis, M., & Huskey, K.（2015）. Nudging individuals toward healthier food choices with the 4Ps framework for behavior change. In C. Roberto & I. Kawachi (Eds.), *Behavioral economics and public health* (pp. 177-202). Oxford: Oxford University Press.

Cimprich, B., & Ronis, D. L. (2003). An environmental intervention to restore attention in women with newly diagnosed breast cancer. *Cancer Nursing, 26*, 284-292.

恵紙英昭・石橋正彦・北尾伸子 (2002). アルコール依存症に対するガーデニングの効果 松尾英輔・正山征洋 (編) 植物の不思議パワーを探る――心身の癒しと健康を求めて――(pp. 167-187) 九州大学出版会

Eicher, C., & Kawachi, I. (2011). Social Capital and Community Design. In A. L. Dannenberg, H. Frumkin & R. J. Jackson (Eds.), *Making healthy places: Designing and building for health, well-being, and sustainability* (pp. 117-128). Washington DC: Island Press.

Fisher, A. V., Godwin, K. E., & Seltman, H. (2014). Visual environment, attention allocation, and learning in young children: When too much of a good thing may be bad. *Psychological Science, 25*, 1362-1370.

藤井義久 (2010). 小学生の犯罪不安と防犯意識に関する発達的研究 発達心理学研究, *21*, 375-385.

福田美紀・手塚洋介・鈴木直人 (2009). 校庭の芝生化が子どもの身体活動に及ぼす効果 日本心理学会第73回大会発表論文集, 1366.

古沢照幸 (1991). 住みごこちとストレス 加藤義明 (編) 住みごこちの心理学 (pp. 171-180) 日本評論社

羽生和紀 (1999). 環境推論 日本大学心理学研究, *20*, 41-47.

羽生和紀 (2008). 環境心理学 サイエンス社

羽生和紀・畑倫子・山岡佳子・芝田征司・山下雅子・大谷華・亀岡聖朗・佐々木心彩 (2011). ターミナル駅における犯罪不安――物理的特性の影響―― *MERA Journal, 14*(1), 1-10.

羽生和紀・野中遼平 (2013). 駅空間における事物の場所スキーマに関する研究 環境心理学研究, *1*, 75.

Hartig, T., & Cooper Marcus, C. (2006). Essay: Healing gardens: Places for nature in health care. *Lancet, 368*, S36-S37.

Hartig, T., Mang, M., & Evans, G. W. (1991). Restorative effects of natural environment experiences. *Environment and Behavior, 23*, 3-26.

橋本俊哉 (2002). 「ゴミ捨て行動」の心理と誘導方策 農業土木学会誌, *70*, 101-104.

畑倫子・羽生和紀 (2007). 「我が家」の意味──主に首都圏居住者を用いた調査 ── *MERA Journal, 19*(1), 21-29.

Hata, T. D., Hanyu, K., & Kawata, M. (2014). Can home heal worn out parents? *Japanese Psychological Research, 56*, 373-384.

Horiuchi, M., Endo, J., Takayama, N., Murase, K., Nishiyama, N., Saito, H., & Fujiwara, A. (2014). Impact of viewing vs. not viewing a real forest on physiological and psychological responses in the same setting. *International Journal of Environmental Research and Public Health, 11*, 10883-10901.

Hummon, D. M. (1992). Community attachment: Local sentiment and sense of place. In I. Altman & S. M. Low (Eds.), *Place attachment* (pp. 253-278). New York: Plenum Press.

Hüttenmoser, M. (1995). Children and their living surroundings: Empirical investigations into the significance of living surroundings for the everyday life and development of children. *Children's Environments, 12*, 403-413.

Jespersen, S. M. (2012). Green nudge: Nudging litter into the bin. iNudgeyou: The Applied Behavioural Science Group. Retrieved from https://inudgeyou.com/en/green-nudge-nudging-litter-into-the-bin/ (May 30, 2018)

Kaplan, R. (2001). The nature of the view from home: Psychological benefits. *Environment and Behavior, 33*, 507-542.

Kaplan, R., & Kaplan, S. (1989). *The experience of nature: A psychological perspective.* New York: Cambridge University Press.

Kaplan, R., Kaplan, S., & Ryan, R. L. (1998). *With people in mind: Design and management of everyday nature.* Washington DC: Island Press.
（カプラン, R.・カプラン, S.・ライアン, R. 羽生和紀 (監訳) 中田美綾・芝田征司・畑倫子 (訳) (2009). 自然をデザインする──環境心理学からのアプローチ── 誠信書房）

Keizer, K., Lindenberg, S., & Steg, L. (2008). The spreading of disorder. *Science, 322*, 1681-1685.

小林秀樹 (1992). 集住のなわばり学 彰国社

小林秀樹 (1996). 集まって住む 中島義明・大野隆造 (編) すまう──住行動

の心理学——（pp. 111-133）朝倉書店

Korpela, K. M., Ylén, M., Tyrväinen, L., & Silvennoinen, H. （2008）. Determinants of restorative experiences in everyday favorite places. *Health & Place, 14*, 636-652.

熊田孝恒・北島宗雄（2015）. なぜ，駅の中の案内はわかりにくいのか——高齢者の案内サインの利用と認知機能—— 熊田孝恒（編）商品開発のための心理学（pp. 59-86）勁草書房

Kweon, B. S., Ulrich, R. S., Walker, V. D., & Tassinary, L. G. （2008）. Anger and stress: The role of landscape posters in an office setting. *Environment and Behavior, 40*, 355-381.

Li, Q., Morimoto, K., Kobayashi, M., Inagaki, H., Katsumata, M., Hirata, Y., Hirata, K., Suzuki, H., Li, Y. J., Wakayama, Y., Kawada, T., Park, B. J., Ohira, T., Matsui, N., Kagawa, T., Miyazaki, Y., & Krensky, A. M. （2008）. Visiting a forest, but not a city increases human natural killer activity and expression of anti-cancer proteins. *International Journal of Immunopathology and Pharmacology, 21*, 117-127.

Low, S. M., & Altman, I. （1992）. Place attachment, In I. Altman & S. M. Low （Eds.）, *Place attachment* （pp. 1-12）. New York: Plenum Press.

槙究（2004）. 環境心理学——環境デザインへのパースペクティブ—— 春風社

松村真宏（2016）. 仕掛学——人を動かすアイデアのつくり方—— 東洋経済新報社

Miwa, Y., & Hanyu, K. （2006）. The effects of interior design on communication and impressions of a counselor in a counseling room. *Environment and Behavior, 38*, 484-502.

中俣友子・阿部恒之（2016）. ゴミのポイ捨てに対する監視カメラ・先行ゴミ・景観・看板の効果 心理学研究, *87*, 219-228.

Norman, D. （2013）. *The design of everyday things: Revised and expanded edition.* New York: Basic Books.

North, A. C., Hargreaves, D. J., & McKendrick, J. （1997）. In-store music affects product choice. *Nature, 390*, 132.

Oldenburg, R. （1999）. *The great good place* （3rd ed.）. Cambridge: Da Capo Press.

Oldenburg, R. （Ed.）（2001）. *Celebrating the third place: Inspiring stories about the great good places at the heart of our communities.* New York: Marlowe & Company.

Omata, K. (1995). Territoriality in bedroom and its relations to the use of room and psychological independence in Japanese adolescents. *Journal of Home Economics of Japan, 46,* 775-781.

小俣謙二（1997）．人と家の心理的つながり——個性的な住まいづくりと精神衛生—— 小俣謙二（編）住まいとこころの健康——環境心理学からみた住み方の工夫——（pp. 12-38）ブレーン出版

佐久間遼（2018）．インテリア空間の印象と環境推論について 文京学院大学心理学科卒業論文（未公刊）．

佐々木心彩・羽生和紀・長嶋紀一（2005）．高齢者の施設適応に影響を及ぼす要因——居室の個性化を指標として—— *MERA Journal, 9,* 43.

Scannell, L., & Gifford, R. (2010). Defining place attachment: A tripartite organizing framework. *Journal of Environmental Psychology, 30,* 1-10.

Scopelliti, M., & Giuliani, M. V. (2004). Choosing restorative environments across the lifespan: A matter of place experience. *Journal of Environmental Psychology, 24,* 423-437.

芝田征司・畑倫子・三輪佳子（2006）．回復的な環境とその特徴について 日本心理学会第70回大会発表論文集，1402.

Sommer, R. (1969). *Personal space: The behavior basis of design.* Englewood Cliffs: Prentice-Hall.
（ソマー，R. 穐山貞登（訳）（1972）．人間の空間 鹿島出版会）

Staats, H., Jahncke, H., Herzog, T. R., & Hartig, T. (2016). Urban options for psychological restoration: Common strategies in everyday situations. *PLoS ONE, 11*(1), e0146213. doi: 10.1371/journal.pone.0146213

Sugiyama, T., Leslie, E., Giles-Corti, B., & Owen, N. (2008). Associations of neighbourhood greenness with physical and mental health: Do walking, social coherence and local social interaction explain the relationships? *Journal of Epidemiology and Community Health, 62,* e9.

高木大資（2011）．ピックアップ 8 ——ソーシャルキャピタルの防犯への役割—— 小俣謙二・島田貴仁（編）犯罪と市民の心理学——犯罪リスクに社会はどうかかわるか——（pp. 157-160） 北大路書房

高木大資・辻竜平・池田謙一（2010）．地域コミュニティによる犯罪抑制——地

域内の社会関係資本および協力行動に焦点を当てて――　社会心理学研究,
26, 36-45.

Thaler, R. H., & Sunstein, C. R. (2008). *Nudge: Improving decisions about health, wealth, and happiness.* New Haven: Yale University Press.
（セイラー, R.・サンスティーン, C.　遠藤真美（訳）（2009）. 実践行動経済学――健康, 富, 幸福への聡明な選択――　日経 BP 社）

Twigger-Ross, C. L., & Uzzell, D. L. (1996).　Place and identity processes. *Journal of Environmental Psychology, 16*, 205-220.

Ulrich, R. S. (1984). View through a window may influence recovery from surgery. *Science, 224*, 420-421.

Valins, S., & Baum, A. (1973). Residential group size, social interaction, and crowding. *Environment and Behavior, 5*, 421-439.

Wansink, B. (2014). *Slim by design: Mindless eating solutions for everyday life.* New York: Harper Collins Publishers.

Wilson, J. Q., & Kelling, G. L. (1982). Broken windows: The police and neighborhood safety. *The Atlantic Monthly, 249*(3), 29-38.

監修者あとがき

　本書『絶対役立つ社会心理学』を手にとってくださった読者のみなさん，どうもありがとうございます。大学等の社会心理学の授業で教科書に指定されたから，書店で偶然にタイトルが目に止まったから，すでに他の「絶対役立つ」で始まる同シリーズ本を読んだことがあったからなど，その経緯は様々であろうと思います。

　ここでは本書の監修者としての立場から，本書の企画趣旨について，他の「絶対役立つシリーズ」との共通点・相違点を挙げながら説明したいと思います。

　「絶対役立つシリーズ」は，本書が6冊目になります。「絶対役立つシリーズ」の第一弾は『絶対役立つ教育心理学—実践の理論，理論を実践—』（2007年5月刊）でした。この『絶対役立つ教育心理学』は，主に教職科目である「教育心理学」の教科書として使用されることを意図して，実際に学校教育現場で教職に携わる人や，学校ではなくても「子育て」という教育活動を家庭で行う人を読者として想定した編集・執筆を行いました。つまり，「学校の内外問わず，教育を実践する上で絶対に役立つ」ことを目指したものであり，「役立つ」であろう場面や，対処すべき問題をある程度想定した内容となっています。

　第二弾は『絶対役立つ教養の心理学—人生を有意義にすごすために—』（2009年4月刊）です。この本は「教養として絶対役立つ」ことを目指した本でした。主に学部1・2年生の，心理学を専攻としない学部・学科に所属する人たちにとって，学問としての心理学との一期一会の場となる「教養の心理学の授業」のための教科書を意図して作りました。既存の「心理学入門」「心理学概論」の教科書の多くは，内容は入門的であっても，その本を読んだ後に，より専門的な各心理学分野を深く学び続けることを想定した，専門への導入という役割を重視しています。そうした専門導入のための教科書の必要性について異を唱え

るつもりはまったくありませんが，いわゆる教養の授業で心理学と出会う学生の多くは，カリキュラム上はその後に心理学を学び続けるわけではありません。そこで，この本を読むだけで十分に心理学の醍醐味が伝わるように編集・執筆を行いました。ただし，取り上げているのは，いわばスタンダードな心理学の基礎的な分野であり，収録している分野の違いではなく，語り口による違いが，他の「心理学の入門書」との大きな違いとなっています。

　第三弾の『絶対役立つ教養の心理学　展開編—人生をさらに有意義にすごすために—』（2013年5月刊）は，第二弾と同様に「教養の心理学」を取り上げたものです。第二弾が基礎的な分野を取り上げたのに対して，心理学という学問が応用的な広がりを持ち，扱っているテーマが「展開」していることを知っていただくことを意図して作成しました。

　第四弾の『絶対役立つ臨床心理学—カウンセラーを目指さないあなたにも—』（2016年9月刊）は，サブタイトルからもおわかりと思いますが，「臨床心理学に興味をもっているが，カウンセラーなどの臨床心理学の専門家を目指そうとは思っていない人」にとって最大限に役立つように配慮して書かれました。すなわち，「カウンセラーなどの臨床心理学の専門家にとっての入門書」ではなく，より多くの方に臨床心理学の理論や実践的知見を役立ててもらうことを目指したものです。

　第五弾の『絶対役立つ教育相談—学校現場の今に向き合う—』（2017年10月刊）は，再び教員養成課程に主軸を移し，より教育現場での実質的な「役立つ」ことを追究した作りになっています。すでに教職に就いている方はもちろんのこと，これから教師になることを目指している学生，すなわちまだ教育実習にも臨んでいない，経験の乏しい学生にとっても，子どもの多様性を把握する観点を豊富にし，「チーム学校」による教育相談活動の在り方について具体的なイメージをもち，理解を深めるのに「役立つ」はずの本です。

　以上が既刊の「絶対役立つシリーズ」の概要です。「絶対役立つ」という表現は共通していますが，「誰にとって絶対役立つのか」は，それぞれの本で異なっています。それはすなわち，必ずしも「万人にとって役立つ」ことを目指し

ているわけではないという意味でもあります。さらにいえば，この「絶対役立つ」シリーズに書かれている内容をたんに丸暗記しただけでは「役立つ」ことにはならないでしょう。それぞれの読者の皆さんが，書かれている内容を自分自身の日常に活用しようという姿勢をもってくださってこそ，役立つ局面が増えるのだと考えています。つまり，読者の皆さん自身による，本の内容を自己関連的に役立たせようとする能動的な関与抜きには「絶対役立つ」とはいえないのは当然のことと思います。

　さて，前置きが長くなりましたが，本書『絶対役立つ社会心理学』は，既刊本とはまた違った読者を対象にした「役立つ」を目指しています。想定しているのは，大学の心理学科などの心理学の専門課程で学んでいる学生です。一年生向けの入門というわけではなくて，すでに概論は学んだ上で，これから各心理学分野についてより詳しく学ぼうとしている学生を主として読者に想定しています。それらの学生は，大学院に進学して研究者を目指すとは限りません。大多数の学生は，大学を卒業して社会に巣立っていく存在です。これから詳しく心理学を学ぼうと思っている学生にとって，社会心理学，認知心理学，発達心理学など，「〇〇心理学」という名称で区分されている各心理学分野でどのようなテーマが研究されているのかを知ることは，自分のもっている日常的な水準での興味関心と，学術的な水準での心理学研究とを結びつける上で重要な過程となるでしょう。したがって，本書を読み進める際には，たんに知識を得ようとするのではなく，本書に記述されているどの内容が自分自身の興味関心に引っかかるのか，それを意識してもらえたらと思います。心に強く引っかかったテーマやトピックは，結果として，4年間の学士課程教育の集大成としての卒業論文・卒業研究で取り組むテーマになるかもしれません。もちろんそれは，卒論のテーマ探しのために本書を読んでほしい，という意味ではありません。むしろ「他ならぬ自分にとって役立つかどうか」を考えることによって，卒業論文・卒業研究に取り組むことの意義が，自分の中で明確になるのではないかということを考えています。

　以上をまとめると，本書は「心理学を専門的に学んでいる，学ぼうとしてい

る学部2，3年生が，自分自身にとって役立つと実感できるテーマをできるだけ多く紹介する」ことを目指しているといえます。ここでの「自分自身にとって役立つ」というのは，「今の自分」に限らず「将来の自分」にとって役立つことまで包含します。「役立つ」という表現は「知識を活用できる」と言い換えることもできます。また，学問と社会との接合を考えることは，大学院に進学し，研究者を目指す学生にとっても有用な視点となるでしょうし，むしろ自分自身の研究テーマについて考える際に無視できない要素であるとも考えています。その意味で，「大学院に進学しない学生」だけを対象とした本ではないといえます。

　本書の編集をお願いした村井潤一郎先生は，この「絶対役立つ」という表現に対して真摯に向かい合われており，だからこそ複雑な思いを抱いておられることが，「編者まえがき」からも読み取れると思います。実際のところ，村井先生が感じておられる「研究者としての，絶対役立つという表現を使うことへの抵抗感」に対して，藤田も深く同意しています。しかし一方で，研究者自身が，自らの研究分野の成果について，社会に向かって「これは役立つはずのことだ」と責任をもって情報発信することも，また必要な活動だと思っています。この場合の「役立つ」は，「万人にとって，無条件で役立つ」という意味ではないことは，前述した，本シリーズの概要をお読みいただければ正しく伝わるのではないかと思います。本書を監修するにあたり，編者の村井先生とミネルヴァ書房の吉岡さんとのやりとりを終始共有させていただいていたのですが，お二人の本書にかける意気込みはとてもすさまじく，下手に藤田が口出しをしないほうが必ずよいものになると判断し，途中からはお二人に完全にお任せの状態になりました。「編者まえがき」を読まれた方の中には，村井先生が本シリーズの企画趣旨に賛同しないまま作業されていたのかと疑念を抱かれた方もいらっしゃるかもしれませんが，それはまったくの杞憂です。本書の企画当初から村井先生とは幾度となく意見交換をし，シリーズとしてのねらいをご理解していただいた上で，村井先生ご自身の「こだわり」も色濃く反映された形で編集に携わっていただけたと確信をしております。そのような意味で，既刊の

「絶対役立つシリーズ」と比べても異色のできあがりでありつつも，紛れもなくシリーズの中の一冊に位置づけられる本になったと思います。校正作業の最後の最後まで，細部にまでこだわり抜く姿勢で取り組んでいただいた村井先生と吉岡さんに，そして快く本書の企画趣旨に賛同しご執筆いただいた著者の皆様に，この場を借りてお礼申し上げたいと思います。本当にありがとうございました。

　長くなりましたが，本書は，各章の執筆者があくまでも主観的に，しかし責任を持って主張できる「役立つ」内容で構成されているものとご理解いただければと思います。本書の内容が「役立つ」ためには読者の皆さんの能動的関与も必須であることも，すでに述べたとおりです。以上のことをすべてひっくるめて，本書の内容がより多くの方に「絶対役立つ」ものになることを願っております。

　　　2018年6月

　　　　　　　　　　　　　　　　　　　監修者　藤田哲也

さくいん

《執筆者紹介》

藤田哲也（ふじた　てつや・監修者，監修者あとがき）
　　法政大学文学部　教授

村井潤一郎（むらい　じゅんいちろう・編者，編者まえがき，第5章）
　　文京学院大学人間学部　教授

太幡直也（たばた　なおや・第1章）
　　愛知学院大学総合政策学部　准教授

及川昌典（おいかわ　まさのり・第2章）
　　同志社大学心理学部　准教授

及川　晴（おいかわ　はるか・第2章）
　　同志社大学心理学部心理研究センター　研究員

上原俊介（うえはら　しゅんすけ・第3章）
　　鈴鹿医療科学大学保健衛生学部　助教

浅野良輔（あさの　りょうすけ・第4章）
　　久留米大学文学部　講師

小城英子（こしろ　えいこ・第6章）
　　聖心女子大学文学部　准教授

一言英文（ひとこと　ひでふみ・第7章）
　　福岡大学人文学部　講師

畑　倫子（はた　ともこ・第8章）
　　文京学院大学人間学部　助教

絶対役立つ社会心理学
——日常の中の「あるある」と「なるほど」を探す——

2018年10月30日　初版第1刷発行　　　　　　　　〈検印省略〉

定価はカバーに
表示しています

監 修 者　　藤　　田　　哲　　也
編 著 者　　村　　井　　潤 一 郎
発 行 者　　杉　　田　　啓　　三
印 刷 者　　田　　中　　雅　　博

発行所　　株式会社　ミネルヴァ書房

607-8494　京都市山科区日ノ岡堤谷町1
電話代表　(075) 581-5191
振替口座　01020-0-8076

ISBN978-4-623-08452-4
Printed in Japan